国家社科基金重大项目"5—11世纪中国文学写本整理与研究"（16ZDA175）资助出版

光明社科文库
GUANGMING DAILY PRESS:
A SOCIAL SCIENCE SERIES

·历史与文化书系·

敦煌公文研究

———————

王使臻 ｜ 著

光明日报出版社

图书在版编目（CIP）数据

敦煌公文研究 / 王使臻著. -- 北京：光明日报出
版社，2021. 9

ISBN 978 - 7 - 5194 - 6295 - 6

Ⅰ.①敦… Ⅱ.①王… Ⅲ.①敦煌学—文献—研究—
唐宋时期 Ⅳ.①K870.64

中国版本图书馆 CIP 数据核字（2021）第 178354 号

敦煌公文研究
DUNHUANG GONGWEN YANJIU

著　者：王使臻

责任编辑：黄　莺　　　　　　　　责任校对：李　兵
封面设计：中联华文　　　　　　　责任印制：曹　净

出版发行：光明日报出版社

地　　址：北京市西城区永安路 106 号，100050

电　　话：010 - 63169890（咨询），010 - 63131930（邮购）

传　　真：010 - 63131930

网　　址：http://book. gmw. cn

E - mail：gmrbcbs@ gmw. cn

法律顾问：北京市兰台律师事务所龚柳方律师

印　　刷：三河市华东印刷有限公司

装　　订：三河市华东印刷有限公司

本书如有破损、缺页、装订错误，请与本社联系调换，电话：010 - 63131930

开　　本：170mm×240mm

字　　数：251 千字　　　　　　　　印　　张：17

版　　次：2022 年 1 月第 1 版　　　印　　次：2022 年 1 月第 1 次印刷

书　　号：ISBN 978 - 7 - 5194 - 6295 - 6

定　　价：95. 00 元

文书档案里的唐宋社会：敦煌公文呈现唐宋时代的政务运行

（代序）

　　古代的公文是进行信息交流与沟通、行政与施政的主要工具之一，以公文为基础而形成的公文书制度是中国古代非常重要的制度，它是中华传统礼乐制度文明的载体，反映了中国古代制度、文化的连续性和独特性。唐宋时期，公文文体适应统一大帝国纷繁复杂的行政事务的需要而进一步发展丰富、成熟定型，在《唐六典》《通典》等政书中将唐代流行的公文文体，按照行文方向大体分为上行、平行、下行三类共十五种，唐代的公文制度对宋代的公文制度产生了重要影响。唐宋时期，公文制度发展成熟、完善，是中国古代政治制度文明在唐宋时期高度发达的外在表现，奠定了后代公文的基本文体体裁和主要格调。

　　传世文献中记载的唐宋公文，省略了许多公文的格式以及运作等制度细节，存在着诸如割裂、省略、碎片、信息失真等缺陷。敦煌吐鲁番文献等出土材料的发现，为对古代公文、档案制度进行全面、系统而深入的综合研究提供了方便。这些出土文献中有相当数量的唐宋政府公文和档案等政治、军事、社会、经济、文化方面的原始资料。随着学者们对出土文献越来越重视，在整理研究敦煌吐鲁番出土文献的过程中，提出并形成了一些系统地整理、研究出土文献的理论与方法，对后来的继续深入研究提供了丰富的资源。因此，对敦煌公文书按照公文的运行方向（下行、上行、平行）、按照其公文文体特点进行分（文）体分类整理和研究，已经成为对出土的敦煌吐鲁番文献进行细致整理研究的一项基础性工作。本书的研究，从公文文体分类学的角度，运用历史文献学的方法细读出土文献中的公文档案文本，运用文献学的整理研究方法辨析唐代诸种公文文体的源流与演变，对公文的文本形态和文体程式分门别类、拼接缀合，通过研究公文书里所承载的从中央到地方行政体系的权力运作和政务运行方式，探讨唐宋职官制度实际的运行情况，研究唐宋社会政治史的某些历史细节。

本书的内容共八章。首先将已经刊布的敦煌文献中大量的零散公文系统性地整理辑录成一个文本，按照公文运行的方向分为上行、下行、平行三大类公文文体。前六章依照相同类别进行分类研究，分成"牒"（既有上行公文，又有下行公文）、"帖文和榜文"（下行公文）、"致书和咨文"（平行公文）、"状文与启文"（上行公文）、"别纸"（上行公文）、"委曲"（下行）九个公文文体大类，然后对每一大类公文文体的格式特征、源流、发展、演变过程、适用范围和对象、使用方法、书写材料和写作特点进行综合研究。重点论述此类公文文体在唐五代时期的政治生活中实际的应用范围，尤其是通过对一些公文个案文本内容的文本细读，对此种公文文体所承担的政治功能结合历史文献进行实证性分析，并发掘出土文献中保存的这类公文文体在保存文体、保存历史细节信息、信息传播的文化因素方面的文献价值。

其次是公文制度与运作研究，共两章。后两章对敦煌公文上的判文和批答、印章、收发传递、存档保护等唐宋时期独特的公文制度进行了考证研究，试图对公文所蕴含的时代政治、军事、文化等信息进行深入挖掘和深度解析，还原历史细节与真实，见微知著地探讨唐五代时期的政治、社会生活。比如，以出土公文书的地域来源考察公文书的传递途径、传递方式和传递者，甚至饶有趣味地探讨传递速度。在这些个案考据式研究里，都有对公文制度及其具体运作机制的总体性、宏观把握和考量，并不局限于某一类或某一体公文，而有了综合性研究的趋势，即将公文文体与社会政治制度紧密联结，考察政治制度的实际运行情况，探讨日常政治生活并关注制度的演进变化。

本书如果说有些学术价值的话，可能体现在如下方面：敦煌公文呈现了唐宋时代的政务运行，文书档案里存活着唐宋社会。出土的敦煌吐鲁番文书，因为种种情况，出现的人为原因的割裂、撕裂的情形，使文书经常呈现碎片化、断裂化，不但不利于写卷的整理与研究，也严重干扰了对文书的正确定名和断代，甚至影响到了对其中所蕴含的历史档案信息的完整解读。本书通过对敦煌文书的缀接、复原、归类等，使分裂、割断的敦煌文书之间恢复了联系，使文书里破碎的文句重新联结在一起，使一度在历史长河里消失的公文文体呈现它当年的名称和文本原貌，使被遮蔽的历史细节信息重新完整地呈现。如本书中将一些敦煌公文书，尽可能运用文献学的方法将残缺不全的、被割裂的不能反映原始文本形制特征的唐五代公文，进行辨析与缀合、复原，复原其原始形制，区分了文书上用印的不同功能；本书中通过出土文献和传世文献的二重互证，将一类唐宋时期流行而后世不见的"委曲"文书的文体原貌、格式、应用等清晰地予以揭示；本书通过对出土文书中信息的细读，揭示了唐宋中央政府经营河西的历史细节信息，对研究唐五代及宋初时期政治制度的具体运行以及不断发展完善的公文档案制度，具有一定的学术参考价值。

文中缩略及符号说明

P. ——法国国家图书馆藏伯希和所获敦煌汉文文献编号

S. ——英国图书馆藏斯坦因所获敦煌文献编号

Дx——俄罗斯东方写本文献研究所藏敦煌文献编号

BD——中国国家图书馆藏敦煌遗书文献编号

IOL Tib——英国印度事务部图书馆藏敦煌藏文写本编号

敦煌文献录文「」内的黑体字表示判文

【】内的黑体字表示印文，／表示印文中的分行

目　录
CONTENTS

第一章　牒　文

　　牒文是唐宋时期各级官府所最常使用的处理行政等事务的公文，具有鲜明的时代特色，与时代政治制度的变化关系极大，可以从公文格式、处理程序上的变化管窥政治制度的变化。

　　中外学者利用出土的敦煌吐鲁番文献、新疆墓葬所出文书中的公文研究唐代制度史，日本学者一度走在前列，并取得了重要的成就，以日本学者中村裕一的论著最具代表性。中村裕一先后出版了唐代文书制度研究的三本著作：《唐代制敕研究》《唐代官文书研究》《唐代公文书研究》，他的研究主要集中在公文的具体形态及复原上，主要依据敦煌吐鲁番文书和碑刻史料，并用传世文献佐证、复原并考释唐代制敕类文书（《唐代制敕研究》），但也涉及令书、教、露布、告身、牒、状、行状、度牒、公验（《唐代官文书研究》《唐代公文书研究》）。中国学者以吴宗国、刘后滨①、李锦绣②、李全德③、邓小南为代表，利用敦煌吐鲁番文献中的公牍文书（主要是制、敕、牒、帖类公牍文书），将研究视野聚焦于秦汉到唐宋间中央行政体系的政务运行方式上，探讨唐宋职官制度实际的运行情况。卢向前《牒式及其处理程

---

② 李锦绣. 唐"王言之制"初探——读《唐六典》札记之一 [M] //李静，等. 季羡

① 刘后滨. 从敕牒的特性看唐代中书门下体制 [J]. 唐研究，2000 (6)：221–232.
② 李锦绣. 唐"王言之制"初探——读《唐六典》札记之一 [M] //李静，等. 季羡林教授八十华诞纪念论文集（上）. 南昌：江西人民出版社，1991：273–290.
③ 李全德. 通进银台司与宋代的文书运行 [J]. 中国史研究，2008 (2)：119–134.

式的探讨——唐公式文的研究》①，是 20 世纪 80 年代中国学者最早对敦煌吐鲁番文献中的公牍文"牒"的行政程序进行综合性研究的文章，论文对唐代前期的牒文及其处理程式做了探讨，但对吐蕃、归义军时期的牒式及其处理程式不做研究；对寺院、社邑牒文，限于体例，也不涉及。敦煌公文书中还有一类涉及法律争讼的文牒等属于民事法律规范方面的文书，由刘俊文、王震亚、赵荧、唐耕耦进行了录文整理与研究。尤其是唐耕耦编《敦煌法制文书》分十四类辑录了敦煌汉文法律文书和相关文献，内容包括一部分牒状、军事文书等，尤其是第十四类中收录了表、书、启、牒、状、帖等公文文体。李锦绣、刘后滨、罗祎楠、王孙盈政②对唐代的敕牒文书进行了深入的探讨与研究。

　　"牒"的本义是竹木制成的短简，简牍时代把写在这种短简上的文书称为牒。汉代时"牒"仍是一种泛称，尚未成为专门的文体名称，《文心雕龙·书记》称："牒者，叶也。短简编牒，如叶在枝。温舒截蒲，即其事也。"③ 魏晋南北朝时，"牒"开始成为一种上行公文文体。故宫馆藏东晋王僧虔《王僧虔为王琰乞郡启》中抄录了王琰所上"牒"文："牒。在职三载，家贫，仰希江郢所统一郡，谨牒。"南朝宋时，皇太子监国，制定公文之仪注（式），尚书台所下"牒"又称"符"，在《宋书·礼志》中详载其格式。隋唐时，"牒"文沿袭成为一种上下行通用的公文文体。唐初三省制下，尚书都省处理全国政务，凡尚书省所下于州、州下于县、县下于乡的公文都被称为"牒"文，也称"符"。当时，凡是官府内九品以上的官员以下达上的公文皆可称"牒"④。唐前期牒文施于官府之间，无品级的庶民百姓

---

① 卢向前. 牒式及其处理程式的探讨——唐公式文的研究［M］//北京大学中国中古史研究中心. 敦煌吐鲁番文献研究论集（第 3 辑）. 北京：北京大学出版社，1986：335–393.

② 王孙盈政. 唐代敕牒考［J］. 中国史研究，2013（1）：89–110.

③ 黄叔琳，注. 李详，补注. 杨明照，校注拾遗. 增订文心雕龙校注［M］. 北京：中华书局，2000：348.

④ （唐）李林甫，等撰. 陈仲夫，点校. 唐六典·卷 1"尚书都省"［M］. 北京：中华书局，1992：11.

上达官府的文书则称"辞",唐中后期百姓上文书于官府也用牒文。

牒文在唐代国家机器的运转中占有重要的地位,是公文中最重要的一类,牒文的处理程序反映了唐代国家机器运转、政务运作的具体过程。随着唐代中期中央建立中书门下体制、地方确立藩镇体制后,除原有的尚书省牒、中书门下牒(敕牒)之外,地方藩镇节度使、观察使等使牒也随之出现,是地方行政中最常见的公文。牒文的格式、内容、处理程序也较唐初期发生了相应的变化。为保证官府的信用与权威性,一般在文牒完成之后,均要钤盖上所下达官府的官印。

第一节 牒文的格式、类型、特征

一、牒文的类型和格式

牒文根据行文方向的不同,可以分为牒下型和牒上型。一般来说,从牒文末尾的用词上可以判断牒文的行文方向,如牒上型用"谨牒",牒下型用"故牒",但也不是绝对如此。"牒下型",即由上级官府下达给下级官府或个人,其一般格式是:首言"牒",后有"故牒"等呼应文字。"牒上型",唐初用于下级官府或个人上报给上级官府或个人,但在唐中期以后又称"申状"或"公状",无论是有品之官还是无品之民,在向上级官府申报某事时皆可用之。其格式特点是,首用"×××状上",尾用"谨录状上""牒件状如前,谨牒"等程式用语。

五代迄宋承唐制而略有变异。据北宋司马光《书仪》中记载的北宋元丰四年(1081)改制时的"牒"式,宋代牒文在牒上型、牒下型两种类型之外,又增加了内外官司不相隶属官司之间的平行型牒文和诸司补牒型,成为四种类型。但从出土敦煌吐鲁番文书中的"牒"文来看,主要还是"牒上型"与"牒下型"。由于敦煌藏经洞封闭时间早于北宋元丰四年,因此,敦煌所出牒文没有宋元丰四年(1081)改制后的平行型牒文及诸司补牒,对后两类牒文，本书不予探讨。

二、牒文的特征

敦煌所出唐宋牒文有一些共同的特征：文体既有用骈体的，也有用散体的，一般以骈体为多。牒文一般需要亲笔署名，尤其是牒下型牒文，为保证效力和权威性，必须由长官亲笔押名，且钤上官印。署名有一个特点是：只署名或字，而不署姓，这显然是继承自唐前期牒文等公文的署名制度。钤盖官印的位置一般在数字、日期、姓名等关键文字上，以防涂改，是公文程式所规定的要求。以敦煌书牍中的牒下型牒文如 S.4363《天福七年（942）归义军节度使曹元深授官牒》为例：

　　　敕归义军节度使　　　　　　牒
　　前正兵马使银青光禄大夫检校太子宾客兼试殿中监史再盈
　　　　　右除补充节度押衙
　　牒。奉　处分：前件官，龙
　　沙胜族，举郡英门，家传
　　积善之风，代继忠勤之美；
　　况再盈幼龄入训，寻诗万
　　部而精通；长事公衙，善晓三
　　端而杰众。遂使聪豪立性，
　　习耆婆秘密之神方，博识
　　天然，效榆附宏深之妙术。
　　指下知六情损益，又能回
　　死作生，声中了五脏安
　　和，兼乃移凶就吉，执恭守
　　顺，不失于俭让温良；抱信
　　怀忠，无乖于仁义礼智。念
　　以久经驱□，荣超非次之班。
　　宪袟崇阶，陟进押衙之位，

更宜纳效，副我提携。后

若有能，别加奖擢。件补

如前。牒举者。故牒。

天福七年七月二十一日牒

使检校司徒兼御史大夫曹（花押）

此件上有方印9颗"沙州观察处置使之印"，分别盖在牒前的被授官人姓名及所授官职（4颗）及牒尾的年月日上（5颗）。后晋天福七年为公元942年，据学者对敦煌归义军历史的研究，此时的归义军节度使是曹元深。因此，牒尾的花押应是"元深"二字，当是曹元深的亲笔签押。

对牒上型牒文而言，长官对牒文的处理即"判案"，是牒文处理程序中的中心环节。尽管唐代前后期牒文的处理程序随政治体制的变化而发生了变迁，但判案环节必不可少。在某种意义上，"牒文＋长官判文"是构成完整的牒上型牒文的条件，也是判断敦煌牒文是否是原件的标准之一。

唐代前期牒文的处理一般要经过"署名、受付、判案、执行、勾稽、抄目"六个环节，其中判案是中心环节①，在判案、勾稽的过程中实行长官、通判官、判官、勾官为特色的四等官联合署名制度，三官通押，缺一不可。唐代中后期，随着行政事务的繁多，为提高行政效率，判官判案的环节大大减少了，通判官判押文案的职能消失了②，四等官联署制变为长官独自判案，躬亲案牍。官员对公文的处理权就是一种政治权力。地方官员在文书运行中拥有的判押权，往往反映了其实际的政治权力；当政治制度变革引导下的权力分配格局发生变化，文书的流向就会发生相应的变化③，唐代后期牒文判署权的变化正是唐中期政治变革的结果。

通过对比唐前后期长官判案牒文的格式与程序可以发现，吐蕃统治敦煌

① 卢向前. 牒式及其处理程式的探讨——唐公式文研究［M］//敦煌吐鲁番文献研究论集（第3辑）. 北京：北京大学出版社，1986：389.

② 李锦绣. 唐后期的官制：行政模式与行政手段的变革［M］//黄正健. 中晚唐社会与政治研究. 北京：中国社会科学出版社，2006：41.

③ 吴宗国. 中国古代官僚政治制度研究［M］. 北京：北京大学出版社，2004：51.

时期的一些牒文在格式上仍具有唐前期牒文向后期牒文发展的过渡特征。S.5812《吐蕃统治敦煌时期令狐大娘诉张鸾侵夺舍宅牒》、S.5818《诉写蕃经判官安和子牒》，其格式与晚唐五代宋初的诉牒格式稍有差异，倒与吐鲁番出土的唐前期牒文格式基本相同①：在诉讼牒文中将被告人列于牒首，用"被告人+状告事由"的格式。而唐末五代宋初的诉讼牒文，将原告人列于牒首，用"原告+状上"的格式。显然，吐蕃统治敦煌时期的牒文完全是一种过渡的类型，还保留有唐前期诉讼牒文的一些格式特征。以S.5812《吐蕃统治敦煌时期令狐大娘诉张鸾侵夺舍宅牒》为例：

> 丝绵部落无赖妄相罗识（织）人张鸾鸾见住舍半分
> 尊严舍总是东行人舍收得者，为主居住。两家总无凭据。后阎开府
> 上，尊严有文判，四至内草院不嘱张鸾分。强构扇见人侵夺，请检
> 虚实。
> 一　论悉诺息来日，百姓论宅舍不定，递留方印：已后见住为主不
> 许再论
> 者。又，论莽罗新将方印来，于亭子处分：百姓田园宅舍依旧，亦
> 不许侵夺论理。右尊严翁家在日，南壁上有厨舍一口，张鸾分
> 内，门
> 向北开。其时张鸾父在日，他取稳便，换将造堂舍了。尊严遂收门庑
> 舍，充造堂地替，便着畜生。经四五年，张鸾阿耶更无论理。及至后
> 时嫁女与吴诠，得他势，便共郭岁达相知，设计还夺庑舍。将直
> 至蕃
> 和已来，吴诠着马。后吴诠向东。后其庑舍当时尊严自收，着
> 畜生。
> 经七八年后，致三部落了，监军借张鸾堂一、南房一、厨舍一、

---

① 新疆且末安德悦遗址所出牒《唐希俊牒为前妻李十三妄相罗织事》其牒首言"妄相罗织人前妻李十三"，将被告人列于牒首。参：陈国灿．斯坦因所获吐鲁番文书研究（修订本）［M］．武汉：武汉大学出版社，1994：566.

小庑

舍共四口。又借尊严庑舍、草院着马。亦经五六年，监军死后，两家

各自收本分舍，更无言语论理。今经一十八年，昨四月内，张鸢因移大门，不向旧处安置，更侵夺尊严地界。已理共语，便称："须共你分却门道"，量度分割，尽是张鸢。及至分了，并垒墙了。即道

"庑舍、草院，先亦不喝杜家！"此人扰搅公衙。既若合得，缘何经廿年已上不论。请寻问。

右件人从上已来，无赖有名，欺尊严老弊，妇人无处识攻，又不识公衙道理，

纵有言语亦陈说不得，向衷换舍，子（仔）细外人不知，并舍老人委知南壁

上将舍换庑舍，其张鸢所有见人共他兄弟相似，及是亲情，皆总为他说道理。

又云："你是女人，不合占得宅舍，气（岂）有此事！"丝绵部落人论事还问

本部落见人为定，自裁自割，道理自取，尊严、妇人说理不得谕，若后母怜

儿乳，亦终当不与。伏望　　殿下仁明，详察　处分。

牒件状如前。谨牒。

　　　丑年八月女妇令狐大娘　　牒

需要指出的是，日本学者岩尾一史在英国印度事务部图书馆所藏斯坦因搜集品出自敦煌的吐蕃文献中二件汉文文献残片 IOL Tib J 915 与 IOL Tib J 292（B）可以缀合为一件"牒"文①，笔者发现与 S.5812《丑年八月沙州

① ［日］岩尾一史. チベット支配初期の敦煌史に关する新史料——IOL Tib J 915と
　　IOL Tib J 292（B）［J］. 敦煌写本研究年报，2011（5）：213-224.

女妇令狐大娘牒》诉其邻居张鸾鸾侵占屋舍的内容基本一致，但二者书写笔迹不相同，从书写特征分析，判断前者是公文的草稿，后者则是公文的定稿。IOL Tib J 915 + IOL Tib J 292（B）更具草稿特征，草稿中的加字、修改、口语与书面语的区别、事件细节信息等，反映了 IOL Tib J 915 + IOL Tib J 292（B）是草稿，很可能是官府内的公文草拟人员在听取了妇女的口述事实后，据此写成的草稿，故词语口语化、生活化；而 S. 5812 则是官府书记在草稿的基础上经润色、修饰后严格按照牒状式呈给官府长官的正式牒文，是定稿，故语言是书面化、公文化的。

唐末五代时期，当地方百姓因为纠纷而将官司打到节度使府衙，请节度使判决时，一般的程序是：原告人先上诉状（牒文），节度使在诉状上判令都虞候先核清事实，问讯双方，取得口供。然后都虞候将问讯情况以牒文申报长官，请长官作出最终判决。如 P. 4974 + Дх2264 + Дх8786《唐天复年间沙州龙神力墓地诉讼案卷》①，共包括两件牒文和一件判文残片，先是龙神力状诉押衙郎神达破坏其兄墓地，请归义军节度使张承奉裁决。张承奉判文，令都虞候阴英达勘问。然后是阴英达将问讯郎神达的证词向张承奉申报，张承奉在牒尾作出了最终判决：支持了押衙郎神达的申诉，将争论墓地的一半割让给了郎神达。

P. 4974 + Дх2264 + Дх8786《天复年间沙州龙神力墓地诉讼案卷》反映的牒文判案程序如下所示：

> ［押衙龙神力　　　状上］
> 右神力去前件回鹘贼来之时，不幸家兄阵上身亡。
> 缘是血腥之丧，其骨灰将入积代坟墓不得。伏且
> 亡兄只有女三人，更无腹生之男，遂则神力兼侄女依
> 故曹僧宜面上出价买得地半亩，安置亡兄骨灰。后

---

① 此三件文书的缀合研究可参见陆离. 俄、法所藏敦煌文献中一件归义军时期土地纠纷案卷残卷浅识——对 Дх2264、Дх8786 与 P. 4974 号文书的缀合研究［J］. 敦煌学辑刊，2000（2）. 陆离认为三者实为同一件土地诉讼案卷的残卷，他以 P. 3257 案卷为例，将三件拼合为一件案卷，进行了牒文格式的复原。

经二十余年，　故尚书阿郎再制户状之时，其曹僧

宜承户地被押衙郎神达请将，况此墓田之后亦无言语。

直至司空前任之时，曹僧宜死后，其郎神达便论前件半

亩坟地，当时依　衙陈状，蒙　判鞫寻三件，两件凭

由见在，稍似休停。后至京中　　尚书到来，又是浇却，再

亦争论。兼状申陈。判凭见在，不许挍扰，更无啾唧。昨

昨来甚事不知，其墓田被郎神达放水澜浇，连根耕

却。堂子骨灰，本末不残。如此欺死劫生，至甚受屈。凡为

破坏坟墓，亦有明条。况此不遵　判凭，便是白地（抵）　天子。

浇来五件，此度全耕，搅乱幽魂，拟害生众。伏望

司空仁恩照察，请检前后　凭由，特赐详理，兼

前状谨连　呈过，伏听　裁下　处分。

牒。件状如前，谨牒。

　　　　　　天复（后缺）‖Дx8786［□年□月日押衙龙神力谨牒］

「付都虞□□（候阴）‖［英达勘寻］押衙郎神达□缘何专有浇损

他墓所者。」

［细与询问申上者。□□日承奉］」

‖Дx2264［都虞候阴英达　　状］

［右奉　判："付英达勘寻］押衙郎神□达□缘何专有浇损他墓

所"者。

［问得押衙郎神达称：］"亡故　　尚书过点户口之□，神达遂请

（前缺）内半亩。先被押衙龙神力安置坟墓。当便

（前缺）龙神力云：此地先押衙曹良进佃种于他面，

（前缺）失却。后至

（前缺）龙神力争论此地，其龙神力便于

（前缺）龙神力设盟：曹良进男祗当墓田

（前缺）咒！曹良进亦不支与墓田价。后至汉

（前缺）龙神力论觅地替就神力于前经

（前缺）神达但据见在收，因何更有拔优?"

（前缺）内被龙神力充墓田。　官中

（前缺）浇却者实。今蒙　勘责，伏更

（前缺）处分。

牒，件状如前。谨牒。

　　　［□年□月］日右马步都虞候阴英达　牒

　　　「‖（前缺）**前凭押衙朗神达帖，**

　　　（前缺）**不合搅扰他龙［神力］**

　　　（前缺）**墓地半亩内趣。缘□**

　　　（前缺）**是深灭他龙［神力］**

　　　（前缺）**甚惠神达，拜□□**

　　　（前缺）**亡见单贫□□**

　　　（前缺）**稳急总发□□**

　　　　　　　廿日　承奉」

　　在五代时期，有时，在地方官府内负责审讯的都虞候在案卷问讯环节时，还会粘贴相关的文书证据，以供节度使公正判案时参考。如在 P. 3257《后晋开运二年（945）寡妇阿龙等口分地案卷》中，即在寡妇阿龙的诉状后粘连附上了在甲午年（清泰元年，934 年）间阿龙之子索义成与索怀义之间所签订的土地租佃契约，作为书证。归义军节度使曹元忠在综合了双方的口供，尤其是在有书证的情况下，既承认了阿龙及义成男女的土地所有权，又将土地的佃种权实际判给了索进君。比较 P. 4974 + Дх2264 + Дх8786 与 P. 3257 这两件相隔约 50 年的归义军长官判案的案卷，发现其基本的诉讼程序都是一致的，说明了唐末五代以来地方长官判案程序的延续性和稳定性。

第二节　牒文在唐宋社会政治中的应用

一、牒下型牒文

牒下型牒文主要有中书门下的"敕牒"和藩镇节度使的"使牒"。

1. 敕牒。敕牒是中书门下众宰相依据皇帝的敕旨而颁下的公文，常用于授予官职及处理其他政务，它"随事承旨"所用，是宰相奉敕而牒所司或个人，由众宰相集体签署，最能体现宰相处理政务的权力①。"牒。奉　敕：'宜依'。牒至，准　敕，故牒"是敕牒的固定格式。刘后滨认为"敕牒是作为选官程序中配合其他制敕文书行用的一个环节"②，敕牒出现的政治时机是"随着中书门下体制的建立和完善，宰相参与裁决政务职能的强化而出现"。在王孙盈政的研究中，对敕牒的定义与敕牒上的程序，在中村裕一、刘后滨等人的研究基础上做了深入补充和阐发。王文尤其是以《不空表制集》中乾元元年（758）尚书省祠部告牒与中书门下给不空的敕牒为例说明，在唐后期，敕牒与其他王言共同行下是常态，其中尤以敕旨和敕牒共同行下最为多见，但也有单独发布皇命（有敕书、手诏的形式）的敕牒，敕牒处理的可以是国家重要政务，亦可是琐细之务。敕牒反映的是中书门下众宰相获得颁布王言诏令的新权力，通过敕牒运行，颁布诏令权由尚书都省逐渐转移至中书门下手中，配合了中书门下掌控施政权的需要③。

因此，敕牒虽是中书门下宰相执行的皇帝的诏令，但仍然是牒文中的一类，其特点是中书门下奉王言以牒式向下发布王命。以最为常见的敕旨类王言为例，敕牒行下的程序一般是：地方藩镇长官向中央奏请授官，奏状呈递

---

① 李锦绣. 唐"王言之制"初探——读《唐六典》札记之一 [M] //李静，等. 季羡林教授八十华诞纪念论文集（上）. 南昌：江西人民出版社，1991：273 - 290.

② 刘后滨. 唐宋间选官文书及其裁决机制的变化 [J]. 历史研究，2008（3）：126.

③ 王孙盈政. 唐代敕牒考 [J]. 中国史研究，2013（1）：89 - 110.

给皇帝，皇帝以敕旨的形式批准后，由中书门下向相关部门或个人发出牒文，授予相应的官职。以 P. 3720（5）唐咸通十年（870）十月二十二日张淮深向唐廷奏请授唐悟真为河西都僧统的敕牒为例，先有张淮深的奏状申达中书门下政事堂，抄成奏抄后上奏皇帝，然后皇帝批奏，将敕旨传达中书门下，中书门下据敕旨制成敕牒。这些过程和程序最终都要粘连在一张纸上。

> 河西副僧统京城内外临坛大德都僧录三学传教大法师赐紫僧悟真
>
> 右。河西道沙州诸军事、沙州刺史兼御史中丞张淮深
>
> 奏："臣当道先有 敕授河西管内都［僧］统、赐紫僧法
>
> 荣，前件僧去八月十四日染疾身死。悟真见在
>
> 当州，切以河西风俗，人皆□敬□王，僧徒累□大
>
> 行经教，悟真深开闻论，动践微言，劝导
>
> 戎夷，寔冯海□。今请替亡僧法荣，便充河
>
> 西都僧统，裨臣弊政。谨具如前。"
>
> ［敕旨：宜依。］
>
> 中书门下 牒沙州
>
> 牒。奉 敕："宜依"。牒至准敕，故牒。
>
> 咸通十二月廿二日牒

由于 P. 3720 是传抄的录文，敕牒的格式不完整，没有抄录完整的敕牒内容，省略了敕牒中必有的中书门下宰相的署名。但从残存的敕牒的内容，仍然可以看出敕牒施行的行政程序：先由地方上奏中央，中央将奏状的主要内容抄成奏抄向皇帝报告，申请敕旨批准。敕旨批准后，中书门下再以牒文向地方回复，同时也有由中央六部某司向地方上的个人颁下告身，就 P. 3720 来说就是河西都僧统告身。

P. 4518（9）bis《残敕牒》是残留敕牒的一部分，没有奏抄和敕旨的内容，只残有中书门下牒沙州的部分内容。从此残牒看，敕牒确实是中书门下下达给地方藩镇的，故盖有"中书门下之印"。

2. 使牒。敦煌出土的"使牒"，是地方藩镇节度使所下达，主要是归义

军节度使牒，也有一些传入敦煌地区的朔方军节度使牒。使牒的主要功能是用于藩镇节度使辟署使府僚佐。冯培红通过对敦煌所出十几件归义军授官牒中被授官人原职官与新授职的比较后发现，藩镇长官所辟署的僚佐迁转后的新职只是幕职，所带的散官、检校官等加官并未发生变动①，表明地方藩镇节度使仅有权授予差遣性质的幕职，而散官、检校官、兼官、试官等加官的授予，仍需要通过向中央奏报后授予。这表明藩镇幕府僚佐加官的授予，是通过藩镇长官向中央奏请，由中央根据不同的品级而下达制书、敕书、敕牒等文书而实现的。中原的割据性藩镇是否也有这种现象不得而知，但地方藩帅先以使牒授官，继而奏闻中央朝廷的情况仍然是有的，即"辟书既至，命书继下"②。一般来说，使牒无权授予这些加官。但从唐宋时期的正史文献来看，藩镇长官在自辟僚佐时，所辟署的重要幕职、重要军将也需要奏报朝廷批准，可见地方藩镇节度使的"使牒"应用范围窄，是中央对地方藩镇控制力的体现。

晚唐敦煌归义军时期最早的一件使牒是 P. 3770V（1）《敕河西节度使牒》，由于此使牒是抄写件，已经不能体现出晚唐时使牒的格式特征了。

> 敕河西节度使牒
>
> 僧悟真充沙州释门义学都法师。俗姓唐，都管灵图寺。
>
> ［牒］。前件僧，性怀冰静，行洁霜明；学富五车，解圆八藏。释宗既奥，
>
> 儒道兼知；导引群迷，津梁品物；绍隆为务，夙夜忘疲。纵辩流珍，谈
>
> 玄写玉。入京奏事，为国赤心；对策龙庭，申论展效。声流凤阁，敕赐
>
> 衣官。为我股肱，更兼耳目。又随军幕，修表题书。非唯继绍真

---

① 冯培红. 归义军官吏的选任与迁转——唐五代藩镇选官制度之个案［M］. 香港：香港大学饶宗颐学术馆，2011：43.

② （宋）李昉，等. 文苑英华·卷956·郯坊节度推官大理评事唐君墓志铭［M］. 北京：中华书局，1966：5028.

宗，抑

亦军州要客。据前勋效，功宜飘升。

牒举者。各牒所由知者。故牒①。

此篇牒文据考是大中四年（850）由河西节度使张议潮所授。它可能是首任河西节度掌书记张敖所做的牒文。但由于牒文是后来传抄的，格式已经发生了变化，河西节度使等称呼，可能是后来所补写，原牒文可能不是此官职。据 P. 3720 悟真 4 件告身抄件，大中五年授予悟真京城临坛大德告身时，悟真已经是"沙州释门义学都法师"了，所以郑炳林推断此件牒文的写作时间在大中五年之前的大中二年至大中四年②。此件牒文或是悟真大中五年入京出使长安回来以后，张议潮再以使牒的形式所补授或承认的。

唐后期的藩镇节度使授予地方僧俗人员官职，据此牒文的"牒举者"可知，先应有官员向地方长官呈递举状，然后地方长官以使牒的正式公文形式向下传达。传达的对象至少有：被授官人，举荐人，被授官人直接隶属的所有官员。再加上地方官府内要留存一件保存为档案的牒文，一件使牒至少要抄写 4 份或多份，可以推知地方官府内书令史的抄写工作量是比较大的。

五代宋初的归义军政权属割据藩镇，偏于西北边隅，又时常受甘州回鹘等民族政权的阻隔，归义军长官所带的加官，在由朝廷授予的同时，更经常地存在着在境内自称，然后想方设法奏闻中央，获取朝廷授予的现象。与之类似，不能排除归义军节度使在以使牒辟署幕府僚佐、属州县官吏时，也可能有先在其境内以使牒授予加官，然后再奏闻中央批准的现象。藩镇节度以使牒任命使府内的幕职，是使牒中最常见的，以 P. 3347《天福三年（938）十一月五日敕归义军节度使牒》为例，此牒文是原件，牒尾有节度使的亲笔签名，牒文上盖有节度使官印，对使牒任命幕职的程序记录较为清楚：

---

① 此件牒文是抄写件，文字难辨。此处参考郑炳林、钟书林的录文，并据 IDP 网站上的清晰照片进行核查。参见郑炳林. 敦煌碑铭赞辑释［M］. 兰州：甘肃教育出版社，1992：123；钟书林. 五至十一世纪敦煌文学研究［M］. 北京：中国社会科学出版社，2018：194.

② 郑炳林. 敦煌碑铭赞辑释［M］. 兰州：甘肃教育出版社，1992：124.

敕归义军节度使　　牒

前作坊队副队张员进

右改补充衔前正十将

牒奉　处分：前件官黄

灵脱鞾，博览多奇六范

久蕴于胸怀，三端每施于

爪内。故得奇工杰世□

性出群。致使东西尤闻恪节

念汝劳绩，以给班行。

件补如前，牒举者。故牒。

　　　　天福三年十一月五日　　牒

使检校司空兼御史大夫　曹元深

　　除了以使牒任命幕职之类外，在敦煌所出使牒中还可以看到如下授官现象：归义军节度使还可以用使牒任命下属的州县官吏。P. 3281V（2）《押衙马通达状》提到马通达被归义军节度使、大夫张淮深"亲字制置"差充瓜州判官。P. 3903《使牒》，授武定成为瓜州军事押衙。P. 3102V《河西节度使牒》归义军节度使授沙州耆寿李太平摄沙州司马，是藩镇长官辟属州司马的明证。

　　　　敕河西节度使　　牒

沙州耆寿李太平

右差充摄敦煌郡司马

牒。前件官皆口名高，当今　圣派沙州论问，间伐集

百年，文武二兴，三端德备，辩词无滞，察理如

绳开（下缺）

　　归义军任命属县县官的情况在敦煌文献中非常常见，推测也当是以使牒任命县官的。以 P. 3903《使牒》为例：

　　　　□□□（敕归义）军等使　　牒

（前缺）使试殿中监武定成

右补充瓜州军事押衙知孔目事

牒。奉处分：前件官早在军中，亦曾彰用。瓜州再葺。藉尔干能。件补如前。

牒举者。故牒。

归义军境内佛教兴盛，归义军节度使还可用使牒处理佛教事务。如归义军节度使可以用使牒任命管内僧人为僧官。S. 515V（2）《敕归义军节度使牒》，归义军节度使张淮鼎授开元寺律师沙门神秀为摄法师。有时，在特殊时期，归义军节度使可以用使牒批准辖境内百姓出家为僧尼。S. 515V（1）《敕归义军节度使牒稿》，是归义军节度使张淮鼎以使牒许令百姓某乙男某乙出家为僧①、S. 1563《甲戌年（914）五月十四日西汉敦煌国圣文神武王敕》是在张承奉自立为敦煌王时允许押衙随军参谋邓传嗣女邓自意出家为尼，虽名曰"敕"，却与藩镇"使牒"无异，如下所示：

西汉敦煌国圣文神武王敕

　　押衙随军参谋邓传嗣女自意年十岁

敕：随军参谋邓传嗣女

自意资容顺丽窈

窕柔仪，思慕空

门，如蜂念蜜。今因

大会斋次，准奏。宜许

出家。可依前件。

　　　甲戌年五月十四日

在曹氏归义军时期，S. 4291《后唐清泰五年（938）二月十日归义军节度使曹元德牒》，批准百姓张留子女胜莲出家为尼。其格式，完全与唐代使

---

① 据荣新江考证，此件牒文的书写年代约在唐乾宁年间（894—895）张淮鼎自称归义军节度使之时。牒文上有节度判官兼御史中丞张承奉的副署。参：荣新江. 归义军史研究［M］. 上海：上海古籍出版社，1996：93.

牒一致：

敕归义军节度使　　　牒

　　　洪润乡百姓张留子

　　　女胜莲年十一

牒。得前件人状称有女胜

莲生之乐善，闻　佛声

而五体俱欢，长慕幽宗；

听梵响而六情顿喜。

今为

父王忌日广会斋筵，既愿出

家，任从剃削者。故牒。

清泰五年二月十日　　　牒

使检校司空兼御史大夫曹元（朱笔花押签名）

在中原地区，百姓出家为僧尼、授僧人僧官等，一般情况下需要先由藩镇向朝廷奏闻，然后由朝廷下公文批准。如《五代会要》记载后晋天福时期，凡僧人剃度出家必须往本住处州府陈状，且有乡里耆寿五人以上出具保状，具言该人以前实是良善，然后闻奏中央，向祠部申请告牒①，方可出家为僧尼。以上敦煌地区的事例可能是在归义军与中央隔绝的情况下，归义军节度使在不获朝命的情况下割据性、独立性的表现，仅是个案，可能并不具备普遍性的意义。当归义军节度使获得朝廷的朝命授予之后，以使牒任命僧官、准许剃度僧尼等现象也随之消失；反之，当归义军政权与中原王朝隔绝往来时，归义军长官便以使牒灵活而务实地处理境内的一些需要向中央奏报但却无法奏报的行政事务。

总之，从牒下型牒文的应用来看，敕牒体现的是中央对藩镇权力的约束与控制。对于顺从中央的藩镇而言，使牒体现的仅是地方藩镇在选任官吏方面有限而受中央约束的权力，这种约束至少是名义上的和行政程序意义上

---

① （宋）王溥. 五代会要. 卷 12·杂录［M］. 上海：上海古籍出版社，1978：199.

的。地方藩镇类似于中书门下派驻地方的机构，地方官府僚佐、州县官吏、境内僧官的任用，一般要奏闻中书门下，获得中央的批准。

二、牒上型牒文

敦煌所出牒上型牒文，按照其上达对象分类，有藩镇节度使、寺院僧官及社官。本书对僧团的牒文与社司的牒文都不进行讨论。地方藩镇内的僚属、百姓等上给藩镇长官的牒文，根据其内容分类，其应用范围极广泛，包括地方军事、财政、经济、法律、文化等方面内容。公文的判案权是实际政治权力的反映，藩镇长官对牒文的处理，体现的是在地方区域内绝对的权力与权威，与使牒所具有的有限而受中央约束的权力相比，藩镇长官在其辖境内却有近乎绝对而无限的权力。以下通过敦煌所出牒上型牒文反映的事权，以归义军为例，讨论归义军节度使所拥有的几大权力及其在政务处理中的实际地位。

1. 财政、财务的处理权

财权是地方藩镇政务的重要组成部分，归义军长官对于地方财务的处置是除了军事之外主要的行政权力，在唐宋地方行政运作中具有很大的比重。归义军节度使完全控制了使府内诸司的经济财物、军事物资的支配权。重要的经济、军事物资、财物的支配使用情况，必须要向节度使申报。P. 3569V (4)《押衙阴季丰牒》、S. 7384B《唐光启三年（887）二月三月作坊使康文通牒》、P. 3160V《辛亥年（951）六月押衙知内宅司宋迁嗣牒》、S. 3728《乙卯年（955）押衙知柴场司安祐成牒》，体现了归义军衙内诸专知官要将粟、柴草、桱柳等重要物资的支出情况向节度使申报，请节度使处分判凭。现录 P. 3569V 两件关于处理酒粟的牒文为例，说明藩镇对地方官府所经营的酒坊的酿酒控制权，在牒文上达归义军节度使府后，由长官亲笔判文，做出批示：

> 官酒户马三娘、龙粉堆
>
> 去三月廿二日已后，两件请本粟（下略）
>
> 中间缘在四五月艰难，酒本省全绝，家贫，无可炊馔，朝庆败阙。
>
> 伏乞

仁恩支本少多，充供客使，伏请

处分。

牒。件状如前。谨牒。

光启三年四月 日龙粉堆牒

「付阴季丰算过。廿二日。淮深」

节度使府的押衙阴季丰在收到长官的亲笔判文批示后，按照要求进行了勘算，然后将结果以牒文的形式，向长官进行汇报，即 P. 3569V（4）《押衙阴季丰牒》所示，牒文上达后长官还有进一步的批示：

押衙阴季丰

右奉 判："令算会官酒户马三娘、龙粉堆"。

从三月廿二日于官仓请酒本粟（下略）

逐件算会如后：

西州回鹘使（下略），璨微使（下略）

凉州使净□成等三人（下略），又凉州嗢末及肃州使（下略）

（中略）

右通前件酒工检判凭算会如前。

伏请 处分。

牒件状如前。谨牒。

光启三年四月 日押衙阴季丰牒

「西州使（后缺）」

节度使府内马、羊、羊毛等物资，也要向节度使上申牒，请判公凭。P. 2985V《乙卯年（955）四月牧羊人王阿朵牒》、Дx1359、Дx3114《乙卯年（955）六月牧羊人康定奴牒》、P. 3272《丙寅年（966）牧羊人兀宁牒》、P. 2703V（2）《壬申年（972）十二月故都头知内宅务安延达等牒》，官府牧羊人因放牧羊只的支出或死亡、羊毛的收取情况，都要向节度使府上牒文请判公凭。现以格式较为完整的、牒文原件 P. 2985V《己卯年四月牧羊人王阿朵状及判凭》为例，录文如下：

牧羊人王阿朵

伏以今月十五日纳自死□母羊一口（中略）

支付白押衙，未蒙　判凭，伏请　处分。

己卯年四月日牧羊人王阿朵

「为凭。十五日。」

P.4525V（7）《都头吕富定牒》，因官马在出使达怛的路途中死亡，都头吕富定请归义军长官太傅判公凭。由于是抄写件，故牒文的格式并不完整。

都头吕富定（牒）伏以富定准都官例着马一匹与知客赵清汉乘骑达坦（怛）内为使，回来路上致死，未蒙支给伏乞太傅恩慈特赐公凭，专请处分。

辛巳年八月日

2. 税务、杂役处理权

归义军境内百姓除要交纳地税等户税之外，还要服行人等兵役，承担其他杂役，如节度使府征收、输送紫草、布匹等，从南山围场打猎的鹿、羊，也要输送给归义军节度使。P.4525V（12）《太平兴国某年内亲从都头某牒》就记载了瓜州要将官院内所需的紫草、打猎的鹿、羊输送往归义军节度使府衙的情况。

瓜州（衙）

昨去前月廿九日，从雍归有南山五人到来，

口云道：部落尽于雍归鞍（安）下，欲疑（拟）瓜州下

来。心知已前作恶之事，恐怕更有高下，况

义郎当差二人共南山相随，于部落里

商仪（议）下来事去。其义郎今廿九日夜从会

稽趁贼到来，鞍马困乏，西来不得。更坐三五日，

并及趁逐水浆浇溉之次，即乃西来。其于

官院内□（紫）草输纳，亦乃之次。又昨者，三两伴

打鹿围，至今未得运。后却作围，再申状

通右。谨具状申

闻。谨录状上。

牒件状如前。谨牒。

太平兴国□（三？）年十月 日内亲从都头知瓜州衙推□□状

上海图书馆藏敦煌文献第 110 号（812560）V《唐咸通六年（865）二月廿一日敦煌乡百姓氾佛奴牒》请归义军节度使免除官税羊一只。由于文书是学郎所抄，故抄件的书写特征非常明显：

敦敦敦敦煌煌乡百姓氾佛奴状 右佛奴先掣加籍上

有羊三五口，□（耶？）着东行，尽充买马。进路，官税

掣加，依文籍着羊一口，乡官征索。伏望将军

仁恩照察，请鞫问邻人所，即知虚实。伏请

处分。分分分分分分分牒件状如前，谨牒。咸通

咸咸通六年二月廿一日

节度使可以免除境内百姓的劳役、各种税收等。归义军使衙内的军将、子弟等，部分可以免除税役、杂役。P. 3324V《唐天复四年（904）八月八日衙前押衙、兵马使、子弟、随身等牒》，记载了几任归义军节度使等曾判下公凭：

随身官刘善通

应管衙前押衙兵马使子弟、随身等 状 ［上］

右缘伏事在衙已来，便即自办驼马驱驱（使），不谏？（谅）

三更半夜，唤鲁之徒齐青皮亦须先到，恐

罪有取阅身使，本无处身说。惑（或）驼高马众，

更亦无人贴，遂针草自便，典家卖舍，□（置）

立鞍马。前 使 后使见（现）有文冯（凭）

覆合衙前军将、子弟、随身等，

判下文字："若有户内别居兄弟者，则

不喜？霖采？；如若一身，余却官布、地子、

烽子官、紫草等大礼，余者知难

后次，并总令市免，不者差遣。"文状

见在，见（现）今又乡司差遣车牛、艾芦

茭者。伏乞

司空阿郎仁恩照　察。伏请公凭

裁下　处分。

牒。件状如前。谨牒。

天复四年甲子八月八日

从上牒文可知，军将、子弟、随身等人户内若只有一人，则官布、紫草、地子、烽子等官税、杂役一律免除，不再差遣。但在天复年间，这些免役的人口又被乡司差遣车牛等杂役，引起了军将、子弟、随身等的不满，上牒节度使张承奉请判公凭免除他们的杂役。这件牒文反映了当时归义军内外交困的情形，即使节度使衙原先免役的军将、子弟、随身官亦不免于苛重的杂役，导致内部矛盾激化。

如果归义军境内的百姓承担的赋役过重，无法交纳税收时，便会上牒给归义军节度使，请求减免一部分税役。P. 3155V《神沙乡令狐贤威牒》，令狐贤威因田地临近大河，年年被河水冲毁庄稼，无力交纳户税。故上牒给归义军长官仆射张淮深，请求免除地子、紫草等杂役。浙江博物馆藏敦煌文献第135号（浙博编号110）《敦煌乡百姓曹海员牒》，因乡官差役从甘州回鹘处偷逃回来的曹海员之父为渠头，由于曹家中既无田地，曹海员兄弟二人身上又负担其他职役，故上牒给归义军长官曹议金，请免除其父的水利劳役。曹议金亲笔判文"付乡官。别差一替者"，免去了其父的差役。

　　敦煌乡百姓曹海员

　　伏以海员兄弟二人，父在之日，口分地卖与王都头兄弟

　　二人。都不见父，祇（只）田地先已年荒，在回鹘手内。后

　　因透到本府。去年乡司差充狱子，海员无处投

　　告，阿父曹君庆投先（告）　官中矜免狱子。今岁乡司

　　差充渠头，兄弟二人并躬役次，田地亦无，伏请　处分。

正月　日

「付乡官。别差一替者。十一日　议金」

3. 减免官方债务权

在唐五代时期的藩镇地区，尤其是当境内百姓负担官方的出使、防戍等较为重要的差役时，可上牒请免去部分债务或者税收。S. 8681V + S. 8702《法律惠德请免除欠练牒》、S. 5750V《某清儿牒》，因惠德、清儿奉命出使西州、通和南山部族时，曾借人白练、马匹，后因贫穷无力偿还，故上牒请免除债务。可惜这两件牒文都是抄件不是原件，且有残缺，未看到长官如何判示。

> 释门法律　惠德
>
> 右惠德去载甘州出使去，来归到本乡。今年五月
>
> □盤于阗使，于邓马步面上纳白练一匹。
>
> 今惠德差西州充使，手内阙欠，无门方回，已
>
> 上物色本合不说，但缘差西去，家中之劣
>
> （下缺）

S. 5750V《某清儿牒》，因是草稿，文中多处有添加、修改的文句：

> □□清儿
>
> 右伏以清儿前时奉　看南山，作其通和。有来个
>
> 出者便去，无行立便。中间劫得马一匹，□
>
> □副讼身箭具等。
>
> 阿阿（郎）重威，却达本府。其清儿贫穷，全无
>
> 取处。又是龙家马主，时向劫夺清儿，〈其他口言"不放〉
>
> 我鞍马，安存劫将？铠子一口，是他人借价"。
>
> 〈清儿无处投物事〉。伏
>
> （下缺）

P. 3556V《宋显德六年（959）十二月押衙曹保昇牒》，也是因为其弟保定于958年奉命朝贡中原，出发时向他人借鞍马，后来却在甘州身亡。曹保昇欲往甘州迎取其弟骸骨之前，上牒给令公曹元忠，请免去其弟所欠的债

负。P.3150V《衙内汉唐衍鸡牒》，因汉唐衍鸡"身充庄上造作经"，为节度使府造佛经，请免去一些债务。

在曹氏归义军时期，为鼓励人口移屯新乡、新城镇等边镇时，特出榜文通告官民百姓，凡愿意移民、屯住边镇者，向官府申请之后，便可以免去经济债务。P.3186V（2）《宋雍熙二年（985）六月洪润乡百姓厶乙牒》，家中债负极深，无法偿还，打算口承镇守雍归镇，上牒归义军大王曹延禄请免去诸家债负。

　　　洪润乡百姓某专甲
　　　右　厶甲　盖缘家中□之债负尤深，思量迴觅年方左右
　　微存非地，别？拟口丞镇守雍归，所欠诸家债
　　负，录名以后，麦分？已来，已前债负一一诣实，伏望
　　大王高悬惠镜，照察贫儿，怜悯孤辛，慈悲允
　　舍，特乞　仁钧专牒　处分。
　　牒件状如前，谨牒。

　　　　　　　　　雍熙二年六月　日洪润乡百姓厶乙等牒。

　　P.3935V（2）《洪池乡百姓高黑头牒稿》，因百姓高黑头债负极多，无法还清所借贷的王僧正麦，只好口承新城镇，戍守边镇，请大王曹延禄免去所欠的巨额债负。从牒文中可见当时借贷利率太高，高黑头一家欠王僧正麦太多，以致用人口、衣物、田地均不能抵债，陷入破产的境地。

　　　洪池乡百姓高黑头　右黑头早年男会兴执事显德寺王僧正物，后至辛卯年退
　　物之时算会，其男会兴着麦□豆，通计一十六车。（中略）去〈壬辰年三月〉
　　又于阴平水家将麦十石（中略）到癸巳年三月十日亦还索二十[石] 麦（中略）
　　至丁酉六月日算会得麦□九车十三石□□，到昨乃将人口并田地并衣物□
　　（填）还王僧[正] 去来，不肯要人口、衣物、田地。况黑头□粮

并无觅处，

欲拟〈一身口承新城〉，伏乞大王鸿慈，特赐 判印，专候 处分。

4. 裁决权

藩镇节度使所辖境内百姓之间的一切经济纠纷，节度使长官是最终的裁决者，拥有判决权。

（1）裁决经济纠纷。藩镇地区百姓之间的经济纠纷中，最主要的是关于土地、遗产（财产）、屋舍、奴婢人口等的纠纷。S. 6417V《孔员信女三子为分遗物事上司徒牒》，孔三子与其阿姨二娘子因家庭遗产分配纠纷，向归义军节度使司徒上牒，请求裁决。S. 4489V《宋雍熙二年（985）六月慈惠乡百姓张再通乞判分割祖产诉牒》，张再通早年被其兄卖往甘州，后从甘州赎回到沙州，要求分割兄张富通名下的父祖田地、屋舍以便偿还债务，而与张富通养男贺通子发生纠纷，故上牒给归义军长官大王曹延禄，请求分割财产。牒文内容如下所示：

> 慈惠乡百姓张再通
> 右再通。先者，早年房兄张富通便被再通自身傅（赎）卖
> 与贾田子，得绢六匹，总被兄富通收例。再通寸匹不□（得）。
> 况再通已经年岁，至到甘州回来收赎，本月诤
> 论父祖地水屋舍，其养男贺通子不肯割与再通
> 分料舍地。今者再通债主旦暮逼迫，不放通容。其
> 再通此理有屈，无以投告。伏望
> 大王阿郎高悬宝镜，鉴照苍生，念见再通单贫，为
> 因兄张富通广作债负卖却，再通〈从甘州来，至今三载，衣食无处
> 方原（圆），又兼债家往来驱去，牢（实）〉不有父祖地
> 水，不割支分，伏乞
> 仁恩特赐 判凭，伏裁下 处分。
> 牒。件状如前。谨牒。
>
> 雍熙二年六月日慈惠乡张再通

  土地所有权是唐宋时期敦煌地区百姓最大、最主要的经济纠纷。当百姓之间涉及土地、屋舍、奴婢等重大财产的买卖、处置时，必须上牒请长官判以公凭，作为所有权的法律依据。如 S.4654V《慈惠乡百姓王盈君等请公凭取亡弟舍地填还债负牒》：

  慈惠乡百姓王盈子、王盈君、王盈进、王通儿

  右以盈子等兄弟四人是同胎共□兄弟。父母亡没去后，各

  生无仪之心，所有父母居产田产屋舍四人各支分，弟盈进

  共兄盈君一处同活。不经年载，其弟盈进身得患，累经

  数月除治不可。昨者至死，更兼盈进今岁次着重役御□

  无人替当，便作流户，役价未可填还。更缘盈进病之时□

  羊债油面债总甚繁多，无人招当，并在兄盈君上。

  其亡弟盈进分了城外有地十亩，有舍分，城内有舍，盈

  子况与兄盈君拟欲并取填还债负及役

  价，其盈子拦怜不敢君近无类无门报

  生，伏望太保阿郎惠照贫乏之流，不敢

  不申，伏请公凭裁下处分。

  上件牒文中，因王盈进染病身亡，其应服官府的差役无人替当，且生前有羊债、油面债等经济债务未偿还，故其兄王盈君上牒归义军长官太保阿郎，请允许将王盈进的土地、屋舍等买卖以偿还所欠债务及抵折官府役价。

  （2）批准奴婢人口买卖。藩镇节度使可以批准境内的奴婢人口买卖，并颁发判凭，作为法律依据。S.5402《百姓薛延俊等请判凭牒》"铛（当）婢偿直（值），高低平均处判"，据文意，当是恳求节度使在处理买卖奴婢抵偿债务的经济纠纷时主持公道，颁下判凭。S.528V《三界寺僧智德牒》，僧智德口承镇守雍归镇，因缺少缠裹衣食，欲将其阿舅家所得婢女所生的奴婢一人卖出后，以得缠裹东去镇守雍归镇。可知，归义军境内奴婢人口的买卖必须要经过归义军最高军政长官的批准。

  （3）免除积年债务。归义军节度使可以用判文的形式免除或减轻百姓之

间的经济债务。唐宋时期的敦煌地区，人民之间的借贷债务十分普遍，而且利率非常高，往往超过了借贷者的偿还能力。因此经过一定的年限，节度使便会以榜文的形式，通告百姓免除一些经济债务，尤其是积年无法偿还的债务。如 BD04698V《金银匠翟信子等为矜放旧年宿债牒》：

> 金银匠翟信子、曹□□（灰灰）、吴神奴等二人状
>
> 右信子等二人去甲戌年缘无年粮、
>
> 种子，遂于都头高奈三面上寄
>
> 取麦三硕，到〈子年〉蓄〈旧〉年秋翻作陆硕。
>
> 其陆硕内填还得一硕二斗。亥
>
> 年翻作九硕陆斗。到丙子年秋填
>
> 还得七硕陆斗，更余残二硕。今年阿
>
> 阿（郎）起大慈悲，放其大赦矜割旧年
>
> 宿债，其他家乘两硕不肯矜放。今信子
>
> 依理有屈，伏望　　阿郎仁恩，特赐
>
> 公凭裁下处分。

　　　　「其翟信子等三人若是宿债

　　　　　其两硕矜放者」

　　根据文书中的信息，可知翟信子等人因甲戌年（可能是 914 年）无年粮种子，借贷都头高奈三麦子三硕，年利率是 100%，至丙子年（916）时已经填还本利共计七硕六斗，还有两硕未还。正值归义军长官曹议金下令赦免旧年高利贷，翟信子等人遂上牒请求公凭裁决免除剩余的债务。曹议金遂判"其翟信子等三人若是宿债，其两硕矜放者"[1]，果然免除了翟信子的债务。S. 4459V《常乐押衙王留子乞司空矜免积欠羊毛牒》，王留子因欠官府羊毛十五斤，当归义军长官司空阿郎"开大造之门，应有诸家积债并总矜免"时，便上牒请求免去债务。

---

[1] 此件判文与牒文字体一致，判断不是公文原件，应是抄件，在抄写时略去了曹议金的亲笔押署。

（4）重新审理冤案。归义军境内百姓如有冤屈之事时，可上牒请长官裁断。P.4638V（2）《马军武达儿牒》，武达儿不满氾都知兵马使冤枉罚羊一口，上状司空曹元德，请主持公道。上海博物馆藏敦煌文献第21号（8958）A《索铁子牒》，索铁子因家中口分地少，迫于生计而借贷。后其兄弟索定子因无法还债而逃投甘州回鹘，株连索铁子合家被收为奴婢，房舍田地财产充官。索铁子上牒申冤并请求免除户役。P.3753《敦煌乡百姓康汉君牒》，因其同母异父兄弟被吐浑部落争论，定裁为吐浑，依理有冤屈，请大夫判下文凭，以免被吐浑部落搅扰。P.4040《后唐清泰三年（936）五月百姓辛章午牒》，百姓辛章午因偷牛罪，归义军节度使大王曹议金处罚收辛章午女儿入北院为夫人奴婢，章午本人则在氾万通家劳作三五年以赎罪。但三年后，辛章午仍被氾万通押良为贱，辛章午认为理有冤屈，故上牒向新任节度使曹元德申冤，请矜免奴役。

> 洪润乡百姓辛章午
> 右章午只流自不托德，冒犯
> 官□□条□□偷牛罪合万死。
> 伏蒙
> 前王鸿造矜舍罪，从腹生女子
> 一人收将北完（院）驱使。伏奉　　处分：
> "遣章午与氾万通家选作三五年
> 间，便乃任意宽闲。"章午陪（赔）牛之
> 时，只是取他官布一匹、白羊一口，余外更不
> 见针草。章午女子亦早　宅内驱将，
> 总合平折已了。如此公子百姓被
> 他押良为贱，理当怨屈。伏望
> 司空仁造，念见贫儿，矜放宽闲。
> □见活路。伏请　　处分。
> 　牒，件状如前。谨牒。
> 　　　清泰三年正月日百姓辛章午牒

P. 3579 有《宋雍熙五年（988）十一月神沙乡百姓吴保住牒》，但北宋雍熙年号只有四年，没有五年。本书中敦煌文书中出现了年号问题，笔者推测应是由于敦煌距离中原遥远，或者因信息阻隔不畅通等原因，导致五代宋初的敦煌地区往往不知中原已改用新年号，而经常沿用旧年号以纪年（为尊重文书中的事实，本书都不径改年号，而据文书中出现的年号而录文并在年号后的括号内标明公元纪年。后文出现的"后唐长兴五年"也属此种情况——作者注）。吴保住等奉使甘州途中遇贼，被劫掠至伊州境内，遇到甘州使团，被押衙曹闰成用绢赎回。后因回路粮尽，又被迫从达怛部族手中买牛作粮才得以返回沙州。吴因此欠曹闰成赎身绢价及买牛价而成曹家佃户，出卖劳动以偿还债务。三年内官中所有税役等都由吴保住承担，并以红褐等偿还所欠债务，但曹闰成不认账，吴保住认为被曹闰成横生欺负，故上牒请赐判凭放免。P. 3451《洪润乡百姓氾庆子牒》，氾庆子因被冤枉未纳地税而被王宅官劫夺家资而上牒长官申冤。

（5）批准过所、公验。在出土的敦煌吐鲁番文书里，可以看到在唐代前期的地方长官发放过所给商人使者，以作为通关的法律凭证文书[①]。所谓过所，实质是官方批准的通行许可证，由官方详细记录通关的人员、数量、随行等特征，发放给通关人员随身携带以便在下一关口由官方进行查验，与过所上的官方记录符合时，才会允许通过。唐代前期的过所制度到了唐后期就演变成了公验制度，公验是通行许可凭证中的一种，必须要由通关人自己向官方申报并请求批准通过。地方藩镇节度使在其辖境内有发放过所、公验等通行证的权力。辖境内的使团、商人、僧人、百姓等无论前往中原内地，还是西行求法，都必须先要得到地方官府颁发的过所、公验等通行证件，方能合法通过沿途的关津烽铺。如 Дх1438、Дх1376《沙州住莲台寺律僧应保牒》，应保欲往长安求取佛经，虑恐沿途经过的关津口铺不放行通过，特请长官判印，允许通过。P. 3928《某僧上仆射牒》、S. 4504V《三界寺福员上仆

---

① 文书原文及录文，可参见国家文物局，等. 吐鲁番文书［M］. 北京：文物出版社，1981—1991. 相关研究论文可见：王仲荦. 试释吐鲁番出土的几件有关过所的唐代文书［J］. 文物，1975（7）；程喜霖. 唐代的公验和过所［J］. 中国史研究，1985（1）.

射牒》，福员欲往五台山巡礼，请节度使仆射出具公验。S. 4622V（2）《百姓富盈信牒》，富盈信生活无着，欲至凉州嘉麟镇投靠其兄生活，上牒给归义军长官大夫张淮深，请判给公凭前往凉州。S. 4537V《后晋天福九年（944）正月僧政善光为巡礼西天上太傅乞公验牒》，请太傅曹元深赐公验（特赐去往之由），跟随于阗般次同行，往西天求法。原文如下所示：

> （前缺）
>
> 太傅之恩敢贺（下缺）
>
> 合不犯威仪，先有鸿愿之期巡礼西天之境。今者
>
> 向西路大段般次往行，虽有此心，不能前进。伏望
>
> 太傅鸿造，特赐去住（往）之由，比此般次回时，容舍方求
>
> 道具，伏听　裁下　处分。
>
> 牒。件状如前。谨状。
>
> 天福九年正月日释门僧政沙门善光牒

唐宋时期，藩镇长官发放通行证的程序前后略有差异。唐代晚期一般是由地方节度使在申请人的牒文上判文，签署意见，形成所谓的"公验"，意即官方已经验证无误，同意通行。

在日本所藏的传世文献里，有数件日本求法僧入唐之后向唐地方官府申请过所和公验的牒文原件或抄写件，如 804 年求法僧最澄在明州、台州的 2 件公验原件①和 9 世纪中期（838 年）日本求法僧圆仁在《入唐求法巡礼行记》里抄录的数件公验抄本。后者的卷 2 中所录圆仁于唐文宗开成四年（839）请公验的程序，可以使我们对唐代后期申请、批准公验的程序获得感性认识：九月廿六日，圆仁首先向寄居的赤山寺院提出申请，请寺院上牒州县给予通行公验。开成五年正月廿四日，文登县就此事牒上登州都督府。三

---

① ［日］砺波护. 入唐僧带来的公验和过所［M］//魏晋南北朝隋唐史资料（第 13 辑）. 龚为国，译. 武汉：武汉大学出版社，1994：142. 文书照片参见：张学锋. 日本入唐求法僧最澄所携带的唐代官文书三种［M］//汉唐考古与历史研究. 北京：生活·读书·新知三联书店，2013：420 – 423.

月十一日，得登州牒，令圆仁状申淄青节度使押两蕃使。于是圆仁持登州牒往青州节度使府，上牒请淄青节度使尚书给予公验。三月廿一日到青州，廿五日为更请公验修状进韦尚书。三十日，淄青节度使闻奏朝廷。四月一日，判给公验。可见，当时公验的审批过程相当繁杂，须逐级上报，层层审批。但发给过所、公验的决定权，在地方上已经属于节度使一级①，一般由当事人提出申状，由地方节度使长官在其申请状上批示并由长官署名即可。

又如日本僧人最澄所获得的唐贞元二十一年（805）台州公验，即是由台州刺史陆淳亲笔判示"任为公验"，并签上日期及署名、盖印即可。五代宋初时，一般也是由藩镇节度使直接在牒状上批示出具公验，也要签署日期、押署姓名并用官印。如 P.3975《己未年（959 年）僧保兴路证公验》："其僧保兴到处，州镇县管不许把勒，容许过去者。己未年八月廿八日 鸟形押（元忠）"，在纸下部日期处押一方形印"瓜沙等州观察使新印"。它原本是归义军节度使曹元忠所判示的公文，用鸟形押代替亲笔签名，其通行的效力也仅限于归义军辖境内。通过与前文中最澄公验的实物进行比较，笔者认为 P.3975《僧保兴路证公验》是残本，它前面的僧人保兴的牒状已经被人为剪裁掉了，因此只剩下了节度使的判示部分（即公验）。

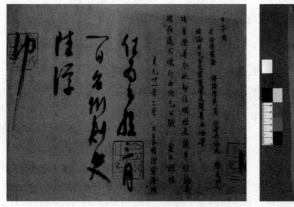

图 1-1　日本求法僧最澄台州公验和敦煌文献 P.3975
《己未年（959 年）僧保兴公验》比较

① 黎虎. 汉唐外交制度史［M］. 兰州：兰州大学出版社，1998：463.

（6）核查僧尼，干预寺院事务。归义军节度使可以裁定或核实管内僧界度僧尼的情况。P.3167V《唐乾宁三年（896）沙州安国寺道场司常秘等牒》，道场司常秘将所度僧尼的年龄等核实情况向归义军长史张承奉申报。节度使可以干预寺院经济事务，如大中七年（853）归义军节度使张议潮、吴僧统（洪辩）酉年算会，大中十一年（857）分都司，整理僧团的财产，将其分散到各寺常住百姓，并将一些寺院财产收入官府，造官籍。S.3873《唐咸通某年十一月索淇牒》，因其上代父辈①将屋舍、水硙、园田、家客等布施给报恩寺，五十余年之后，索淇可能乘归义军节度使主持分都司财产之机，向张议潮上牒，请求将祖上施舍入寺院的一些财产的所有权回赐给索淇，其牒文内容如下：

（前缺）上代水硙、三所园田家（中缺）督信敬心重建报恩寺

斋两所、水硙、园田、家客施入（中缺）供养三宝不绝，愿心（中缺）

其硙是时被殿下其（中缺）日出卖于报恩寺（中缺）五十余载，师僧庋

（中缺）淇自力微，无处日，（中缺）照察，讫赐上祖收。

牒件状如前。谨牒。

　　　　咸通年十一月日索淇谨状

归义军长官还可以决定境内寺院内无主房舍等不动财产的分配、处置。如S.4622V（1）《牒》，尼普提心上牒请求长官大夫阿郎张淮深将圣光寺内亡僧破败屋舍的所有权分配给自己，修治屋舍后恐其他僧尼争论所有权，因此上牒请求判示所有权。P.3281V（3）《马通达牒》，请求亡僧宋龙龙绝户

---

① 索淇与索琪可能是同一人，其父可能即是吐蕃统治敦煌时期的沙州都督索允，即S.1438V吐蕃占领时期沙州某官尺牍文集的作者（参：陆离.敦煌写本S.1438背《书仪》残卷与吐蕃占领沙州的几个问题［J］.中国史研究，2010（1）），其中有《舍官出家并施宅充寺资财上吐蕃赞普奏状》，与P.2807、P.3256写于吐蕃统治敦煌时期的《释门文范》中提到的都督索公是同一人。《索勋纪德碑》记索勋之父为索琪，曾任敦煌郡长史，赠御史中丞。据P.3410《索崇恩析产遗嘱》，知索琪为沙州僧人索崇恩之侄，任职为都督，而都督是吐蕃统治时期汉人担任的最高军职，当是承袭自其父的官职。

屋舍，特赐居住，请判所有权。S.3876《宋乾德六年（968）九月释门法律庆深牒》，僧庆深购买了张清奴绝嗣屋舍两口，于官纳价钱后，恐后时再有人诤论，上牒给节度使曹元忠，请判印凭由，即确认房屋所有权为自己所有。

归义军节度使甚至可以干预处罚僧官。北京大学藏敦煌文献 D185《灵图寺寄住僧道猷牒》所示：

灵图寺寄住僧　　道猷
右道猷辄有卑事上告
大王。事属僭诼，不避罪责。窃以扶
危拔苦，佛佛皆传；舍罪放僭
官官尽有。释门之事，道猷合言。今因
斋日，特且诉陈。昨于　有金光〈明〉寺令狐
僧正因〈于小事〉而相诤，致犯
条令而尤重。既触
严科，理当过盖□自损，岂是于他
不慎行藏，冒渎
严驾，蒙
迁流归于窟谷受　恕免。却返城隍，近
及一周，曾不参请，朝朝而尤愁似醉；
日日而警怖如痴。具审三思，傍徨无
（下接背面文字）
地，
王臣即莫睹其面；师长即亦不闻名。欲
往东西恐
大王怪责。但道猷特呈卑状，冒渎
台颜，不避僭尤，敢施荒拙，谨于千僧之
会，望恕一人之殃。况有煞人在地，尚
犹放免残生，今告
大王看诸佛之面，放舍却依旧位，

> 或则别赐条式。唯将看读之切，上答
>
> 遐龄之算。冒犯
>
> 威严，伏听　　处分。谨录状上。

牒件状如前。谨牒。

牒文内容是金光明寺令狐僧正因在官施斋会上与他人小事相净，违犯戒律，故归义军节度使大王曹延禄免去其僧正之职，处罚他到莫高窟谷内悔过。僧官违犯戒律本可由都僧统处置，但僧官对于节度使而言是"释吏"，类似于属吏，节度使完全可以干预僧团内的内部事务，体现了归义军政权对境内佛教势力的限制①，反映了佛教势力对归义军节度使权力的依附性。

第三节　小　结

综上所述，通过对敦煌所出与地方藩镇节度使相关的两种类型牒文在地方政务运作中的考察，不难发现政治制度对于文书制度的影响：随着唐中叶中书门下—藩镇体制的建立，地方上藩镇节度使权力独断，几乎拥有地方上的一切权力：人事权、军事权、财务权，地方政务的处理，集于藩镇节度使一身。从出土敦煌吐鲁番牒文来看，晚唐五代宋初，藩镇节度使通过判文处理、裁断日常政务，几乎掌握着地方的一切权力。藩镇体制的确立，使藩镇节度使从唐前期的幕后走向了政务处理的前台。唐中叶使职差遣的出现，最终的实现方式是以官充使职，成为一个特殊的群体，而官职胥吏化，最终导致晚唐五代宋初"地方刺史、节度观察使等，也躬亲庶务，案牍繁忙，亲行勾押勾检之职，类似有权的胥吏"②，独断地行使一切权力，这是唐中期以来发生的最大的地方行政变化。

---

① 郝春文. 归义军政权与敦煌佛教之关系新探［M］//白化文，等. 周绍良先生欣开九秩庆寿文集. 北京：中华书局，1997：164–175.
② 李锦绣. 唐后期的官制：行政模式与行政手段的变革［M］//黄正健. 中晚唐社会与政治研究. 北京：中国社会科学出版社，2006：100.

第二章　帖文和榜文

敦煌出土文献中的公文书按其文体格式可分为下行公文类的牒、帖、公验、榜等，它们是政务资讯的载体。近 30 年来，对某一类公牍文书进行专题研究的文献较多，其作者主要是日本学者和中国学者。如对公牍文"帖"的专题研究，最早有日本学者内藤乾吉对吐鲁番所出的几件帖文残片的研究，中村裕一在《唐代公文书研究》中也涉及敦煌、吐鲁番出土的帖文。赤木崇敏从敦煌文献中的帖文入手，研究"帖"在归义军时期税草征发时的功能。荒川正晴从新疆出土的唐代前期的帖文入手，研究"帖"文在物资征发方面的功能。日本学者坂尻彰宏对敦煌文献中的牓文做过研究，发表了《敦煌牓文书考》，研究敦煌归义军政权与基层民众之间的信息沟通与文书行政。赤木崇敏对敦煌尺牍中的封皮纸进行了复原研究，还以 BD11181 文书为材料，探讨了与归义军政权征税相关的公牍文书行政，研究其征收的具体过程。

我国的一些学者对吐鲁番出土的帖文也做过介绍和研究，但是分散的研究未能深入研究其特征与功能以及帖与其他公牍文书之间的差别。如樊文礼、史秀莲的《唐代公牍文"帖"研究》，主要利用传世史籍中提到的堂帖、府帖、州帖、县帖去研究"帖"这一公牍文书的功能与应用。雷闻①则利用新出土吐鲁番文书结合传世文献，讨论了帖文的分类，"帖"文的形态、功

---

① 雷闻. 唐代帖文的形态与运作［J］. 中国史研究，2010（3）：89–115.

能与运行特点，对帖文的使用范围、格式、特征作了深刻的揭示，并将帖与符、牒之间的关系也作了厘清，推动了对唐代公文书帖的研究，对唐代的政治秩序及政务运行的复杂过程的某些方面予以清晰的揭示。

第一节 帖 文

帖，《说文解字》释为"帛书署也"①，指写在丝物上的标签或署名，本意是指用帛或布裹封题尺牍。秦汉时期，与书牍（包括帛书）的检署有关。魏晋南北朝时期，当书写材料由简帛向纸转变后，帖往往也指代布帛的替代品纸张。唐宋时期，有时将书写于纸上的文书泛称为"帖"，本书中的"帖"专指一种公文文体，与表示纸张数量的数量词"帖"、表示"契约""简短书札"等意义的"帖"相区别，各种社邑"转帖"也不予讨论②。

一、帖文的格式与分类

帖文的格式，在开头一般有"帖"字，以"发文单位（或个人）＋帖＋受文人"的形式出现。结尾一般是"（年）月日帖"。宋代帖式在《庆元条法事类》卷16《文书门·文书式》中有记载，前言"帖某人"，正文后为"年月日帖"，下一行为"具官书字"，是发帖者的亲自押署。宋代帖式继承自唐五代帖式，以 S.1604《唐天复二年（902）四月廿八日沙州节度使张承奉帖》为例，看唐末帖式的格式：

> 使　　帖都僧统等
> 右奉处分：盖缘城隍或有役（疫）疾不□

---

① （汉）许慎，撰．（宋）徐铉，校定．说文解字·卷7下［M］．北京：中华书局，1963：159.

② 相关的著述可参考：宁可，郝春文，辑校．敦煌社邑文书辑校［M］．扬州：江苏古籍出版社，1997；孟宪实．敦煌民间结社研究［M］．北京：北京大学出版社，2009.

五根，所以时起祸患。皆是僧徒不律，定心不

虔，经力不爱，二门若不兴佛，发何戏乎

哉？从今以往，每月朔日前夜、十五日夜，大僧

寺及尼僧寺燃一盏灯，当寺僧众不得

欠少一人。仍须念一卷《佛名经》，与灭狡猾

嘉延，人轮岂不于是然乎？仍其僧统

一一铃辖。他皆放（仿）此者。四月廿八日　帖

使　　　承奉

最后一行的"承奉"二字是归义军节度使张承奉亲笔的押署。将唐天复二年的帖文格式与宋初《庆元条法事类》卷16《文书门·文书式》中的帖式相对照可见，唐宋时期帖文的格式基本是沿袭的关系。

按照帖文的发出单位（个人），帖文可分类为：中书门下发出的堂帖、藩镇节度使等使发出的使帖、县乡官府所发出的帖文、僧官发出的帖。以下分别予以分类论述。

二、帖文的应用

作为公文的一种文体，南北朝时"帖"文成为地方军府长官的一种下行公文。《木兰诗》中有"昨夜见军帖，可汗大点兵"，表明"帖"最初与征召百姓入军伍有关。唐前期的帖文，以现存的出土于新疆、敦煌等地的文书来看，多是都督府、折冲府等"军府"所下，多与征发物资、牲畜、人力等相关。唐中后期建立的藩镇体制，实质上也是一种大军区体制，帖文的军事性特征也有所反映。帖文在地方藩镇行政中的使用也非常常见，是有直接的统摄关系的上级官府（或个人）对下级官府（或个人）所下达的一种公文，应用十分灵活。敦煌所出帖文中未见有堂帖，社司"转帖"等民间组织发出的帖文，在此不予讨论。本章主要讨论使帖、州县官府帖、僧官帖三类帖文的特点及其应用，主要有以下几个方面。

1. 临时性地授予军职

"使帖"的应用比"牒文"（使牒）要广阔得多。在传世文献中，常见

藩镇节度使以帖授以某种军职的记载。《资治通鉴》卷241 "元和十四年二月" 条：

> 丙辰，（李）师道潜遣二使赍帖授行营兵马副使张暹，令斩（刘）悟首献之，勒暹权领行营。①

淄青节度使李师道与衙内都知兵马使刘悟有矛盾，欲杀之，便密下两件帖文，第一帖授行营兵马副使张暹权领行营兵马使，代理都知兵马使刘悟的职务；第二帖密令张暹杀害刘悟。张暹不听命令，将密帖示刘悟，刘悟遂反叛，"使十人前行，宣言刘都头奉帖追入城"，骗开城门进入青州，杀害了李师道而自称节度留后。P. 4044（1）《使检校吏部尚书兼御史大夫帖》是一件抄件，是唐乾宁六年（899）十月廿日某甲差充右一将第一队副队帖，是归义军节度使以帖文授某人暂时代理某军职。

> 使　　帖
> 右某甲差充右一将第一队副队
> 右奉　处分：前件人仍以（与）队
> 头同勾当一队健卒，并须
> 在（存）心钳镥，点检主管一切军
> 器，并须□□缓急贼寇，
> 稍见功劳，当便给与队头
> 职牒，仍须准此指挥者。
> 　　乾宁六年十月廿日　　帖

上引帖文中说得十分明白，某人帖授副队头，与队头共同勾当一队健卒，点检主管一切军器，稍见功劳，当便给予队头职牒，即以使牒授予队头正职。可见，使帖与使牒有重大区别，不仅体现在文体格式上，也体现在实际应用中。从 P. 3298p1 牒文、P. 3016V（2）牒文中 "准状各帖牒所由，仍

---

① （宋）司马光，撰．（元）胡三省，音注．资治通鉴·卷241 ［M］．北京：中华书局，1956：7762 - 7763.

牒知者"，表明藩镇节度使在以使牒辟署僚佐时，还要用"帖"文通知相关部门，相当于公开的通知、公示。

藩镇节度使以帖文所授官职实际上等同于一种差役。《资治通鉴》卷275"后唐明宗天成元年（926）"条记载："当是时，所除正员官之外，其余试衔、帖号，止以宠激军中将校而已"①。文中所谓的帖号，即是以帖文授以诸衔将军之号等军职。由于五代时期授官泛滥，藏典书吏、优伶奴仆甚至有文散官至银青光禄大夫，检校官至尚书、祭酒者，但一旦被州县下帖文征发税役时，却是"全称姓名，其差徭正与里长等"②，说明帖文所授官职的临时性、伪滥化。

2. 征收物资、征召人员充任某种杂役

各级官府均可下帖文征收物资。Дx1443《龙兴寺僧智惠弁常秘等牒》中提到归义军长官尚书以帖文命令看守、运营水硙的六人衣食柴薪由龙兴、开元两寺各供应十日。BD11181《后晋天福七年（942）十一月日典张某牒》中记录了某州节度使帖文，令某县向百姓征收军需的草料并按照指定期限送纳官府，如有百姓不输纳者，便要施以重罪。从牒文中"寻已各帖家丁、村正、所由日夜不（中缺）赴逐处供输"，可知县司在接到节度使府的帖文后，也下帖文给"家丁、村正、所由"等基层小吏，责令他们日夜不停、连夜排门催趁人户输纳草料。由此可见官府帖文之权威性。S.8665《都押衙曹仁裕、张保山征敦煌诸乡器物帖》，因西州使者来至沙州，要设驿馆，归义军节度使府都押衙下帖向敦煌、莫高等乡征收床、席等器物，立便于东驿送纳。当县乡官员在收到上级官府征发物资、人员的帖文命令后，也下帖文向百姓征收。以P.3054p2《乡官残帖稿》为例说明：

[今]月七日　衙内案僊设，所要借色牙十五，花甎五□，白甎五□，次差□：氾

---

① （宋）司马光，撰．（元）胡三省，音注．资治通鉴·卷275［M］．北京：中华书局，1956：8996.

② （宋）洪迈，撰．容斋续笔·卷5"银青阶"［M］．上海：上海古籍出版社，1996：276.

　　□□、□保安、氾□□〈**马庆**〉、索□儿、索保保、阴定德、索
□□、□□□。差恒圆

　　告报翟□。限七日寅时于　衙内齐□，不得怠慢者。

□□□日乡官帖

　　因衙内案设所需物品，乡官便下帖差百姓索保保等人承担。其他如：
BD00002V《残帖》，某乡官差百姓安员定、安怀德等送柴草于官府。
BD04256V《判官郭文宗帖》，下帖差遣索宜宜、田进子二人送纳花氎、羊毛
等物。S. 5933《乡官帖令狐丑子造把木》，因端午节造扇子，需把木 35 个，
乡官下帖文差百姓令狐丑子承担此项工作。S. 6022V《残帖》，奉官府命令，
派遣人马到某处等。

　　值得一提的是，在法国国家图书馆藏敦煌西域文献中有一件来自新疆库
车县西面的 DA（都勒都尔·阿护尔，Douldour – aqour）墓葬的帖文文书。
伯希和（Pelliot）编号 P. 3533 共有 43 个分号，均为少数民族文字（粟特
文)①，其中第 31 号较为特殊，为汉文残帖，夹杂在众多粟特文文书中，非
常不显眼，但却保存了重要的历史信息，与唐前期对西域的有效治理相关。
现将该文书录文如下：

　　　　P. 3533P31《唐某年二月廿八日帖》

　　　　　　（前缺）

　　　　　　（前缺）鸡

　　　　　　（前缺）处半白骨雷

　　　　　　（前缺）论处半白支陁地肥

　　　　　　（前缺）□驮垓处半白蘸毕黎（参）

　　　　　　（前缺）地处半白吉招失鸡

　　　　　　（前缺）徵（征）

　　　　　　（前缺）须有问答。帖

---

　　①　敦煌研究院．敦煌遗书总目索引新编［M］．北京：中华书局，2000：285．

（前缺）□答所由。二月廿八日

（前缺）参军王　□（修）①

  P. 3533 文书见于上海古籍出版社和法国国家图书馆于 2002 年联合出版的《法藏敦煌西域文献》第 25 册，文书编号后括号内明确说明 P. 3533P31 是伯希和探险队得自今新疆库车县西面的 DA（都勒都尔·阿护尔，Douldour – aqour）的 M. 507。其中的第 31 分号是个汉文帖文书残片，上半部有火烧焦的痕迹，编者将其定名为《唐某年二月廿八日帖》。此残帖书法精美，行楷工整，字体较大，墨色浓，纸上残留有官印二方（印文难以辨认），可能是官文书原件。文书中最引人注目的是多次出现"处半"一词，后为人名（多是西域的龟兹人姓氏白姓），因此"处半"可能是某种官职。文书中的"处半"与在新疆发现的汉文文书中的"叱半"同音同义，应该是同音的异写。日本学者吉田丰认为"叱半"可能对应于于阗语 chaupam②，他还进一步指出于阗文中 chaupam 和在库车都勒都尔河阿护尔（Douldour – aqour）遗址出土的汉文文书中的"处半"③、突语语中的 cupan 等词联系起来。由于在几乎所有的材料中这个词都表示"低级官员"的意思，因此吉田丰先生认为它们都是来自同一语源，可能来自厌哒语④。因此，"叱半""处半"都是对于阗语 chaupam 的汉语音译。

  "处半"是一种什么官职呢？其职掌的又是什么？学术界对"叱半"的研究成果较多，如法国大学者沙畹（Chavannes）指出和田出土的汉文文书中"叱半"是一个低级官吏⑤。文欣进一步研究后得出的结论是"叱半"这个

① 图版见上海古籍出版社，法国国家图书馆. 法藏敦煌西域文献（第 25 册）［M］. 上海：上海古籍出版社，2002：193.

② ［日］吉田丰. Sino – Iranica［M］. 西南アジァ研究，第 48 号，1998：45.

③ E. Trombert, Les Manuscrits Chinois de Koutcha, fonds Pelliot chinois de la Bibliothepue nationale de france, Paris：Bibliothepue nationale, 2000, pp. 49 – 50, 131.

④ 文欣. 于阗国官号考［M］//敦煌吐鲁番研究（第 11 卷）. 上海：上海古籍出版社，2008：143.

⑤ CHAVANNES E. Les documents Chinois decouverts par Aurel Stein dans les sables du Turkestan oriental, Oxford, 1913, p. 221, note 7.

官员是和村（bisa）的建制结合在一起的。举例如麻札塔格出土《唐于阗神山某寺支用帐历》（Or. 8211/969—72）有"西河勃宁野乡厥弥拱村叱半萨童"的记载①，近年在和田地区发现的四支双语木简的汉文部分也提到了"屋悉贵叱半"。在和田附近麻札塔格出土某寺支用历中，常列有某坊或某村"叱半"收税、草的记录。综上所述，"处半"在8、9世纪的唐统治西域时期是少数民族村庄主要负责征收赋税、物资的少数民族固有的低级官员。因此，在新疆出土的 P. 3533P31《唐某年二月廿八日帖》，与敦煌、吐鲁番等地出土的文书相比较、参照，其主要的文书价值在于：

（1）帖是唐代的一种下行公文，在唐前期主要是用于折冲府下发的军帖，与一般内地州县下行的公文"符牒"不同。自唐显庆三年（658）将安西都护府迁到龟兹后，下设四镇，对龟兹、于阗等镇进行了有效的治理。在今库车都勒都尔·阿护尔应有一个军镇，故此《帖》可能是某镇官员给下辖的村落的少数民族首领下的公文，可能与征收军事物资与给养相关。

（2）驮垓等村地名，为研究唐代柘厥关附近的地理提供了材料。王炳华先生已经考证出都勒都尔·阿护尔遗址是唐代的柘厥关，今名玉其吐尔②。《帖》文中出现的"驮垓"等村名都是龟兹语固有名字的汉语音写，为研究与之对应的原语提供了材料，可与出土于同一地点的汉文文书中出现的"移伐姡村""伊禄梅村""无寻苏射堤村""都野提黎伏陀村"等地名相互参照进行研究。

（3）参军王修等僚佐姓名为研究唐代安西都护府内的僚佐提供了材料。安西都护府属军府，其下并无州县的建置，府下仅有军镇（城）、坊村，故帖文中的参军，只能是安西都护府下军镇的仓曹参军。《唐六典·三府都护州县官吏》记载"上镇……仓曹参军事一人。从八品下，职同诸州司仓"③。

① 沙知，吴芳思. 斯坦因第三次中亚考古所获汉文文献（非佛经部分）［M］. 上海：上海辞书出版社，2005：329.

② 王炳华. 新疆库车玉其土尔遗址与唐安西柘厥关［M］//丝绸之路考古研究. 乌鲁木齐：新疆人民出版社，1993：97.

③ （唐）李林甫，撰. 陈仲夫，点校. 唐六典·卷30［M］. 北京：中华书局，1992：755.

由军镇直接向坊、村一级的少数民族官员下"帖"征收物资、粮食给养，是唐代安西都护府军事羁縻统治的显著特征。

3. 特别的指示和命令

各级官府不仅下帖文征收物资，也可下帖文通知下属，予以特别的指示和命令。传世文献中常见地方长官传下帖文，内容涉及经济、军事、司法等各方面，为数最多的是追某人赴州之事，且大多有时间限制。宋赵升《朝野类要》卷4记载"上司寻常追呼下司吏属，只以片纸书所呼叫，因依差走吏勾集"①的"官牒子"，即上司官僚以片纸帖文通知、指示属吏的帖文。S. 1725V《书仪杂抄》"蒙奏改官及与上考不许谢启"中有"奉帖不许拜谢，谨□（启）"之语，证有藩镇长官可以下帖给属吏，在属吏经奏授加官后，指示其不许来使府拜谢。S. 5606（3）《镇使不在镇内百姓保平安状》中"镇使李某甲奉帖上州去后"，即是归义军节度使以帖文征召会稽镇镇遏使李某赴沙州的事例。

唐宋地方长官可以用帖文免除某些人员的税役。如出土于新疆库车县的《唐建中五年孔目司帖》，都督府帖文差使莲花渠匠白俱满尖鸡织布，便免去了掏拓、助屯、其他小差科等杂役，原文如下：

> 孔目司　　帖莲花渠匠白俱满尖鸡
> 配织建中五年春装布一百尺。行官段俊俊、
> 赵秦璧　薛崇俊　高崇仙等：
> 右仰织前件布，准例放掏拓、助屯、及
> 小小差科，所由不须牵挽。七月十九日帖
> 　　　孔目官任　辩

敦煌文书P. 3324V《唐天复四年（904）八月八日衙前押衙、兵马使、子弟、随身等牒》中记录了归义军节度使等曾判下文书：军将、子弟、随身等人户内若只有一人，则官布、紫草、地子、烽子等官税、杂役一律免除，

---

① （宋）赵升. 朝野类要［M］//文渊阁四库全书（第854册）. 上海：上海古籍出版社，2003：127.

不再差遣。这可能就是归义军节度使下达给衙前军将、子弟、随身的帖文，当与 S. 8516B《后周广顺二年（952）某月五日归义军节度使曹元忠帖》，在衙门外贴出命令，对管内差发军将、百姓收刈麦子的巡数、部分可免役的人员所作出的命令相类似。

地方长官可以用帖文下达特殊的指令，或是一种对下属的训诫。S. 1604（1）《唐天复二年（902）四月廿八日沙州节度使张承奉帖都僧统》，令寺院于每月朔日前夜及十五日夜燃灯，念《佛名经》，为沙州城隍祈福。P. 4044（2）是归义军节度使曹议金对出使甘州的使团下达的帖文，告诫使人必须各守本分，沿路经过寨、堡、州城时，"各须存其礼法，不得乱话是非"，如有不听指挥及浪言狂语者，则令使头记下姓名，回到沙州时必受重罚。S. 4453（1）《宋淳化二年（991）归义军节度使帖》，是归义军节度使曹延禄下达给寿昌都头张萨罗赞、副使翟哈丹等的帖文，对沙州派往寿昌县的车牛、军将的食物供给标准做出了具体的指示。

帖文脱胎于军府公文，故唐宋藩镇长官多以帖文处理境内军事事务，下达军事命令。藩镇长官给管内诸州、军镇下帖文处分军务，在传世文献中非常常见。如唐代淮南节度使高骈以使帖下属内诸州，令排比点检人马，追捕叛军①。宋岳珂《宝真斋法书赞》卷 8 收录五代时期淮南镇海镇东等军节度使、吴越王钱镠下给东面防遏都指挥使、嘉兴镇遏使吴重裕的帖文，令其排点镇内将士祗候大军进发②。P. 3835V（6）《戊寅年（978）曹延禄帖》，前后文字略有残缺，每行约 11～12 字。由于此帖从纸中间断裂为两片，中间缺一行，大约是一个字的空白，从残存的文字，可以复原如下（见图 2－1）。

---

① "当道先准诏旨，抽庐、寿、滁、和等州兵马共二万人，仍委监军使押领赴军前者。臣当时已各帖诸州，令排比点检"。参：［新罗］崔致远撰，党银平，校注．奏论抽发兵士状卷 5［M］//桂苑笔耕集校注（上册）．北京：中华书局，2007：122.
② （宋）岳珂．宝真斋法书赞·卷 8"吴越三王判牍帖"［M］//文渊阁四库全书（第 813 册）．上海：上海古籍出版社，2003：660.

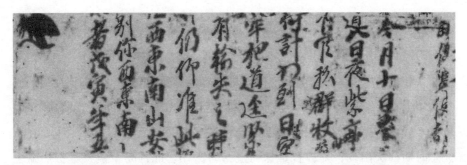

（中间缺一行） 月 山 □ 指 汝 □ 私 □ 镇 紫 衔

图 2-1　P.3835《戊寅年曹延禄帖》拼合示意图

[使　帖紫亭] 副 使、监使、 都 [衔] 等

右奉　处 分 ：

今月十日晨？ □（紫）亭家报来 言

道 八日夜紫亭□城南山作贼 下 ，

□官私群牧〈内〉□□打将〈羊三百〉，不知更 有

何计。帖到日，官□（私）群牧收拾，看

牢把道，径紧□（守）城池，如或急 [慢] ，

有输失之时，□（汝）等便当重 [罚] 。

□（右）仍仰准此□（指）挥。又，差二 人

□西东南山安□。其作贼南山

□别你西东南 山 不要私动 先

□者。戊寅年五月十日帖

鸟形押（延）

从此帖末尾所署特殊的鸟形押判断此帖为归义军节度使曹延禄所发，则戊寅年为宋太平兴国三年（978）。此件上所钤"归义军节度观察留后"印，首见于后晋开运三年（946）铸赐给归义军节度使曹元忠的官印，主要在曹元忠时期首次出现，并被曹延禄初上台时沿用。此件是草稿，草拟后盖上"归义军节度观察留后"官印。从残存的文字来推断，这是一件归义军节度使曹延禄下达给境内某镇（可能是紫亭镇）镇守官员的帖文，因境内南山部族打劫牲畜，命令他们将官私群牧收拾入城，在道路上派出警戒，防守城池不得有失。与之类似的帖文还有 Дх4749《宋建隆三年（962）归义军节度使曹元忠残帖》、Дх3412 + Дх3415《归义军节度使帖悬泉镇使安某》、S.9454《残帖》，大约也是对境内某镇官员作出的指示，令其不得怠慢。

由于藩镇长官所下的帖文是特别的命令与指示，因此可以使帖文在地方长官的权力运行中具有灵活性与高效率。长庆四年（824）三月十日，据杭州刺史白居易《钱塘湖石记》所记，"若岁旱，百姓请水，须令经州陈状，刺史自便押帖，所由即日与水。若待状入司，府下县，县帖乡，乡差所由，动经旬日"①。杭州刺史可下帖直接传达到管水所由，命令其放水，而不必经用正常的行政程序（百姓持状申州司、州牒下县，县帖乡，乡差所由），提高了行政效率。唐宋藩镇长官所下的帖文，从敦煌所出的帖文实物来看，必须盖以官印作为征信，一般要长官亲笔押署，才有效力和权威，不可以白状（即无官印之白文），对文字的准确性、公文所用纸张也有特别要求。

敦煌所出帖文中有一个较为特殊的现象，曹氏归义军节度使出家为僧的

① 原文见唐白居易《白氏长庆集》卷68《钱塘湖石记》："……钱塘湖一名上湖，北有石函，南有笕。凡放水溉田，每减一寸可溉十五余顷，每一复时，可溉五十余顷。先须选公勤军吏二人，立于田次，与本所由田户，据顷亩，定日时，量尺寸，节限而放之。若岁旱，百姓请水，须令经州陈状，刺史自便押帖，所由即日与水。若待状入司，府下县，县帖乡，乡差所由，动经旬日，虽得水而旱田苗无及也……"参：顾学颉，校点．白居易集（4册）[M]．北京：中华书局，1979：1431.

儿子也可给境内军镇下帖文，用于通知某种消息，或下达某种命令。S. 447V《太子大师帖》，命令紫亭镇副使孟喝悉鸡、监使杨竹丹、都衙慕容丹钵等人攻击东边的贼人，并令夜间谨慎防守城池，以防偷劫。P. 2938《皇太子帖副使王永兴、都头安良宪、都衙翟再□等》是一件帖文抄件，内容虽然残缺不全，但系皇太子给某镇副使王永兴、都头、都衙等人的帖文无疑。"太子大师""皇太子"是对归义军节度使之子的称谓，或者是其自称，又见于 S. 6981（2）《太子大师上法奖和尚帖》、S. 6178《太平兴国四年（979）七月皇太子广济大师为男太子中祥追念请僧疏》，他们当是同一人，可知他是归义军节度使曹元忠的某位出家为僧的儿子，应与曹延禄是兄弟辈。由此可窥见归义军使府内权力分配、权力运作的细节，归义军节度使出家为僧的儿子，由于其特殊的政治身份，可以拥有像世俗官吏一样发布帖文的权力。

　　僧团类似于一个小型的世俗官府，有都僧统、都僧录、都僧政等各级僧官。从僧官所发帖文来看，非常类似于官府所发帖文。帖文被用于差发僧人承担某种佛事，向僧人科征物品，通告、告教管内僧尼等。

　　帖文与榜文有类似之处。僧官可以通过帖文下达指令。P. 6005《释门帖诸寺纲管》，是河西都僧统下帖给诸寺的僧政和法律，令诸寺僧尼安居住寺，依师修习。对于僧尼坐夏安居作出五条命令（称作条流）：（1）没有屋舍居住者，马上支给；（2）沙弥尼等，令其请依止师；（3）僧尼夏中三时念经礼忏，不得间断；（4）诸寺不许杂人居住，诸寺界墙及后门，或有破坏，仍须修治及关钥，禁断私家小门；（5）诸寺修饰房屋等由僧政、法律管领；尼寺请僧官一人管理，僧寺由本寺禅律及上座管领。P. 3556（6）《应管内外释门都僧统帖》，以帖文罗列了僧人的种种不遵戒律之行为，告诫诸众要遵守戒律，令有以上不律行为者改正，若不改正，则必有问察。S. 2244《某大德癸酉年十月十二日残帖》对癸酉年十月十二日举行受戒法会时僧行所念戒律，向僧众告知。在某种程度上，帖文还有榜文的告示、通知的功能。

　　敦煌所出帖文的内容涉及唐宋地方行政的方方面面，并不是细小的日常政务，具有极大的灵活性和权威性。在文书程式上，需要印署行下，表明帖文属藩镇长官正式的公文书，具有一定的严肃性①。但与符、牒主要行用于官府之间不同，帖具有连接官民，直达基层的特点。与牒文相比，帖文在格式与运行上要简易，具有临时性、随意性的特点，使用范围上更广泛一些，不仅在具有直接统属关系的官府之间应用，也可以越过原有的行政层级直接下达给个人。藩镇长官在不能使用牒文处理政务的情况下，可以灵活使用帖文，帖文本身具有的一些特点，"对于日常行政效率的提高有很大帮助，是对符、牒等其他下行公文的重要补充"②，更是对使牒等权力的突破。藩镇长官在辖区内拥有绝对的权力与权威，与使牒所具有的有限而受中央约束的权力相比，藩镇长官在其辖境内可以通过使帖而拥有的绝对的治民、管理的权力，体现的是一种在藩镇体制下强烈的独立性意味。

第二节　榜　文

榜，又写作牓，是官府将重要的文告向军民通告的一种下行公文文体。牓，本义是指宽大的木牍。汉代时牓书又被称为扁书，《说文解字》释牓"一曰关西谓榜曰篇"③，篇、扁相通，指书写在较宽大的木板上，在公共场所向基层进行公布的一类公文文告。当纸出现后，牓文并没有消失，仍指一种公文，即指在纸、木、壁等载体上以大字书写文告为牓文。唐宋时期榜文专指一种由官府下达的公文，其实质是官府颁下的格律、法规等。

一、榜文的格式

榜文的格式一般是前称"××（发文单位）牓"，文末用"年月日牓"，最后是发出牓文的官府或个人。榜文的特征有二：一是大字楷书书写；二是

---

① 雷闻. 唐代帖文的形态与运作 [J]. 中国史研究, 2010 (3)：89－115.
② 雷闻. 唐代帖文的形态与运作 [J]. 中国史研究, 2010 (3)：115.
③ （汉）许慎，撰. （宋）徐铉，校定. 说文解字·卷7下 [M]. 北京：中华书局，1963：95.

在公共场所通告。由于是官府所下，为表示征信，一般须盖上官印。榜文有时难以与帖文区分，但主要的区别应是：榜文面向广大公众公布，而帖文一般只对个别的人员传达。S. 8516B《后周广顺二年（952）某月五日归义军节度使曹元忠帖》与 S. 8516A（1–7）《广顺三年归义军节度使曹元忠榜》的区别就很小，但是只要是向公众公布，即使其文体是"帖"文，也可被视为广义上的"榜"文。笔者认为榜文实质上是帖文的变体，二者性质相同，只是在行下的对象范围上有区别。

榜文的书写载体不一定是纸张，也可以书写于木板、粉壁、石碑等材料之上。唐宋时代，粉壁仍然是公布政令的重要载体。榜文下达的公告多是中央的法令。《五代会要》记载：长兴二年（931）五月敕，敕令到达地方州府后，并于铺驿及显要处粉壁，具录敕命晓谕，永使知闻①。地方长官的指令通常也用榜文的形式公告。宋李元弼《作邑自箴》卷一记载州县地方长官"通知条法，大字楷书，榜要闹处，晓告民庶。乡村粉壁，如法誊写"，即是将地方法规用榜文向公众公布。榜文一般公布的是法律条令或行政命令，也有礼仪制度。后唐长兴二年八月敕："准《仪制令》'道路街巷，贱避贵，少避长，轻避重，去避来'。宜令三京、诸道州府各遍下县镇，准旧仪制于道路分明刻牌，于要会坊门及诸桥柱晓示路人，委本界所由官司，共加巡察。"② 这些在道路、桥梁等处所镌刻的木牌或是石碑，也是榜文，其内容则是将重要的礼仪制度面向公众通告。

二、榜文的应用

以敦煌所出榜文 Дх2165《沙州节度使榜》为例讨论榜文的应用。

（前缺）

□□合知闻。悮（误）

---

① （宋）王溥. 五代会要·卷24 "诸使杂录"［M］. 上海：上海古籍出版社，1978：391.

② （宋）王溥. 五代会要·卷25 "道路"［M］. 上海：上海古籍出版社，1978：409.

犯之徒便当拯

断。

一、人死之后，丧仪

极多，不凭礼□，

自意□（裁）制。

……□……

（后缺）

此件榜文上钤有"沙州节度使印"一方，每行六字，当为大字榜文。榜文内容似是针对境内百姓违犯礼法的情况，一条一条通告民众，用符号"一"区分开来。切须知闻，不得误犯。榜文虽只残存一条，但推测亡佚内容当是禁止百姓丧礼时不凭礼仪而自意裁制的情形。P. 2598V《归义军节度使张淮深牓》是抄写件，前有"中和三年四月十七日"题记，据榜文末的"使检校（中缺）御史大夫　张牓"，可知是归义军节度使张淮深下达的榜文，因在每年正月廿三日于城四面安置白伞、令僧人作法事道场时，沙州无知小儿用弹弓打花，并打伤僧人及众人眼目、手指。故出榜晓示百姓，切令禁断。如有违犯，便有惩罚。S. 2575《应管内外都僧统牓》是在后唐天成四年（929）曹议金称令公期间，令置方等戒坛，戒度僧尼时，河西都僧统阴海晏下榜文通告境内全体僧尼应该遵从的"条令法式"，包括：（1）剃度之后遵从戒律，不得衣服锦绣，佩戴银饰；（2）投缁习业必须恳苦为先，严守道场戒仪律式；（3）遵从僧尼饮食、居住的戒律；（4）对受戒沙弥尼人的斋饭、沐浴等做详细的规定。从以上三例可见，榜文一般公布的是法律条令或行政命令，类似于地方官府颁布地方法律法规的意味。

唐宋地方藩镇长官为维护辖境内的政治、经济、法律秩序的稳定，对境内百姓之间涉及土地、屋舍等重大财产所有权的争论、司法案件，往往会以榜文的形式，通告境内军民。S. 5812《吐蕃统治敦煌时期令狐大娘上吐蕃殿下牒》："论悉诺息来日，百姓论宅舍不定，遂留方印：'已后见住为主，不许再论者'。又，论莽罗新将方印来，于亭子处分：'百姓田园宅舍依旧，亦不许侵夺论理'"。此牒文中吐蕃统治者"留方印""于亭子处分"，显然是以榜文通告的形式，张贴在亭子等公共场所。榜文上钤盖有官府的官印，以示官府的权威。Дx1326《唐大中七年（853）二月僧王伽儿等牒》，记录了归义军节度使张议潮出榜文通告官民，不再追究以前所犯的刑事案件（昨新榜示"所事并亭（停），不许论事"）。P. 2187《敦煌诸寺奉使衙帖处分常住榜》，从文意上看，本件内容或是一件以使衙帖文（下行文书）为依据的寺院榜文（公告）①。一些榜文与重要的通告有关。如 P. 2578V《残牓文》：

（前缺）

右奉　处分：州镇，天下大小恪律一般，更

则无二。边镇别无至术，泾寄求觅针

草，诸处只是恳力种田为本。榆林一流之水

（后缺）

文中"榆林一流之水"，当指今瓜州榆林河。从榜文"恳力种田为本"可知，可能是瓜州刺史或者归义军节度使将分配榆林河水灌溉农田的相关情况向民众公布，但具体内容缺失而不得详知。晚唐五代时，瓜州地区的河流有榆林河、苦水、都河，都河流经瓜州治所晋昌，是瓜州城（今锁阳故城）及瓜州东部地区最主要灌溉农田的河流。据敦煌博物馆所藏《大唐河西道归义军节度索公纪德之碑》记载索勋任瓜州刺史时的政绩："自从莅守，葺以貌全，筑巍相□□□□烟布□疆□□□□□□之名郡，厥田唯上，周回万顷，沃壤肥浓，溉用都河，□□□□，□□□□，积为□□，河道不通，渠流顿绝。洎从分竹，乃运神机，土宇宏张，延堤□□，□□□□，□□腾飞，□□□□则，残功俄就。布磐石，拥云汉，川响波澜，众流辐凑，□□□□□□濡西成□□，□威感神，灵踪□应，水源均布。人无荷锸之劳，鼓腹□□□□。□□□□，日设法以济人；摧圮楼台，悉置功而再置。"② 可见，索勋任瓜州刺史时曾经修筑堤堰，引用都河水往西北灌溉瓜

① 姜伯勤. 唐五代敦煌寺户制度（增订版）　[M]. 北京：中国人民大学出版社，2011：126.

② 郑炳林. 索勋纪德碑研究 [J]. 敦煌学辑刊，1994（2）：63.

州万顷良田，此举被人民称颂纪德。P. 4525V（12）《太平兴国某年内亲从都头某牒》中称南山部族在雍归镇安置，欲趁逐水浆浇溉之机，下来瓜州投降。雍归，即今瓜州石包城，榆林河流经其地，由此可知榆林河水也用于瓜州西部地区常乐等地的农田灌溉。榆林河由于水流较小，农田的灌溉更需要合理分配，因此瓜州刺史或者归义军节度使曾专门颁下榜文对使用榆林河水灌溉农田进行分配，通告百姓知晓，不得妄生争端，不得争水诉讼。

晚唐五代藩镇长官颁下的榜文除了通告法令、法规之外，还有一个重要的功能是对境内民众进行劝谕、教化。唐宋藩镇地方长官所下达的法令、法规中寓含礼治的精神，尽量避免地方行政中"不教而诛"的现象，在行政中注重对人民的教化，用传统礼仪引导社会风俗，也是唐宋地方长官的重要政治责任。敦煌所出藩镇节度使榜文中内容较完整的是 S. 8516A（1 - 7）《归义军节度使曹元忠榜》和 S. 8156C（1 - 5）《后周广顺三年（953）十二月十九日曹元忠榜》。这两件榜文可能是原件或副本，有助于理解榜文具有的"教化"特性。

    敕归义军节度使　　　榜
    应管内三军百姓等
    右奉　　处分：盖闻□
    封建邑先看土地，
    山川阡陌堪居，遂
    乃置城立社。况河西
    境部，旧日总有
    人民因为土蕃吞
    侵，便有分投□
    □□□□□□□
    □伏自
    大王治世，方便再
    置□（郡）城。自把已来，
    例皆使活，唯残新

52

乡要镇未及安置
军人。今岁初春，
乃遣少多人口耕
种，一熟早得二
载喉粮。柴在门
头，便是贫儿活处。
仍仰乡城百姓审
细思量，空莫执
愚，躬贫过世，丈
夫汤突，到处逢
财，怕事不行，甚
处得物。自今□
□□□□□□□
膀晓示，乐去者膀
尾标名，所有欠
负诸家债物，官
中并赐恩泽填
还。不交汝等身上
悬欠便可者。闻早
去，得安排次弟，及
时初春趁得种田，
便见秋时倍熟。一
年得利，久后无愁，
坐得三岁二年，总
□□全饭饱。仍仰
［准此指挥者。］

（下缺）

下接 Дх3015、Дх3156《广顺三年膀》：

广顺三年（后缺）

（前缺）［使］光禄大夫检校［太保兼御史大夫曹］（后缺）

S. 8156C（1－5）《后周广顺三年（953）十二月十九日曹元忠牓》：

（上缺）

处各书名姓，

仍仰准此指

挥，不令固违

□（后缺）

□事条贯，恐

众不知，一一丁

宁，固令晓示。

仰知委者。

□□□帖□

□□使

广顺三年十二月十九日牓

使光禄大夫检校太保兼御史大夫曹　（鸟形押）

在此榜文后有小字杂写："新乡口承人：押牙多祐儿、兵马使景悉儿、诚李仏奴、于罗悉鸡、赵员定。大云寺僧保性。平康武福检兄弟二人。新城口承人：神沙王盈进、玉关宋流住"。可能是对在榜尾署名愿口承新乡两镇军民的姓名抄录。

S. 8516A（1－7）《归义军节度使曹元忠牓》和 S. 8156C（1－5）《后周广顺三年十二月十九日曹元忠牓》二者之间并不能拼合，因为前者每行 7~8 字，后者每行 5~6 字，二者字体书迹也明显不相同；前者中提到"唯残新乡要镇未及安置军人"，只言及新乡一镇。后者在榜尾中列有新乡、新城二镇口承人员，即将人户迁移至二镇的官吏及百姓，似乎与前者通告往新乡一镇移民的情况稍有不同。S. 8516A（1－7）《归义军节度使曹元忠牓》倒有可能与Дx3015、Дx3156《广顺三年榜》相拼合，则 S. 8516A（1－7）榜文下发于后周广顺三年（953）的初春（二三月之间）。因此，笔者判断，S. 8516A 榜与 S. 8156C 榜应是两件不同的榜文：S. 8516A 榜文下发于后周广顺三年的初春二三月间，归义军节度使曹元忠初立新乡镇后下榜通告境内百姓，往新乡镇移民耕种者可分配土地，并免去所欠债负。S. 8156C 榜文可能是广顺三年（953）年底时（十二月十九日）通告境内百姓明年移民新乡、新城二镇防戍屯田者，便可免去债务，其功能与宋代常见的地方官颁下的《劝农榜》十分类似。

至于佛教寺院僧官所下榜，如河西都僧统、沙州都僧统给管内寺院僧人所下榜文，也多含有通告、劝诫的意味。S. 8583《后晋天福八年（943）二月十九日河西都僧统龙辩榜》中对方等戒坛道场分配勾当的僧人、僧官作出通告，告诫他们要"谨奉明条，遵守律式，存心勾当"。榜文中的要求，被称作"条流"，即条教。P. 2187《保护寺院常住物常住户不受侵犯榜》中对寺院所属财产、寺院的依附人口作出了格条规定：（1）寺院、屋舍、庄田等常住之物，不许侵夺及典卖；（2）寺院的常住百姓可与部落结媾为婚，不许共乡司百姓相合。僧官等所下榜文在形成僧团组织内共识、维持僧团组织的秩序、提高组织的运作效率方面发挥了很重要的作用。敦煌文书中的榜文，大多数是公布于公共空间、交通要道之处，大字书写，供众人知晓，主要的功能便是维持社会秩序的稳定，或保证宗教活动的有效实施。

第三节 小 结

总之，通过对出土唐宋文书中牒、帖、榜三类公文文体的探讨，公文作为处理公共政务的工具，是政治权力意志的外在表现形式，公文的政治属性是其最重要的特征。牒、帖、榜三类公文在唐宋时期的行政和政治治理中发挥了重要的政治功能与作用，反映了从中央到地方行政运作的细节过程，是唐宋时期政治体制的细微变化的外在反映。同时，三类公文在政务运行中蕴含着的礼治精神，是中华传统政治文明在唐宋时期的继承和演变的结果，中国古代行政传统中有"礼刑相用"的原则，将政令与教化联系起来的政治意识，使地方行政时既要将政令传达到行政末端的庶民那里，也要将教化的精神普及施润于基层百姓。这构成了唐宋时期地方行政的主要施政原则：礼法合一，即以政令手段（法）与教化手段（礼）必须并行结合，施政者以礼仪秩序教化民众，才能保证长治久安的施政理念，也若隐若现地体现在牒、帖、榜等公文内容里。唐宋时期，地方藩镇体制的形成，藩镇长官挟总督地方军事之势，以使牒、使帖完全控制了地方基层的人事、经济、文化诸项权力，对于基层庶民，更可以通过张贴榜文告示于通衢，晓谕政令，颁布法规，实现将其权力意志传达到行政末端的庶民百姓的功能，使政令畅通而无滞，实施对地方的有效管理，这也是唐宋时期地方政权稳定的一个重要因素。

第三章　致书和谘文

致书和谘文都是平行类公文。致书的起源很早，主要用于地位平等的外交关系上，而谘文起源较晚，在五代宋初才开始出现，主要用于地位平等的政治机关之间的对内关系。随着时代的演进，致书和谘文两种公文体，都出现了用于私人事务的倾向。

第一节　致　书

在出土的敦煌文献中有一类外交文书的文体十分特别，它的主要用途是处理对内或对外政治地位平等关系时的书疏往答或是公私文书往来，这类书体在公文中主要表现为"致书"。"致书"的出现与南北朝时期各少数民族政权的建立相关，与文献中记载的汉魏南北朝时期的"移书""檄书"有密切的文本渊源，往往用于处理地位平等的"国家政权"之间的外交关系。

一、致书的出现

南北朝时期，南北对峙的双方在私下里相互以"索虏"和"岛夷"讥称对方。然而，当南北通和、遣使交聘往来时，彼此的关系却是对等的。南朝与北朝在外交上相互承认为匹敌之国，在接待交聘使节的规格上，甚至比其他的藩国使者来得高，国书的称谓上也遵循敌国之礼，两国国君是处于对等的地位。因此，在南北朝时期，南北双方政权在外交往来书疏时，"修敌国之礼，书称姓名顿首"，使用"致书"以表示双方地位平等。

隋统一中国之后，与周边政权之间的外交关系是所谓"藩属"的朝贡体系。比如隋文帝时，突厥因内部纷乱，对外数为隋所败，沙钵略可汗向隋请和求援。一开始，在致隋的国书中，沙钵略说："从天生大突厥天下贤圣天子伊利俱卢设莫何始波罗可汗致书大隋皇帝。"其中从天生、天下贤圣天子二语，显然犯了大隋天子的忌讳，因此，隋文帝答书时将称谓改为："大隋天子贻书大突厥伊利俱卢设莫何沙钵略可汗。"后来突厥沙钵略可汗向隋称藩，原本的国书由"致书"变为上"表"，其称谓也随之变为"大突厥伊利俱卢设始波罗莫何可汗臣摄图"。沙钵略自称臣，并具名讳为摄图，乃是以臣子上表于皇帝的格式，显示隋与突厥已从两国对等，转变为君臣上下的关系。据《隋书》卷81《东夷倭国传》：大业三年，倭国王遣使朝贡，其国书曰"日出处天子致书日没处天子无恙"，隋炀帝览之不悦，对倭国国书的措辞、口气不满，下敕"蛮夷书有无礼者，勿复以闻"，就是因为其国书反映的是平等的关系，而不是藩属的关系。隋唐帝国强盛时，往往对藩属者皆用"敕书"而不用"致书"。

但是，到了晚唐五代宋初时，当周边民族国家建立了与中原朝廷分庭抗礼的国家政权，这种两国之间平等的外交文书"致书"十分多见。致书，即是外交国书的一种，反映的是平等的两国关系。陆游《老学庵笔记》卷6记载了五代宋初时致书的制度及其所适用的外交关系：

> 周世宗时，（南唐）李景奉正朔上表自称唐国主，而周称之曰江南国主。（后周）国书之制曰："皇帝致书恭问江南国主"，又以"君"字易"卿"字。至艺祖时，于李煜则遂赐诏如藩方矣。仁宗时，册命赵元昊为夏国主，盖用江南故事。然亦赐诏，凡言及"卿"字处，即阙之，亦或以"国主"代"卿"字。当时必有定制，然不尽见于国史也。①

---

① （宋）陆游，撰．李剑雄，刘德权，点校．老学庵笔记［M］．北京：中华书局，1979：72.

　　敦煌文献 S. 4473（2）是后晋集贤相公李崧代后晋高祖石敬瑭所撰《大晋皇帝致书北朝皇帝》，反映了当时国与国之间外交关系的波谲云诡①。其致书格式开头言"大晋皇帝谨致遗书于北朝皇帝足下"，仍然沿袭了隋唐时期致书用于外交关系时的基本公文制度。入宋之后，在宋、辽、西夏三足鼎立的地缘政治局面下，东北亚建立起辽、宋、西夏分庭抗礼的政治秩序，三国缔结和约，成为对等的政治实体②。宋、辽、西夏三国之间的外交"致书"就更多见于史籍。宋辽自"澶渊之盟"后，互称兄弟之国，地位平起平坐，外交礼仪用对等之礼，出使两国的使者礼仪对等，故史籍中常见宋辽之间的外交国书用"兄大宋皇帝谨致书弟大契丹皇帝"；宋致辽嗣主则用"伯大宋皇帝致书侄大契丹皇帝"；宋致辽皇太后，则称"侄大宋皇帝谨致书于婶大契丹国皇太后"之类的外交"致书"。到了北宋末年，由于宋、金之间的外交关系数变，在双方的国书称谓上也有所反映。初时，双方为对等之国，国书的起首为"大金皇帝谨致书于大宋皇帝阙下"或"大宋皇帝谨致书于大金皇帝阙下"③。宋钦宗时，由于金、宋之间为伯侄关系，因此，国书中便见"侄大宋皇帝桓谨致书于伯大金皇帝阙下"，"桓"为钦宗的名字，作为晚辈，连皇帝名讳都须附上了。最后，钦宗向金国投降，降表中一开始即称"臣桓言"，末尾则是"天会四年十二月日，大宋皇帝臣赵桓上表"，连纪年都改奉金国的正朔。

　　唐宋时期，当中原王朝与周边民族政权关系紧张、中央政府不能与之以对等地位处理双方关系时，便由与之地位对等的地方政府出面，以"致书"的形式处理双方的外交关系，使缘边州郡地方政府拥有了"外交职能"，这

---

① 后晋高祖石敬瑭原本是通过向契丹称臣、割让燕云十六州的条件借兵而夺得后唐帝位的，一度遵辽太宗耶律德光为父皇帝，自称儿皇帝，两国地位实际并不平等，两国之间的关系定位于君臣、父子关系，并不像 S. 4473（2）中所反映的两国之间的平等关系。此件"致书"，更像是一种外交政治策略下的产物，表明后晋与辽之间的外交关系开始发生了转折，所以有后晋出帝石重贵向辽告哀时不称臣之举，而辽也因此大举攻侵后晋，晋辽之间战争爆发。

② 李华瑞. 宋夏关系史［M］. 北京：中国人大出版社，2010：368.

③ （金）佚名，编. 金少英，校补. 李庆善，整理. 大金吊伐录校补［M］. 北京：中华书局，2017：13.

是特殊政治情势下的一种政治策略：地方政府可以与境外的民族政权互通外交文书。其具体方式是：或双方边州郡之间互通文书，或己方州郡文书达于彼方政府，或彼方政府通文书于己方州郡①。如《资治通鉴》卷253记载唐乾符元年（874）南诏国致书西川节度使牛丛，牛丛回复"致书"②，其格式，首言"十二月二十四日，剑南西川节度观察安抚使守兵部尚书成都尹牛丛致书于云南诏国坦绰麾下"，尾云"今发遣某人持报书，望详览。不具。某白"。依《资治通鉴》卷252"僖宗乾符二年（875）"条记录，南诏上给唐朝的表状中词语怨望，中书不便作敕书答复。宰相卢携分析南诏政权故意言辞不逊，谓中央朝廷不会答复：如果中书门下以敕牒答复，则"嫌于体敌"，即承认南诏与唐地位对等，将会陷入外交被动。故建议请赐西川节度使高骈、岭南西道节度使辛谠墨敕，"使其录诏白，牒与之"，即中书起草答复南诏的敕牒，发至与南诏沿边的西川、岭南地方政府，由他们依据敕牒的主旨精神起草"致书"转达南诏③，实际是降格礼遇，视南诏政权与唐方镇地位对等，是一种政治策略。

二、敦煌所出三件"致书"的比较

唐中叶以来，地处丝绸之路咽喉的肃州、瓜州因其重要的军事战略地位，被吐蕃政权反复争夺，其中尤以开元中后期唐、蕃瓜州争夺战最为激烈。唐玄宗开元十五年（727）九月，吐蕃大将论悉诺逻率领吐蕃军队从大斗拔谷进入河西走廊，攻陷瓜州，俘虏了瓜州刺史田仁献，掠走了城内大量民户，夺取了唐军大量军事物资，占领了官府粮仓，给瓜州人民带来了巨大的战争伤害。吐蕃军队的进攻更是激起了瓜州士民保卫家园的顽强抵抗。当吐蕃攻占了瓜州后向东派兵围攻常乐县时，县令贾师顺据城固守80天，使悉诺逻最终撤退，毁瓜州城而去。鉴于河西和瓜州的重要军事地

---

① 黎虎. 汉唐外交制度史 [M]. 兰州：兰州大学出版社，1998：231.
② （清）董诰，等. 全唐文·卷827"报坦绰书" [M]. 北京：中华书局，1983：8713.
③ 黎虎. 汉唐外交制度史 [M]. 兰州：兰州大学出版社，1998：357.

位，唐朝派名将张守珪出任瓜州刺史，在瓜州设都督府，重建瓜州城，积极备战，实施反间计除掉了为害河西的吐蕃大将悉诺逻。当开元十六年（728）秋七月吐蕃军队再次进攻瓜州时，张守珪指挥唐军将其击退。同时，唐军派出陇右节度使张忠亮主动进攻吐蕃在青海湖西南的渴波谷，大败吐蕃军队。729 年张守珪主动从河西西面进攻吐蕃大同军，朔方节度使从陇西出击，攻克吐蕃石堡城，使吐蕃请和于唐，在赤岭竖立分界碑，相约唐蕃互不侵犯。

但在唐"安史之乱"后，河西兵力内调平乱，吐蕃政权卷土重来，乘机军事进攻唐河西州郡，并逐步从西往东占领河西走廊内诸州，切断了中央朝廷与河西之间的联系。公元762 年，唐肃州刺史刘臣壁面临吐蕃兵临城下时，致吐蕃大将的"致书"在河西地区流传甚广，在敦煌文献中保存有三件，抄写于不同的时期，即：P. 2555、Дx5988、P. 5037（4）《窦昊为肃州刺史刘臣壁为南蕃书》。三者均是抄件，第一件抄写较完整，第二、三件已经残缺。通过对这三件"致书"的分析对照，可以大概认识这种处理外交关系时的"致书"的功能与特性。

P. 2555 是长卷，正背两面皆抄写诗文。经徐俊、荣新江比定，俄藏Дx3871 可与之缀接。虽不能完全缀接，但从笔迹行款判断，应为一卷。缀合之后，内容约可分三部分：至《窦昊为肃州刺史刘臣壁致南蕃书》止，大多数唐诗非敦煌当地作品。中间有一部分为陷蕃人诗集59 首。卷背所抄内容也可分为三个部分：第一、二部分是唐前期诗，非敦煌本地作品；第三部分的临习宣宗帖及大字抄写的玄宗御制勤政楼下观灯诗，与一、二部分明显不同。徐、荣根据卷背笔迹不同、格式多变化的抄写等特征，认为应非一人所抄①，但大体抄写时间应是在吐蕃统治敦煌时期（786—848）或在之后的张氏归义军时期。

---

① 荣新江，徐俊. 新见俄藏敦煌唐诗写本三种考证及校录 [M] //唐研究（第5 卷）. 北京：北京大学出版社，1999：74 - 75；徐俊. 敦煌诗集残卷辑考 [M]. 北京：中华书局，2000：689.

　　《窦昊为肃州刺史刘臣壁答南蕃书》就抄写在 P.2555 正面，邓小楠①、唐耕耦②、李宗俊、钟书林等做过校录及研究，历史事实基本清楚：它反映的是在吐蕃攻占肃州之前，唐宝应元年（762）唐肃州刺史刘臣壁答吐蕃将领上赞摩射娑莘的通和书札，书札中涉及了唐中宗至唐肃宗前后几十年间唐蕃之间战与和的史事。根据唐代"致书"的一般格式，P.2555《窦昊为肃州刺史刘臣壁答南蕃书》当是据窦昊所撰的草稿而传抄，似乎在起首略去了"某年月日唐肃州刺史刘臣壁（全衔）谨致书于吐蕃赞摩射娑莘（全衔）阁下（或足下）"的内容，致书的格式并不完整，当是稿本特征的体现。

　　Дх5988《肃州刺史刘臣壁致南蕃书》原文首尾皆残，天头地角残，只残留有中间 8－9 字，如下。

　　　　（前缺）

　　　　（前缺）人忏（后缺）

　　　　（前缺）臣壁（后缺）

　　　　（前缺）帝登极之际□（后缺）

　　　　（前缺）关开荡宇宙扫四海寰（后缺）

　　　　（前缺）紫宵之中远逼于河（后缺）

　　　　（前缺）□为天边，穷沧溟（后缺）

　　　　（前缺）然有之乾坤道〈道〉合（后缺）

　　　　（前缺）契犹存五十年间期则何（后缺）

　　　　（前缺）不恭王命违天背盟（后缺）

　　　　□州黎庶聚土积薪灌（后缺）

　　　　（前缺）以为军戎大壮扰攘边（后缺）

　　　　天及哥书瀚出将天奇（后缺）

---

①　邓小楠.为肃州刺史刘臣壁答南蕃书校释［M］//北京大学中国中古史研究中心编.敦煌吐鲁番文献研究论集（第一辑）.北京：中华书局，1982：596.

②　唐耕耦，陆宏基.敦煌社会经济文献释录（第四辑）［M］.北京：全国图书馆文献缩微复制中心，1990：354－356.

（前缺）□夺龙驹岛入苑秀川（后缺）

（前缺）力云合指挥从风使（后缺）

（前缺）向悉诺罗先侵岂见哥舒（后缺）

（下缺）

将Дx5988《肃州刺史刘臣壁致南蕃书》的内容与P.2555《窦昊为肃州刺史刘臣壁答南蕃书》相对照，可以发现Дx5988是另一件《肃州刺史刘臣壁致南蕃书》的抄本①（P.2555文中的黑体字，即是Дx5988的内容）：

和使论悉蔺琮至，远垂翰墨，兼惠银盘。睹物思**贤，愧**佩非分。适来

首春尚寒，惟　上赞摩射娑莩，动纳清胜。**臣壁尽忠之**外

余何足言。昔我开元圣文神武太上**皇帝登极之际**，与先赞普

神运契合，**豁闢天关，开荡宇宙，扫四海寰廓**，并两国一心，公主下降，

于**紫宵之中，远适于黄河之外**。镌铭列土，誓不相侵。尽日照为

天疆，穷沧溟为地界。是知舅生义国，**天然有之乾坤道，外合星**

象所感。缅贤明信，**碑契犹存。五十年间，其**则何远。去开元十

有五载，悉诺罗**不恭王**[命]，**违天背盟**，暴振干戈横行大漠。陷

瓜州黎

庶，**聚土积薪；灌玉门军城**。决山喷浪，自以为**军戎大壮。扰攘**

边陲

为害兹深，已六七年**矣。及哥舒瀚出将，天奇摧旄**，拥关西之师，

积威

奋伐。**夺龙驹岛，入苑秀川**。开地数千，筑城五所。谋**力云合，**

指麾

① 郑炳林首先发现了Дx5988与P.2555之间内容相关，在读书札记中予以揭示。参：郑炳林，徐晓丽．读《俄藏敦煌文献》第12册几件非佛经文献札记［J］．敦煌研究，2003（4）：84—85.

从风，使蕃不聊生，亦八九年矣。向若无悉诺逻先侵，岂见哥舒瀚后

患。

（下略）

由于两者抄写时所据的底本不同，或是抄写时的行格不同，导致 Дx5988 中的内容在 P. 2555 中的位置与原本 Дx5988 中所处位置不同。现根据 Дx5988 中所残文字的位置，考虑到第 3 行中对"皇帝"两字行平阙式的情况，再对照 P. 2555《窦昊为肃州刺史刘臣壁答南蕃书》中的内容，将 Дx5988《肃州刺史刘臣壁致南蕃书》抄本大体复原如下：

［和使论悉蔺琮至，远垂翰墨，兼惠银盘。睹物思］

贤，忏（愧）［佩非分。首春尚寒，惟上赞摩射娑莽，动纳清］

□（［胜］）。臣壁［尽忠之外，余足何言。昔我开元圣文神武太上］

□（［皇］）帝登极之际［与先　赞普神运契合，豁阗］

□（［天］）关，开荡宇宙，扫四海寰［廓，两国一心，公主下降］

□（［于］）紫宵之中，远逼于［黄］河［之外。镌铭列土，誓不相］

□□□（［侵。尽日］）照为天边，穷沧溟［为地界。是知舅甥义］

□□（［国，天］）然有之。乾坤道合［星象所感。缅资明信］

□（［碑］）契犹存。五十年间，期则何［远。去开元十有五载悉］

□□（［诺罗］）不恭王命，违天背盟，［暴振干戈，横行大汉陷］

瓜州黎庶，聚土积薪，灌［玉门军城。决山喷浪］，

□（［自］）以为军戎大壮，扰攘边［陲，为害兹深，已六七年］

矣。及哥书（舒）瀚出将，天奇［摧旌，拥关西之师，积威］

□（［奋］）伐。夺龙驹岛，入苑秀川，［开地数千，筑城五所］。

□（［谋］）力云合，指挥从风，使［　蕃不聊生，亦八九年矣］。

□（［若］）向悉诺罗先侵，岂见哥舒［瀚后患］。

（下缺）

复原后的 Дx5988《窦昊为肃州刺史刘臣璧答南蕃书》抄本，书写行格较 P.2555 为疏，首大约残 1 个字（中间二行可能残 2～3 个字），尾残 8～9 个字（第 1—2 行尾残较多），平均每行书 17～19 字，与唐宋标准抄本每行约抄 17 字的抄写特征基本相符①。抄写书法较佳，可能是较正规的抄本。P.2555 抄写较为紧密，每行书 24～26 字，其书体相对较差，其抄写的时代可能比 Дx5988 要晚，大约是在吐蕃占领敦煌时期所抄，用来学习。两者之间有个别语词不同，当是传抄过程中致误或俗写，如：扫四海寰宇、指挥与指麾、河与黄河等。经过比较 P.2555 和 Дx5988 的文本内容，两者之间除有一些个别语词不同之外，文本主要的差异在于平阙上：Дx5988 对"皇帝"平出，对吐蕃"赞普"行阙礼，符合唐代公文的书写礼仪，P.2555 中对"皇帝""赞普"均不行平阙，显然与唐代书仪不符。文本的差异反映了两件抄件所依据的抄本不同，Дx5988 抄件所据的抄本更多地保留了原始特征，P.2555 所据抄本抄写的时代可能比 Дx5988 要晚，文本格式上的"失真"较大。

除了 Дx5988《肃州刺史刘臣璧致南蕃书》残抄本之外，P.5037（4）残抄本首题"肃州刺史答南蕃书 窦昊撰"，与 P.2555《窦昊为肃州刺史刘臣璧致南蕃书》标题类同，正文仅残四行，如下：

和使论悉诺蔺宗至，远垂翰墨，兼惠银盘，睹物思

[贤，愧佩非分。春首尚寒，惟]②

□□□□□□□□□□□□③尽忠之外，余何足言。

□□□□□□□□□□□□□□④先

---

① 据宋人赵彦卫的笔记小说《云麓漫抄》卷 3 "字数"条记载：释氏写经，一行以十七字为准。国朝试童行诵经，计其纸数，以十七字为行，二十五行为一纸。参见：（宋）赵彦卫，撰. 傅根清，点校. 云麓漫钞［M］. 北京：中华书局，1996：49.

② 此行约缺 11 字，最后一字"惟"的右半仍残存可辨。

③ 据第一行字数，前缺约 12 字，据 P.2555，可拟补为"上赞摩射娑夐，动纳清胜。臣璧"。

④ 此行前缺 15～16 字，据 P.2555，可拟补为"昔我开元圣文神武 皇帝登极之际与"。

　　［赞普］（下缺）

　　根据文中所残缺的字数及平阙情况，P.5037（4）残抄件应是另外一种不同的《窦昊为肃州刺史刘臣壁答南蕃书》抄本，它与Дх5988之间不能拼合①。P.5037（4）《肃州刺史致南蕃书》的特点是在第3行、第5行有平阙，将有关吐蕃的"上赞摩射娑莩"与"赞普"平出，而对第4行中的有关唐中宗的"皇帝"不平出，仅行阙礼，恰与Дх5988中将"皇帝"平出，而仅对"赞普"行阙礼成对照，二者应不是抄于同一时期的抄本：Дх5988抄本源于唐抄本，P.5037（4）抄本所据的抄本非常可能抄写于吐蕃统治河西时期，故对吐蕃方面的职官行平阙礼，文本格式上的"失真"也较大。

　　通过将以上三件内容基本相同的《肃州刺史刘臣壁致南蕃书》抄本比较，笔者发现，由于行格、平阙等文本特征的差异，反映了三件抄本不同的抄写时间：Дх5988的抄写特征符合唐代早期标准写本每行约抄17字的抄写特征，书法佳，笔墨极淡，书札平阙礼以唐为尊，符合当时的礼仪制度，可能是三件抄本中最早的一个抄本，在文本格式上更能体现原本的文本特征；P.5037（4）似是在吐蕃统治河西时期所抄写的，故基本上能够保留唐抄本每行17～19字的行格特征，但因为是在吐蕃占领时期所抄写，吐蕃统治者的政治地位上升，反映在书札礼仪上，以吐蕃为尊，以唐为卑，故对有关吐蕃方面的职官制度（尚、赞普），一律平出，礼敬有加，改变了原抄本中的平阙格式；P.2555抄写较为紧密，每行抄24～26字，其书体相对较差，对平阙也不甚重视，其抄写的时代可能比Дх5988和P.5037（4）还要晚，大约是在归义军时期所抄写的，符合晚唐五代时期敦煌文献的抄本特征。

　　值得注意的是，以上文献中提到的"去开元十有五载，悉诺逻不恭王命，违天背盟，暴振干戈横大漠。陷瓜州黎庶，聚土积薪；灌玉门军城，决山喷浪。自以为军戎大壮，扰攘边陲为害兹深，已六七年矣"，反映的正

---

① 郑炳林认为从二者抄写字体相似，当是一个卷子被撕裂后所致，可以拼合。参：郑炳林，徐晓丽.读《俄藏敦煌文献》第12册几件非佛经文献札记［J］.敦煌研究，2003（4）：85.

是唐代开元中期瓜州保卫战的史实。地处丝绸之路咽喉的瓜州因其重要的战略地位，被吐蕃反复争夺，其中开元十五年（727）这一次的争夺战最为激烈。因为在此之前的开元十四年冬，吐蕃大将悉诺逻率军进攻大斗拔谷，进入河西走廊后即移攻甘州，焚烧市里而去。时任河西节度使王君㚟坚壁清野，以逸待劳，趁着吐蕃军队因疲劳而撤退回青海之际，整顿士马，掩袭吐蕃军队。正值天降大雪，吐蕃士兵、战马冻死过半，唐军并在青海湖侧俘获吐蕃大量辎重和疲兵，大获全胜。为报开元十四年失败之仇，吐蕃将攻击矛头转向河西，尤其是河西锁钥的瓜州，同时瓜州也是河西节度使王君㚟的老家。727 年九月，悉诺逻统率大军从西线突袭，攻陷瓜州晋昌县，俘虏了瓜州刺史和河西节度使王君㚟的父亲及家眷，大量杀掠民户，夺取军资及仓粮，并最终焚毁瓜州城，此即敦煌文献致书中所言"横行大汉（漠），陷瓜州黎庶"。吐蕃军队在攻占了瓜州城的同时，还派兵围攻瓜州以东的常乐县，县令贾师顺率士众坚决抵抗，固城坚守了 80 日，坚决拒绝了吐蕃的诱降，吐蕃只得撤军，劫掠了大量储藏在瓜州的财务。开元十六年六月吐蕃军队卷土重来，再次向西攻击瓜州和肃州之间的地域。据 2015 年出土的《大唐故昭武校尉行左威卫同谷郡夏集府别将上柱国李礼墓志铭》[1]：

> 君讳礼，字伯恭，其先陇西人也。昔指树立姓，盖玄元皇之裔焉，今葬入天宗，则当朝之王族。高祖雅，隋任扬州长史，往因隋纲紊纪，委职渡江，避难河右，遂为肃州玉门人也。雅生我曾王父讳贵，居贞履信，党术雅仁，少有乡曲之誉，邑人举为本县录事。生我烈考讳满，仕至陪戎副尉。府君则副尉公元子焉。君蚴虬自强，弱冠谦牧，性唯恭俭，发言有规，明而内昭，淳以外朴，揖人趋进翼如，州闾里闬恭如。去开元十六载六月十三日，吐蕃袭我邑居，决河灌塘。奋筑淳海，加以晓夕，坚阵劳师。累旬。君奋不顾身，临敌有勇，蕃戎于焉败绩，王师是以全军。绣服书功，制书爰下，因授左卫同谷郡夏集府别将，勋酬上

---

① 范晓东. 新出《唐李礼墓志》释略 [J]. 档案，2017（1）：50－53；刘志华. 新见《李礼墓志》所载的唐蕃肃州之战 [J]. 档案，2017（3）：53－57.

柱国，《书》曰："德懋懋工，功懋懋赏"。则府君其人。君以天宝四载春王正月寝疾，其月廿八日弥留不禄，春秋六十有六。夫人广平宋氏，皇任敦煌西关镇将府君怀忠女也。女仪克著，和声远闻。君子好逑，琴瑟道合，六姻是放，四德有彰，誓彼柏舟，两髦我特。自丧君逾月，奄而次终，凡寿六十二也。呜呼！哲人云逝，令妇斯亡。哀哀孝子，空怀创巨。用天宝四载岁次丁亥二月丁未朔十四日庚申合葬于郡城西南义宁乡金河原地也。曲阜重岗，依其形胜，内姻外戚，执绋临埏。嗣子希峤，哀毁有时，号扣罔极，恐陵谷之迁徙，琢坠石以记功，贻后代之孙谋，知令祖之不朽。仆期乎不佞，敬书其事也。铭曰：郡城隅兮重岗□，地形胜兮人埋玉，贤夫令妇同此归，千秋万古兮奄泉扉。

出土的《李礼墓志》中记载"去开元十六载六月十三日，吐蕃袭我邑居，决河灌墉。畚筑渟海，加以晓夕，坚阵劳师，累旬。君（李礼）奋不顾身，临敌有勇，蕃戎于焉败绩，王师是以全军"，说明开元十六年（728）六月吐蕃军队确决河水以灌城墉，地点就在肃州西部的玉门县，开元六年废玉门县而在此置玉门军。李并成考证出唐玉门军故址即今甘肃省玉门市赤金古城，为赤金绿洲之地，有石油河（石脂河）流贯其间，自古为交通要道，现在仍然残留有东西相连的两座古城。因此，728 年六月吐蕃袭击肃州玉门军决水灌城，就是利用了石脂河水。这一事件即是敦煌文献《肃州刺史刘臣璧致南蕃书》致书中所言"灌玉门军城，决山喷浪"。守城的唐朝军队在李礼的率领下，日夜用畚盛土而筑堤坝阻挡河水，一连累旬，终于使吐蕃撤军而去，李礼因此军功而被唐朝授予昭武校尉左威卫同谷郡夏集府别将，勋酬上柱国。以上就是唐蕃之间开元十五、十六年争夺瓜州和肃州玉门军的两次战争的详细情况。

唐蕃开元间两次大战之后，吐蕃加大了对河西尤其是瓜州的攻击力度，而唐朝鉴于河西和瓜州的重要战略地位，派张守珪为瓜州刺史，修补州城，再夺瓜州，唐与吐蕃对瓜州的第二次争夺，终以唐的胜利而告终。直到天宝十四载（755）年，唐代发生"安史之乱"，尽征河陇朔方兵内调入靖国难，河西兵力空虚，唐蕃战争的主要战场东移，吐蕃乘机侵占河西诸州。764 年攻克凉州，766 年连陷甘州和肃州，776 年攻克瓜州，继而包围并围困沙州达 11 年之久，于唐德宗建中二年（786）攻克沙州。至此河西尽没于吐蕃所有，吐蕃势力达到鼎盛时期。

上文所引三件敦煌所出致书公文则正好是在吐蕃军队攻占肃州之前，唐宝应元年（762）时，唐肃州刺史刘臣璧写给围困肃州城的吐蕃将领尚赞摩射娑蕚的通和书札，书札的内容反映了唐中宗至唐肃宗前后约 60 年间唐蕃之间在河西历次争夺的史事，虽然文献有大量残缺，仅残留了片段化的信息，但它反映了唐蕃在河西地区瓜州区域反复争夺的历史事件，渲染了唐代河西军民顽强抵抗、保卫家园的精神风貌，保存了许多不见于传世史籍的重要细节信息。

三、唐五代地方藩镇之间的平行往来公文

敦煌出土的公文书中也有一些归义军节度使与灵州等边疆藩镇以及与甘州回鹘、于阗国等独立的民族政权之间的一些"书"或"状"，格式上虽非"致书"，但这些"书""状"也反映了敦煌归义军地方政权与甘州、于阗之间在处理"平等"的外交关系时的智慧与策略。如 P. 2992V 抄写的三件状文分别是：归义军节度使致甘州回鹘宰相书状、朔方军节度使张希崇致甘州回鹘可汗书状、归义军节度使曹议金致甘州回鹘可汗书状。

> 众宰相念以两地社稷（稷）无二，途路一家，人使到日，允
> 许西回，即是恩幸。伏且朝庭（廷）路次甘州，两地
> 岂（空）不是此件行使，久后亦要往来。其天使般
> 次，希垂放过西来。近见远闻，岂不是痛
> 热之名幸矣！今遣释门僧政庆福、都头王通
> 信等一行结欢通好
> 众宰相。各附白花绵绫壹拾匹、白绫壹匹，以充
> 父大王留念。到日　　　检领。况
> 众宰相先以（与）
> 大王结为父子之分，今者纵然

大王奄世（逝），痛热情义，不可断绝。善咨申可汗

天子，所有世界之事，并令允就，即是众宰相

周旋之力。不宣。谨状。

　　　二月日归义军节度兵马留后使检校司徒兼御［史］大夫曹

道途阻僻，信使多乖。每于瞻企之余，莫

尽笺毫之内。方深渴仰，猥辱

缄封。备详词［旨］

周奖之仁，深积感铭之愨。所示入

贡人使，具委

来情，况接疆场，莫不专切。今则前

邠州康太傅及庆州

药太保，承奉

圣旨，部领大军援送

贡奉使人，及有

天使去。八月廿一日得军前

太傅书牒云："与都监

牛司空已于八月十六日到方渠镇。与

都监商量，空取舟傔近者。

九月五日发离方渠，于六月（卜）日平明至土

桥子应接者"。当道至八月廿二日专差

军将袁知敏却赍书牒往方渠镇咨

报军前太傅已，依此时日，应副（付）讫。见（现）亦

点□（捉）兵士，取九月三日发赴土桥子接迎，于

九日到府次。伏见般次行止，已及方渠，亦得

军前文书，合具子（仔）细披启。今差都头白仟

丰与居密已下同行，持状谘

闻，便请

可汗斟酌，差兵迎取。冀因人使备情

仪，但缘走马径行，不果分外驰礼。

虽有微信，别状披伸（申）。幸望

眷私，尽垂

照察。谨状。

朔方军节度使检校太傅兼御史大夫张

季夏极热。伏惟

弟顺化可汗天子尊体动止万福。即日

兄大王蒙恩，不审近日

尊体何似？伏惟顺时倍加

保重，远诚所望。已前西头所有世界事

宜，每有般次去日，累曾申陈，计应上达。自

去年　兄大王当便亲到甘州，所有　社稷（稷）

久远之事，共弟天子面对商仪（议）平稳已讫。

兄大王当便发遣一伴般次入京。昨五月

初，其天使以（与）沙州本道使平善达到甘州。

弟天子遣突律□（伙）都督往沙州通报衷

私，无意之人稍有些些言语。　天使以（与）本

道使蒙赐馆驿看待，兼□□，并不

减损，允过西来。昨六月十二日，　使臣以（与）当道［使］

平善到府，兼赍持衣赐物，亦加

兄大王官号者。皆是

弟顺化可汗天子惠施周备。

圣泽曲临，以（与）

弟天子同增欢庆。今遣内亲从都头价（贾）

荣实等谢

贺。轻信：上好燕（胭）脂表、玉境（镜）壹团重捌斤、白绵

绫伍匹、安西缬两匹、立机细缬拾捌匹、官布陆拾

匹。已（以）前物等到，□

检容。更有［情］怀，并在贾都头口申陈子（仔）细。

谨状。

从以上三件书状来看，归义军、朔方军、甘州回鹘之间都是地方藩镇身份，彼此往来文书用书状，而不用处理"国"与"国"之间外交关系的"致书"，这是符合当时社会政治礼仪的。

敦煌与于阗国也同样是平等的地方藩镇关系。如可能写于 958 年之后的敦煌归义军节度使曹元忠致于阗国皇帝李圣天的致书——P.4065（3）《归义军致于阗皇帝书》：

早者，都头阴会宾至，伏蒙皇帝陛下特降宣谕，兼惠信物，不任感铭之至。兼闻：西太子领大石兵马来侵大国，动天动地，日月昏沉，致于马甲人甲，刀枪钺钱，实填人怕。直回鹘、葛禄及诸蕃部族，计应当敌他不得。窃知皇帝陛下，天倍（培）天补（辅），圣得（德）神扶。若不如斯，岂德（得）万民顺化？作张良计教，设韩信机谋，不放管界之中，逆头便施作略。如蛾赴火，寻即灰烬，片时似篷，风吹飞出他方世界。贼军大败，兵马桃（逃）生。如此声名，传杨（扬）天下。昔时汉主□□功业，今日恰同。更有代代君王，趁皇帝不及，非论黑衣大石怕怯皇威，直至（自）唐国以来尚惧势力。凡在寰海，忻跃倍多，远近并闻，不任庆快。某忝为甥舅，欢忻极深，兼及诸亲，皆增喜悦。必料皇基帝业，万岁千秋；社稷城惶（隍），如同劫石。金枝玉叶，琼尊仙花，子子孙孙，永无恶弱。唯希皇帝，开通天下，赋施生灵。应是二州，皆同瞻晖①。

在上引致书中，敦煌归义军节度使与于阗皇帝李圣天之间，存在舅甥姻

---

① 李正宇先生最早对此文书进行了录文并考释。参：李正宇. 敦煌遗书 P.4065 表文三件的初步考释［J］. 新疆社会科学，1988（3）：95. 李正宇. 归义军曹氏"表文三件"考释［J］. 文献，1988（5）：4－5.

亲关系，李圣天是曹元忠的姐夫，双方是平起平坐的关系，并不是君臣关系。

但是，在某些特殊的政治情况下，在地方藩镇关系上，如辈分较尊长的敦煌归义军政权致辈分较卑幼的于阗国政权竟然也用"状"体，如 P. 2703V（3）（4）两件是公元970年左右"舅归义军节度使特进检校太师兼中书令敦煌王曹元忠"致其外甥、于阗国王尉迟输罗的书状。

> 不审近日
> 圣体何似。伏惟俯为
> 社稷生灵，倍加
> 保重。远情恳望。谨状。
> 　　　舅归义军节度使特进检校太师兼中书令敦煌王曹　元忠　状
>
> 早者安山胡去后，倍切
> 攀思，其于衷肠莫尽被剖。在此远近
> 亲情眷属并总如常。不用尤心。今西天
> 大师等去辄附音书。其西天大师到日，
> 希望重叠津置，疾速发送。谨奉状
> 起居。伏惟
> 照察。谨状。
> 　　　舅归义军节度使特进检校太师兼中书令敦煌王曹　状

一般情况下，舅致其外甥本应用尊者与卑者的书体，不能用状体。但是因为于阗国王的皇帝身份，为表示稍稍礼敬，故用状体，甚至是舅问其外甥起居，更是在特殊的政治情势下采取的政治策略。于阗国虽自立为一国，在其国内自称皇帝，但在归义军节度使看来，于阗国类同于藩镇，与归义军等同，因此于阗国王与归义军节度使之间的外交文书理应用书状，平等往来，既不是向于阗国称臣、上表，也不用处理国与国之间平等外交关系的"致书"。法藏于阗文书 P. 5538a《于阗王尉迟输罗致舅曹大王书》是一件写于于阗年号天尊四年（970）正月九日的致书，内容是于阗王与疏勒国作战取得胜利，俘获的战利品很多，包括一头大象。从 P.2703V（3）、（4）和 P.5538a 可以对比看于阗和敦煌之间的平等来往关系。

到了宋代，处在西域的于阗国的国书也很特别，处理与中原宋朝的外交关系时仍然沿用"致书"。宋人蔡絛《铁围山丛谈》卷 1 完整收录了蔡絛在朝廷之上亲历听闻的于阗国上表的内容：

> 政和末（1118）……太上始意作定命宝也，乃诏于阗国上美玉。一日，（蔡）絛赴朝请，在殿侍班，王内相安中因言："近于阗国上表，命译者释之，将为答诏，其表大有欢也"。同班诸公喜，皆迫询曰："甚愿闻之。"王内相因诵曰："日出东方、赫赫大光、照见西方、五百国中絛贯主、阿舅［外甥］黑汗王表上日出东方、赫赫大光、照见四天下、四天下絛贯主阿舅大官家：你前时要那玉，自家煞是用心。只被难得似你那尺寸底。我已令人寻讨，如是得似你那尺寸底，我便送去也。"于是一坐为哈。吾因曰："《裕陵实录》已载于阗国表文，大略同此。特文胜者，疑经史官手润色故尔。"众乃默然①。

蔡絛《铁围山丛谈》中所载宋政和末年（1118）于阗国上给宋朝的表文，语言浅显，类似口语，实际上是经译者直译于阗文解释出的文字。其格式并非是表，而是国与国之间的致书的形式。另据《宋史·外国传》记载："于阗国偻罗有福力量知文法黑汗王，书与东方日出处大世界田地主汉家阿舅大官家"，这显然是"致书"的另外一种变形形式，表明于阗政权虽然已经视己政权与中原的宋朝是平等的国与国之间的外交关系，却沿袭了既往于阗政权与唐五代政权的甥舅关系。

---

① 蔡絛. 铁围山丛谈［M］. 冯惠民，沈锡麟，点校. 北京：中华书局，1997：8-9.

第二节 谘 文

敦煌文献中有还有一类公文，与牒、状等上下行文书的格式差别较大，主要适用于平行类公文，在格式上，不如状、启、书等书牍文体正式、规范，形式较随意；内容上简略、简短，片纸上略书数字廖语，其应用如《文心雕龙·书记》所言"议政未定，故短牒谘谋"，多传达咨询、询问、请求等信息。

一、谘文的起源和发展

谘，也写作咨，二者通用。《说文解字》释"咨"为"谋事曰咨"①。谘，作为动词具有"询问""请示"等含义。大约在晚唐五代时期，开始出现一种公文文体——"谘文"。根据文体演化规律，"咨"由动词演变成名词，成为公文文体的专称，最早专指翰林学士院与中书门下等不相隶属的官府机构之间用于政务咨询的简短公文。宋人洪遵编《翰苑群书》卷5中收录唐人杨矩《翰林学士院旧规》"沿革条"②：

> 乾宁二年十月，李铤自黔南节相改授京兆尹，（学士院）两度谘报中书，使白绫纸。十一月，渤海国王大璋谐敕书，院中称加官合是中书意，谘报中书。

唐代的旧例是：授宰相及使相的官告身用五色背绫金花纸，而节度使用白绫金花纸。乾宁二年（895）二月，李铤自黔南节度使兼使相改授京兆尹时，就官告身用纸问题，中书门下移文翰林学士院，负责起草敕书的学士院

---

① （汉）许慎，撰．（宋）徐铉，校定．说文解字 [M]．北京：中华书局影印，1963：32.

② （宋）洪遵．翰苑群书 [M] //文渊阁四库全书（第595册）．上海：上海古籍出版社，2003：361.

以"咨文"向中书门下回报，认为李铤虽然官兼使相，但应按照藩镇节度使的规格使用白绫纸。同年十一月，学士院起草渤海国国王的加官敕书时，以"咨文"询问中书门下：加官是否是中书门下宰相的意见？宋承唐制，宋代翰林学士院移文于三省或枢密院，有事咨询、商量时，或称咨文，或称咨目①，也是一种简短的公文。北宋欧阳修《归田录》卷2云：

> 唐人奏事，非表非状者，谓之榜子，亦谓之录子，今谓之札子。凡群臣百司上殿奏事，两制以上非时有所奏陈，皆用札子。中书、枢密院事有不降宣敕者，亦用札子。与两府自相往来亦然。若百司申中书，皆用状，惟学士院用谘报。其实如札子，亦不书名。但当直学士一人押字而已（原注：今俗谓草书姓名为押字也），谓之谘报。此唐学士院故事，近时隳废殆尽，惟此一事在尔。②

据欧阳修的说法，唐宋时谘文格式上的特点是与表、状不同，与札子类似；应用上的特点是学士院与中书移文往来时所用，简短而随意，不书官衔，仅由当值学士草书姓名押署而已。许同莘认为"宋时之所谓咨报，当是以片纸略书数语，不具公式节文……即简帖之类也。其后京官外任者用之，非京秩而平行者亦用之，相沿日久，遂与移牒并重"③。许氏总结宋代谘文的特点是短小，以片纸略书数语；格式上比奏状等公文随意，不具有公文格式的特点；后来也不仅限于翰林学士所用，相沿日久，也用于官衔平行的士大夫之间往来的书札中的一种短札，俗称"记事"。欧阳修曾见到五代后梁时崇政院（由唐学士院改称）所藏公文底稿里中书门下以"记事"与崇政院来往，崇政院则用"谘"文回复中书门下④。宋人徐无党注《新五代史·郭

① （宋）李焘. 续资治通鉴长编［M］. 北京：中华书局，1992：8732.
② （宋）欧阳修，撰. 李伟国，点校. 归田录［M］. 北京：中华书局，1981：29.
③ 许同莘，著. 王毓，孔德兴，校点. 公牍学史［M］. 北京：档案出版社，1989：144.
④ （宋）欧阳修，著. 徐无党，注. 新五代史［M］. 北京：中华书局，1974：257.

崇韬安重海传论》时，将士大夫之间的文字往来的短札小简，也视为谐①，
俗称为"记事"，则"记事"与"咨"文指同一种简短的书札。按照宋人的
理解，五代时的"咨"文属"记事"、札子一类，宋代时咨文也成为士大夫
之间往来之简札短简的一种。

咨文格式上以首或尾有"咨"字，特点是小纸短文，不像状、启那样正
式、庄重。在宋代时，据司马光《书仪》，宋代士大夫与朋友往来的手简中
用"咨白"②，司马光曾书写一榜文贴于私第，每有客人来访时，告诫来客
勿以私事相托，其文下云"光再拜咨白"③。可见，咨文的格式中以首或尾
有"咨"字为特征。现以传世文献中的几封宋代书札"咨"文为例，以探讨
咨文的格式及其特点。

明人汪砢玉编《珊瑚网》卷三收《李西台六帖》，其中一帖为
"谐"文：

> 所示要土母。今得一小笼子，封全，谐送，不知可用否？是新安垂
> 央门所出者。复未知何所用，望批示。春冬衣悫头，贤郎未检到。其宅
> 地基尹家者，根本未分明，难商量耳。见别访寻稳便者，若有成见宅
> 子，又如何？细希示及。押谐。④

李西台是指宋代书法家李建中，当时为直集贤院学士、权西京留守司御
史台，故人称李西台。此件谐文可能是写给其朋友的便札，书札中就奉托为
朋友买卖屋宅与之商量，希望朋友来信指示。文末的"押"，指草书姓名，
俗称花押。文末用"谐"正是谐文的特点。又如文彦博《左藏帖》：

① 宋人徐无党注曰："记事，若今学士院谐报。今士大夫间以文字相往来谓之'简
帖'，俚俗犹谓之'记事'也。"参：《新五代史》，第257页注①。
② （宋）司马光. 书仪［M］//文渊阁四库全书（第142 册）. 上海：上海古籍出版
社，2003：464.
③ 许同莘，著. 王毓，孔德兴，校点. 公牍学史［M］. 北京：档案出版社，1989：
66.
④ （明）汪砢玉. 珊瑚网［M］//文渊阁四库全书（第818 册）. 上海：上海古籍出版
社，2003：31.

左藏良亲：人至，得书，知安，甚慰。知非久上京，别求差遣，不知所求如何？事理可否？恐枉去，略示其所图，何如？冬初，加爱。彦博咨。

从以上二件"谘"文程式看，以草书押名，后有"咨"字。这种程式的"谘"文也见于岳珂《宝真斋法书赞》卷19《米元章书简帖下》米芾的简帖。咨文是用于身份地位相差不大的朋辈之间的一种较为随意的简短书札，内容多有相托、询问等。

宋代咨文的格式也有"谘"字在书札起首的情况，如岳珂《宝真斋法书赞》卷18《佛印清胜帖》：

了元信咨澄维那：人来，辱手翰，喜法用清胜。如在华藏甚终始周旋，真行脚高士，以赞佐为心也。月初相见，具此，不宣。了元信咨澄维那。①

此件咨文，前后用"某乙咨某甲"的格式。"了元"是佛印禅师的法号。"维那"，是寺院三纲之一的都维那的简称，"澄"当是此都维那的法名的简称。"谘"字见于书首的"谘"文又如岳珂《宝真斋法书赞》卷22《孙仲益和议帖》：

觌咨：台候动止万福。如闻和议，报使来还。一门百五十口遂可偷安卒此岁矣。大抵诸公不量力所及而轻信忘言，无行之辈。淮南数州，又躁践一空，可叹息也。不宣。觌咨。顿首再拜知府宗丞台座②

此件咨文，是户部尚书、敷文阁待制学士孙觌（字仲益）在临安（今浙江杭州）写给留守东京（今河南开封）的知府宗泽的咨文，是向宗泽询问与金人和议之事，用咨文，不用启状。此件咨文格式前后用"某咨"，与"启"的格式非常类似。

---

① （宋）岳珂. 宝真斋法书赞［M］//文渊阁四库全书（第813册）. 上海：上海古籍出版社，2003：778.

② （宋）岳珂. 宝真斋法书赞［M］//文渊阁四库全书（第813册）. 上海：上海古籍出版社，2003：830.

从以上四件谍文可见，宋代谍文并不限于翰林学士院所用公文，也广泛应用于平辈的朋友之间的私人通信书札，形式比"状""启"随意，私人书札的色彩更浓厚。南宋之后，短小的书札谍文，成为一种公告或牌记。如约1150–1170年原籍钱塘的福建建安书坊主王叔边印本《汉书》中的牌记用"谍"文："本家今将前后《汉书》精加校证，并写作大字锓板刊行，的无差错。收书英杰，伏望炳察。钱塘王叔边谨谍。"① 从内容上看，其类似于一种广而告之。

二、敦煌出土文书中的谍文

对照传世文献中的"谍"文格式与特点，敦煌所出文书中有几件符合"谍"文格式与应用特点的"谍"文，大多数可能是五代宋初时期的书札。

（1）S.5778《师弟谍师兄》

> 谨谍　　仁兄：
> 其《瞿氏家谱》，口道将来，却不见之，是
> 欺弟之便。知悉，知悉。
> 炫沼□□□□□，　已上八字在何声
> 内，总捉不得，忘（望）在　师兄是何字者，好与寻
> 之，发遣。不具一一。略□。　弟□②赴

（2）S.8566《某年十二月廿二日归真谍师兄》

> 谍嘱　师兄：其佛藏册子、瑜伽论册子及钵落，发
> 遣上窟来也。又，若　和尚说东去西去者，便发遣
> 言语归真，独自下来就　和尚住一月半月，
> 求孝问事。切不得　师兄忘却。事须看次
> 弟招唤归真矣。十二月廿二日帖子上白。

---

① 钱存训.中国纸和印刷文化史［M］.桂林：广西师范大学出版社，2004：355.
② 此处姓名是草书花押，难以辨认。

（3）S.3553V《谘某和尚》

今月十三日于牧驼人手上赴将丹二斤半：马牙珠（朱）两阿

果，金、

青一阿果。谘和尚：其窟乃繁好画者，所要色择（泽）多少在此

觅者？其色择（泽）阿果在面褐袋内，在此取窟上来。缘是东

头消息：兼管畜生不到窟上。谘和尚：莫捉其过。

（4）S.10288《报恩寺沙弥谘孔法律》

报沙弥常清　龙会　宋明　绍法

谘孔法律：借紫与黄事物，〈**莫改章**〉。不当，乞赐用（下缺）

（前缺）龙会　宋明　绍法①

（5）BD04407V《咨氾阇梨》（拟）

咨氾判官阇梨：普光寺城南地户状，请（谨？）与（下缺）

（6）P.2573*p*1《高延德咨亲家翁》

延德未德（得）归乡之便，家中切望

参谋亲家翁，凡有大小事，兼　翟

郎共作周旋，勤勤检校，莫令外人

欺负。其恩报答终在心怀。咨上

以上六件"谘"文，四件较为完整，两件较残缺。第一、二件的发件人
与收件人是师兄弟关系。第二件中的"归真"当是发件人，是收件人的师
弟。"归真"一名，又见于 P.4770《归真帖》、P.3947《龙兴寺寺卿荣某
牒》，牒文写于某亥年八月，归真当时为龙兴寺僧人，其姓名排在第一翻转
经廿一人中李寺主、翟寺主、杜法律之后，亥年最有可能是 915 年（后梁乾
化五年，乙亥），因此三件书牍中的归真可能是同一人，约生活于曹氏归义
军初期。此件"咨"文末称"白"，"白"一般用于平辈朋友之间的书牍首

---

①　此行为倒书，笔迹与前文不一致。可能是后人所杂写，与原文无关。

尾；又称"帖子"，可知"谍"文也被称为"帖子"，属简札帖中的一类。
第三件中阿果与某和尚可能是师兄弟关系，不像是师父与弟子之间的关系。
第四件沙弥与法律之间虽然身份、地位相差较大，但二者之间可能是不相隶
属的关系（三位沙弥都隶属报恩寺，而孔法律可能并非报恩寺法律），故不
用状而用谍。第六件咨文抄写在《四月三日内亲从都头银青光禄大夫检校国
子祭酒御史中丞高延德状》之后，发件人是离开家乡、尚未归家的高延德写
给在沙州的儿女亲家翟某①的，请亲家及女婿翟郎照顾家中之事。高延德又
见于 P. 4640《归义军 899—901 年间破用纸布历》中，高延德时为孔目官，
二者很可能是同一人。从官职上判断，P. 2573*p*1《四月三日内亲从都头银青
光禄大夫检校国子祭酒御史中丞高延德状》中，高延德为"内亲从都头"，
要比 899—901 年高延德所任孔目官的官阶要高，故 P. 2573*p*1 可能写于曹议
金执掌归义军时期（914—935），其亲家翟某任"参谋"，很可能是撰
P. 3247《大唐同光四年（926）具注历》的"随军参谋翟奉达"②。

　　分析以上六件"谍"文传达的信息，第一件咨文是向某师兄借《翟氏家
谱》，并请教一些字的读音，希望师兄能回复。第二件谍文，归真嘱托师兄
将一些经书、钵落送至窟内，并叮嘱其照顾好师父。第三件，某僧人向某和
尚询问绘画洞窟所需的颜料，并传达"不要放牲畜到窟上"的消息，以免受
过被处罚。第四、五件都是寺院的僧人向僧官商借某件事物。第六件咨文是
嘱其亲家翁照顾家事。可见，敦煌所出的谍文主要用于平辈朋友之间③，与
传世文献中的谍文的适用范围相符合，而且具有以下特征：（1）内容大多简
短数语，向对方咨询、征求意见、商借东西、请托事情时所用；（2）格式上

① 最有可能是将女儿嫁给了翟家，故称其女婿为翟郎。
② 据敦煌文献《逆刺占》题记，唐天复二年（902）翟奉达为河西敦煌郡州学上足子
　弟，时年 20 岁。则翟奉达约生于 882 年（唐中和二年）。据 P. 3247《大唐同光四年
　具注历》题记，后唐同光四年（926）时，翟奉达为随军参谋，时年 44 岁，以他 20
　岁娶妻生子估计，44 岁时其子也当成年，已经娶妻。
③ 夫妻之间也有以谍文往来者，大约见于五代宋初。如罗振玉《沙州文录补遗》中收
　录的《三娘子状》，实即是一件妻三娘子给丈夫王郎的谍文，内容简短，向丈夫咨
　询家庭债务事，其格式首言"妻三娘子谍陈　王郎"。参：冯志文. 中国西北文献
　丛书续编·敦煌学文献卷（第 18 册）[M]. 兰州：甘肃文化出版社，1999：502.

以首或尾用"咨"字为特征；(3) 传达信息的双方必是熟识者，而且身份地位平等或者相差不大，或者是非互相隶属的关系，因此不适用于以卑达尊者书札，如状、启等文体，也无客套之语，较随意。

敦煌书仪文献明确记载，凡"倾仰、白书、咨叙、谨咨"等用语，皆是身份地位差别不大的平辈之间书札用语，在平辈往来的书牍末尾常用"谨咨"的格式，不用"谨状"的格式。敦煌所出晚唐五代宋初的公私书牍中，"咨"字也作为动词用，常用于向对方征求意见、咨询问题时的礼敬用语，但其一般出现在书牍的正文中，并不出现在书札首或尾的位置。五代时期的一些私人书牍的附言，已经初具"咨"文的特征，"咨"字出现在书札的末尾。如 S.76V (5) 大约是五代时潘琼致其秀才十三兄的启状，在信尾的附文中言"所见盛诗未敢 攀和，且容后信。琼咨"；S.76V (6) 刘宗绪上其兄的启状，附文中称：

　　兼蒙 处分：许借刘晏相公《政事纪》，后信专望续却送上。

　　　　　　　　宗绪再 咨上。

这二条"咨"文是以书札附言的形式出现的，简短数语，附于"启状"后，与前述宋人徐无党所言士大夫之间以文字相往来之"简帖"极为类似，大概反映了"咨"文发展演变至定型成书札文体的过程。

三、小结

咨文的得名是因其书札首或尾用"咨"而得名，原指一类用于咨询政务的书牍，后由动词演变为一种书牍文体的专用名词，经历了一段较长的历史时期。有学者认为咨文自三国时即有之，认为其体式略如书札①。但魏晋南北朝时期，从各种书牍中的"咨"来看，咨都是作为动词用，表示咨询、商量、请示，如《文心雕龙·书记》所言"议政未定，故短牒咨谋"②，似还

---

① 许同莘，著. 王毓，孔德兴，校点. 公牍学史 [M]. 北京：档案出版社，1989：66.

② 黄叔琳，注. 李详，补注. 杨明照，校注拾遗. 增订文心雕龙校注 [M]. 北京：中华书局，2000：348.

不是一种书牍文体。在唐前期的官文书中谍也作动词，常见下级向上级进行请示或询问时用"谍"，在出土的敦煌吐鲁番文书中皆可证唐代前期官府内官文书处理环节中判官"谍"或"白"长官的记录。大约至晚唐五代，当时社会将一类互不隶属的官府机构之间用于政务咨询的简短书牍专称"谍"，世俗浇漓，平辈的士大夫、百姓之间有事咨商时的简短书札，也称作谍文。

谍文的出现是对公文文体的进一步发展与丰富。一方面，公私书牍往来时，要求以适当的文体表达恰当的内容，由于传达对象的尊卑等级差异，决定了采用哪一种文体；另一方面，随着社会生活越来越世俗化、近代化，人与人之间的社会交往越来越复杂，要求适应社会生活的发展而出现适当的书札的表达方式，使信息、情感的沟通与交流更加快捷、更加高效。谍文多适用于平辈的熟识人之间，不拘泥于形式，不似官牍公文那样刻板生硬，表达的感情真挚、自然。

第四章　状文和启文

近30年来，中国学者利用敦煌吐鲁番文献中的公文书，主要是制、敕、牒、状类公文，将研究视野聚焦于从秦汉到唐宋时期中央行政体系的政务运行方式上，探讨唐宋职官制度实际的运行情况。如谢元鲁的《唐代中央政权决策研究》对唐代中央决策的依据和信息传达的渠道进行了考察。吴丽娱《试论状在唐朝中央行政体系中的应用与传递》①，研究公牍文"状"在中央行政体系里信息沟通的功能。利用敦煌公牍文书研究唐宋时期的交通通信和信息沟通，对于揭示唐宋时期从中央到地方区域内信息传递的机制与特点，有重要的意义。卢向前、王冀青利用敦煌吐鲁番文书中的有关驿传的牒文书研究唐代的交通通信。陆离②对吐蕃统治敦煌时期的驿传制度进行了研究，认为吐蕃对河陇、西域驿路的经营，使8—11世纪鄯州、廓州、凉州、甘州、肃州、瓜州、沙州、鄯善、于阗之间的联系交流大为加强。程喜霖对唐代的过所、公验类的申请程序、勘验过程进行了研究。利用公文书中的进奏院状研究唐代进奏院的职能及唐代信息传播的渠道，一度是学术界的研究热点。

---

① 吴丽娱. 试论状在唐朝中央行政体系中的应用与传递 [J]. 文史, 2008 (1)：119 – 148.
② 陆离. 吐蕃驿传制度新探 [J]. 中国藏学, 2009 (1)：147 – 156.

张国刚①、吴震②、郑炳林、徐晓丽③皆有论述。但敦煌文献中仅有3件进奏院状，由于资料太少，目前的研究者已将注意力转向考证进奏院在唐朝京师长安城内各坊的位置及进奏院状传递信息的功能。

唐代中叶以后，藩镇割据的政治形势促成了状、启等公私书牍文书的繁荣。这些公文多由藩镇从事、掌书记创作，多为藩镇和各级官府官员所用，地方实用政治的色彩浓厚④，反映的是藩镇与中央朝廷、藩镇与藩镇、藩镇内部的各种政治、社会关系，是当时社风尚的真实见证。

第一节　状　文

《说文解字》释"状"为"犬形也"⑤，本义指外貌，引申为陈述事实的本来缘由。"状"在汉代成为一种上行文体，既可以施诸君主，也可用于上级官府。汉魏时有举状、行状，指"体貌本原，取其事实"，是对个人本原事迹的陈说。唐前期"状"是公文，与特奉皇帝命令的近臣身份而出现的"使职"密切相关。据《唐六典》的记录，近臣上皇帝用"状"，而不走律令规定的尚书行政机构奏抄上报的渠道。随着使职所掌政务范围的扩大，使职所上状的内容也在扩大，性质也发生变化，状在唐初主要是一些礼节性或建议性的文书，在使职发展的过程中，逐渐转变为针对地方具体政务的汇报

① 张国刚. 两份敦煌"进奏院状"文书的研究 [J]. 学术月刊, 1986 (7): 57 - 62; 张国刚. 敦煌唐代进奏院辨 [M] //唐代政治制度研究论集. 台北: 文津出版社, 1994: 267 - 286.
② 吴震. P. 3547《沙州归义军上都进奏院上本使状》试析——试论张淮深何以屡请赐旌节而不获 [M] //1990 敦煌学国际研讨会文集. 沈阳: 辽宁美术出版社, 1995: 67 - 81.
③ 郑炳林, 徐晓丽. 读《俄藏敦煌文献》第 12 册几件非佛经文献札记 [J]. 敦煌研究, 2003 (4): 82 - 83.
④ 吴丽娱. 唐礼摭遗——中古书仪研究 [M]. 北京: 商务印书馆, 2002: 91.
⑤ (汉) 许慎, 撰. (宋) 徐铉, 校定. 说文解字 [M]. 影印版. 北京: 中华书局, 1963: 204.

公文①。"安史之乱"后，"状"由公状（奏状、申状）演化为一种通用的公私尺牍文体，应用的范围不断扩大，不仅局限于公事。随着社会习俗的浇漓，在晚唐五代宋，也广泛地施用于朋友之间私人应酬往来。这是尺牍文体由公牍渐施于私书演化规律的必然结果。

"状"文的一般格式是文末用"谨状""年月日某官衔某状上"。状文按其实际应用分类，可分为奏状、申状、举状、起居状、贺谢状、献物状、门状等②。奏状是大臣向皇帝上报的公文。地方藩镇观察使、节度使等上奏中央朝廷的文书都是奏状，奏状的审批程序是宰相集体商定后由皇帝以敕旨批准，对奏状的裁决，是中书门下指挥全国政务的最重要方式之一③。申状是下级官府机构向上级官府机构奏事、汇报的文书，一般首用"××（官府机构）状上"，尾用"谨录状上"等语。唐代中期以后，藩镇长官（观察使、节度使）向中书门下政事堂所上申状又被称为"堂状"。晚唐崔致远《桂苑笔耕集》卷6中有"堂状"十首，是代淮南节度使高骈上给宰相的状文。敦煌文献S.5566《尺牍文集》中有"上中书门下状"，似是易定节度使上中书门下的申状。进奏院作为地方藩镇在京师的派出机构，向藩帅申报的公文也是申状。P.3547《唐乾符四年（877）四月十一日上都进奏院上归义军节度使状》、S.1156《唐光启三年（887）进奏院上归义军节度使状》、Дх06031《唐代某年进奏院上归义军节度使状》就是例子。地方藩镇下辖的州县官府向节度使府的申报公文也是申状。S.2589、S.6333、S.389 三件《唐中和年间肃州防戍都上归义军节度使状》，是中和年间肃州防戍都将搜集到的肃州以东地区的重大政治、军事情报向归义军节度使汇报。

一、举状

举状因其主要用于向上级官府举荐人才而得名，又称荐状。"举状"渊

---

① 吴宗国. 中国古代官僚政治制度研究［M］. 北京：北京大学出版社，2004：165.
② 日本学者中村裕一著《唐代制敕研究》中按状的用途，分类为谢状、贺状、荐举状、进贡状、杂奏陈请等。可参考：中村裕一《唐代制敕研究》，第三章第二节"状的用途"，汲古书院，1991：419 – 458.
③ 吴宗国. 中国古代官僚政治制度研究［M］. 北京：北京大学出版社，2004：199.

源于汉代，汉代实行察举制，官员可向朝廷举荐士人为官，有《举五经博士状》，前言被举荐人某"生事爱敬，丧没如礼。通易尚书孝经论语，兼综载籍，穷微阐奥，隐居乐道，不求闻达。身无金痍痼疾，世六属不与妖恶交通。王侯赏赐，行应四科，经任博士"①，下言某官某甲保举。唐代举状源于汉代的举状，如韩愈《荐樊宗师状》：

> 摄山南西道节度副使、朝议郎、前检校水部员外郎兼殿中侍御史、赐绯鱼袋樊宗师
>
> 右件官孝友忠信，称于宗族朋友，可以厚风俗；勤于艺学，多所通解，议论平正有经据，可以备顾问；谨洁和敏，持身甚苦，遇物仁恕，有材有识，可以任事。今左右史并阙员外郎，侍御史亦未备员，若蒙擢授，必有补益。忝在班列，知贤不敢不论，谨录状上，伏听处分。②

此件举状可能上进于宰相。在唐人文集中经常所见藩镇掌书记等为使主所代撰的"举状"，有上于皇帝者，也有上于政事堂宰相者。《桂苑笔耕集》卷6有"请转官从事状"，是淮南节度使高骈上中书门下宰相的堂状，为幕府内僚佐奏请转官，充任观察判官、节度掌书记、观察支使等幕职，并改章服。以奏请转节度掌书记为例：

> 某官郑傲
>
> 右件官早登上第，久佐大藩，能修检慎之规，每助抚绥之政。宾筵所重，健笔为先，伏请转官，仍赐章服，转充节度掌书记。

状文中先是列举被转官者的德行才能，后称"辄具荐论，仰希甄奖，不拘月限，别觊天恩"③，希望宰相能够"稍超常例，特授清资"，破格授予。

---

① （宋）范晔，著.（唐）李贤，注.后汉书·卷33朱浮传［M］.北京：中华书局，1965：1145.

② （唐）韩愈，著.钱仲联，马茂元，校点.韩愈全集［M］.上海：上海古籍出版社，1997：331.

③ ［新罗］崔致远，撰.党银平，校注.桂苑笔耕集校注［M］.北京：中华书局，2007：155.

唐代藩镇僚佐的转官，需要遵循一定的程序和迁转的年月限制，高骈此状中希望能不拘月限，超出常规授予官职，有私人请托的意味。从状文末"已具状申奏讫"，联系《桂苑笔耕集》卷4上奏皇帝奏请转从事官的奏状，可知藩镇节度使在奏请幕府僚佐转官时，既要向皇帝上"奏状"奏请，又要向宰相上"举状"，寻求宰相的帮助。地方藩镇类似于中书门下的派出机关①，藩镇节度使与中书门下宰相之间，实质有一层下属与长官之间的上下级关系，所以要向长官上申状。

唐前期，州县官吏均由朝廷任命，"小大之官，悉由吏部；纤介之迹，皆属考功"②。唐中叶藩镇体制建立后，藩镇节帅对属内州县官（刺史、县令）可以"任其简择，署讫闻奏"③。根据传世文献记载，藩镇节度使可以先奏荐官员代理、差摄州县官，然后向中央朝廷奏报。这种差摄州县官形同于藩镇辟署④，反映了藩镇实际上控制了属州刺史的任命权，只是名义上仍须经过向中央奏报的程序。唐代藩镇属州前刺史向藩帅奏荐继任刺史人选的举人自代状，在唐人文集、正史文献中并不鲜见。《资治通鉴》卷255记载：唐中和三年（883），庐州牙将杨行敏自称庐州八营都知兵马使，庐州刺史郎幼复不能制，遂"荐于（淮南节度使）高骈，请以自代。骈以行敏为淮南押牙知庐州事，朝廷因而命之"，原庐州刺史郎幼复因杨行敏兵变不能控制，遂举荐杨行敏代理庐州刺史，淮南节度使遂向皇帝上奏状，奏请正授刺史。《桂苑笔耕集》卷4有"奏杨行敏知庐州军州事状"，正是淮南节度使高骈奏请朝廷正授杨行敏庐州刺史的奏状，奏状中称杨行敏"自假郡符，能勤理节"，代理庐州刺史后颇有才干，"请赐正授。伏虑道途艰阻，未达宸聪，每

---

① 中书门下可以通过使司和尚书部司，或直接实施对地方的行政领导。节度使、观察使具有中书门下派出机构的性质，直接向中书门下负责，而不经过尚书部司。参：吴宗国. 中国古代官僚政治制度研究［M］. 北京：北京大学出版社，2004：199.

② （唐）房玄龄，等撰. 隋书·卷75 刘炫传［M］. 北京：中华书局，1973：1721.

③ （宋）司马光，撰.（元）胡三省，音注. 资治通鉴·卷218 "唐肃宗至德元载"条［M］. 北京：中华书局，1956：6984.

④ 冯培红. 归义军官吏的选任与迁转——唐五代藩镇选官制度之个案［M］. 香港：香港大学饶宗颐学术馆，2011：69.

藉干能，再陈荐举，永言成绩，可使颁条。伏乞圣慈特赐允许……谨录奏闻，伏听敕旨"。唐人文集中"举人自代状"更是不胜枚举。

敦煌文书 P. 4638（9）《荐索勋为使持节瓜州刺史状》，是归义军某官举荐索勋"守使持节瓜州刺史"的举状，前人研究多视为牒文，有重新讨论的必要。

（前缺）

牒。河西开复，绵地数千。建（旌?）旗起自于龙沙，袭逐远? 闻于破竹。太保应五百之间生，宣宗盛垂衣之美化，介开疆宇，遐拓河源。猛将夸刺虎之能，士卒尚接鸢之勇。东擒羌落，西牧獯戎。一月三捷以飞章，战马万蹄而独嘶于瀚海。索中丞出身陇上，文武双兼。有陈安抚养之能，怀介子馘戎之效。一从旌斾，十载征途。铁衣恒被于严霜，击剑几劳于大漠。积功累效，岂愧于曹参；向国输诚，无惭于己信。况当亲懿，德合潘阳；久辅辕门，颇修职业。专诚符竹，须藉明仁；剖析疆场，必冯武略。切以晋昌古郡，曾驻全军。城坚凤鸟之形，地控天山之险。必资果敢，共助皇风。继接连营，共美曹公之术。事须请守使持节瓜州刺史，仍便交割印文，表次奏闻。实袄刁弋，西来非浣，准牒举者，谨状。

上引状文是一件抄写件，上部略有残缺。文中的"太保"当指前任归义军节度使张议潮，是张议潮在咸通十三年（872）去世后由唐廷所诏赠的加官①，可知此件约书于咸通十三年之后。"索中丞"指索勋，是张议潮的女婿，一般认为此件是归义军节度使张淮深向中央奏荐索勋代理瓜州刺史的"牒"文，但从此件文末用语用"准牒举者，谨状"，而不用"件补如前，牒举者，故牒"，与"使牒"的格式有不小的差异，判断其不是使牒，而是一件举状。状文中称赞索勋的德行、才能和所立的功劳，荐举索勋"守使持节瓜州刺史"，即代理瓜州刺史。前人研究中，大多数观点认为归义军政权

---

① 荣新江. 归义军史研究——唐宋时代敦煌历史考索［M］. 上海：上海古籍出版社，1996：78.

中能够有资格奏荐瓜州刺史的人，非藩帅张淮深莫属。但此状文的格式与前举韩愈《荐樊宗师状》、淮南节度使高骈奏请转官的举荐状格式稍有不同，且状文中对索勋不称姓名而称官职，又称"况当亲懿"，是暗指索勋是归义军节度使张议潮女婿的这层关系，似是归义军政权内部的官员向节度使张淮深所上举状，而与藩镇节帅向中央奏状的格式特征、语气不相符。据状文称"仍便交割印文，表次奏闻"，上此举状的官员，非常有可能是原任瓜州刺史者，与前引《资治通鉴》卷255记载庐州刺史郎幼复举荐杨行敏代理庐州刺史的举状类似。瓜州刺史因某种原因，在离任前，向归义军节度使张淮深举荐索勋代理其职，以便进行刺史官印的交接手续，然后节度使向中央朝廷奏请正式任命。据郑炳林对P.4660《银青光禄大夫检校太子宾客使持节瓜州诸军事守瓜州刺史康使君邈真赞并序》的研究，康某曾任瓜州刺史，他死后不久所作的邈真赞连抄于乾符六年（879）《张兴信邈真赞》之后、乾符三年（876）《张僧政赞》之前①。由此推知，康某继阎英达（863—876）出任瓜州刺史约在876—879年。879年康某因病卒世，则此件举状大约书写于唐僖宗乾符六年（879）之前，康某病卒之前举荐索勋接替他代理瓜州刺史当较为符合情理。

二、起居状、谢贺状、献物状

唐代社会的官僚化及藩镇体制的形成，以藩镇为重心和官场应酬为中心的状、启等文体十分盛行，使"唐五代官僚社会的礼仪发生着下僭于上、地方等同中央的变迁和转移"②。在晚唐五代的藩镇社会中，使府僚佐属吏与藩镇节度使之间形成一种类似于"君臣"的关系，原本由大臣向皇帝所行的节日庆贺与日常起居的礼仪，也向下发展成藩镇僚佐要向藩镇节度使等长官行日常起居参拜、节日庆贺等礼节，于是起居状、谢贺状、献物状等一批用于藩镇官场往来相关的公文在晚唐五代宋官场生活中十分普遍，在敦煌文献

---

① 郑炳林. 敦煌碑铭赞辑释 [M]. 兰州：甘肃教育出版社，1992：151.
② 吴丽娱. 唐礼摭遗——中古书仪研究 [M]. 北京：商务印书馆，2002：521.

中有相当数量留存。

1. 起居状

在唐代官僚化社会生活中，属吏向长官参拜问候时上起居状已经成为一种习俗。"起居"本是动词，类似于"动静"①，后变成名词。在唐前期的书仪里，"起居"是向祖父母、父母问安的专用词语，本是一种施于家族之内的私礼。但在"家国一体"的古代社会，在传统观念里，皇帝和长官类似于家长和父母，藩镇时代的上下级关系中表现得更加明显。在唐郑余庆《大唐新定吉凶书仪》中收录了僚属和典史起居长官的书札范式和礼仪，晚唐五代以来，这类书仪的数目与种类呈现逐渐增多之势。其中的起居状等状文一般有固定的"三段式"模式，P.3906《书仪》总结为"凡修书，先修寒温，后便问体气，次及己身"，即起居状等私人书状，第一段先寒暄天气，第二段问候对方起居，第三段再言及自身情况，极其程式化。敦煌文献中的大多数起居状都是如此。以 P.2555p2《肃州长史检校国子祭酒兼御史中丞上柱国周弘直状》为例：

> 季秋霜冷。伏惟
>
> 长史留后尊体动止万福。即日弘直蒙恩，限
>
> 以所守，未由仗　谒，谨专奉状
>
> 起居。不宣。谨状。
>
> 　　九月廿三日肃州长史检校国子祭酒兼御史中丞上柱国　周弘
>
> 直　状上
>
> 长史留后　阁下
>
> 　　谨空

P.3502《大中年间氾文信状》是大中六年（852）氾文信在正月和五月

---

① 唐李匡乂撰《资暇集》卷中"起居"条称：卑致书，将结其语，云"附状起居"。"状"字下直（宜）加"候"字也。案王肃云："起居，犹动静也"。若不加"候"字，其可但言附状动静乎？语既不了，理遂有乖，末吏短启亦然也。参：（唐）李匡乂，撰. 张秉成，校点. 资暇集卷中［M］. 沈阳：辽宁教育出版社，1998：13.

时给归义军政权中的大郎、二郎所上的起居状，大郎、二郎分别是归义军政权内官吏对张议潭和张议潮的敬称。P. 3730V（2）《起居状》大约是咸通八年（867）归义军节度使张议潮到京师长安之后，在沙州的归义军政权内某官吏给张议潮所上起居状。在晚唐五代时，若是亲自拜谒大官问候起居时，则用"谨祗候起居"表示尊敬。据李涪《刊误》卷下记载"今代谒见尊崇，皆云谨祗候起居"①，五代时给尊贵的大官上起居状时，甚至要用到公牒式的格式，施于官之尊贵及吏之长者，表示特别的礼敬。

2. 谢贺状

随着唐后期中央集权日削、藩镇势力日盛的形势，地方长官对僚属的任用支配增强，地方政治生活围绕节度使府为中心展开②，藩镇僚属除了向长官上起居状之外，常见的还有贺谢状、献物状等。在敦煌状启书仪中，作为官员礼尚往来的文范，以贺仪、谢仪等礼仪性书仪成为晚唐五代状启书仪的主体。藩镇节度使在地方可以像皇帝一样对僚属实行赏赐，对此僚属要礼节性地表示感谢，上陈谢状。每逢重大节日之时，僚属必会祝贺，给长官献上贺状。甚至一些非节日谢贺也很常见，诸如贺雨、贺雪、贺祥瑞之类以往在奉达皇帝的贺表中常见的名目同样也施于给地方节度使官员的启状③。潘重规编《国立"中央图书馆"所藏敦煌卷子》第119号，正面为《妙法莲花经》，背面有7件书状，分别是《谢得马》《谢银器》《谢人口》《谢庄园》《谢幞头》《谢帽子》《谢要带》，书状中作书者自称是"员住"，称赠物者为"尚书"，当是实用性书状④，是归义军僚佐向长官所上的陈谢长官赏赐物品状。

唐代藩镇节度使可以辟署、举荐幕府官职和州县地方官员，节度使甚至可以决定地方官员的授职与升迁。因此，当僚属在授官之后，往往要上谢

①　（唐）李涪，撰. 张秉戌，校点. 刊误·卷下"起居"条 [M]. 沈阳：辽宁教育出版社，1998：11.

②　吴丽娱. 唐礼摭遗——中古书仪研究 [M]. 北京：商务印书馆，2002：535.

③　吴丽娱. 唐礼摭遗——中古书仪研究 [M]. 北京：商务印书馆，2002：540.

④　张小艳. 敦煌书仪语言研究 [D]. 杭州：浙江大学，2004：13.

状，予以感谢。这在敦煌所出的晚唐五代书牍中十分常见。如 P. 3281V《部落使阎英达状》：

> 部落使阎英达　　　　　状上
>
> 右昨寻问□义委知好恶，缘是人使？亦□（下缺）
>
> 尚书请以刺史□（之）权（下缺）
>
> 正月日阎英达状上

　　根据简短的文义，此件可能反映的是在咸通四年（863）原任归义军部落使的阎英达被归义军节度使张议潮奏请为瓜州刺史时，所上归义军节度使的陈谢状。S. 619V《悬泉镇遏使行玉门军使曹子盈上将军状》，据卢向前《敦煌吐鲁番文书论稿》中考证，曹子盈生活的年代在公元 900 年左右，则"将军"是指归义军节度使张承奉，曹子盈因被节度使辟署为悬泉镇遏使而上谢状，并进献箪笱羊酒等物品。在五代时，这种属吏对长官的起居状、陈谢状，与公牒相混淆，演变为在状末用"谨录状上，牒件状如前，谨牒"的牒式，状末姓名下也作"牒"字，如 P. 3591V（3）《后晋天福八年八月日都头张立谢状》：

> 第四都头张立
>
> 右立昨去七月二日伏蒙
>
> 太师　台慈，特赐　□迁差充
>
> 本指挥第四都头。立伏限卑守，不
>
> 获匍匐祇候
>
> 阶墀，下情无任□懼。谨具状
>
> 谢。谨录状上。
>
> 牒件状如前。谨牒。
>
> 　　天福八年八月日都头张立　　　牒

　　P. 3591V 一共有状四件，第一、二件是灵州地区给某僧人大德的书状原件，第三、四件则是抄写件，发件人是张立，而收件人是某"太师"，发件日期是天福八年（943）八月。还杂写有"乾祐三年岁次"，字体与张立状一致，大约是后汉乾祐三年（950）时所抄。假设第三、四件牒状来源于敦煌地区，后晋天福八年（943）时，归义军节度使为曹元深，称司徒，无太师称号。950 年左右时，曹元忠主政归义军，称太傅、太保，也无检校太师之衔。故文中称"太师"者不是归义军节度使，第三、四件牒状也并非来源于敦煌地区，应和第一、二件书状来源于同一地区，从 P.3591V（2）出现的"临河镇"是灵州"河外五镇"之一，推断文中的"太师"是对灵州节度使的称谓。查《五代十国方镇年表》，943 年时，冯晖为灵州节度使，无检校太师衔，945 年八月转任邠州节度使时，检校官为太尉，尚在太师之下。只有在后晋开运三年（946）六月冯晖重镇朔方、再任灵州节度使后，至后汉乾祐三年（950）以前，冯晖有检校太师衔①。因此，P.3591V（3）抄写的书状中收件人"太师"当是第二次出任灵州节度使的冯晖，抄写时间在 950 年左右。

对五代以来起居状、陈谢状与公牒混淆的现象，宋人欧阳修在与朋友的书牍中曾有一段评价：

> 古之书具，惟有铅刀、竹木。而削札为剌，止于达名姓；寓书于简，止于舒心意、为问好。惟官府吏曹，凡公之事，上而下者则曰符、曰檄；问讯列对，下而上者则曰状。位等相以往来，曰移、曰牒。非公之事，长吏或自以意晓其下，以戒以饬者，则曰教；下吏以私自达于其属长而有所问候请谢者，则曰笺、记、书、启。故非有状牒之仪，施于非公之事。相参如今所行者，其原盖出唐世大臣，或贵且尊，或有权于时，搢绅凑其门以传。向者谓旧礼不足为重，务稍增之，然始于剌谒，有参候起居，因之为状。及五代，始复以候问请谢加状牒之仪，如公之事，然止施于官之尊贵及吏之长者。其伪缪所从来既远，世不根古，以为当然。②

---

① 朱玉龙. 五代十国方镇年表［M］. 北京：中华书局，1997：214.
② （宋）欧阳修，撰. 李逸安，点校. 欧阳修全集·与陈员外书［M］. 北京：中华书局，2001：1007 – 1008.

据欧阳修的说法，唐世本无"状牒之仪施于非公之事"，五代时，才出现"候问请谢加状牒之仪，如公之事"，但这种类同于公牒的谢状，一般限于上给节度使等"官之尊贵及吏之长者"的大官。一般百姓、平民之间的往来书状，并不用这种公牒格式。如 P.3591V（1）、（2）是五代时期朔方军境内押衙致某僧人的陈谢状，感谢僧人大德，就不用牒式，用状式。

3. 献物状

与地方藩镇在重大节日时需向皇帝进献物品类似，在各种重大节日时，地方属吏要向长官进献物品并呈状，这种状被称为献物状。节日进献中最重要的是正旦、端午、冬至。敦煌书牍中的献物状不少，如节度押衙充新城镇镇遏使张宝山状①，是新城镇遏使张宝山给归义军节度使常侍大夫张承奉进献黄礜、菌子等物品的献物状。S.11343《衙内都押衙守玉门军使曹仁裕献酒状》是曹仁裕在正旦时节向归义军节度使曹仁贵献酒状。P.3906《五代时期书状集》有贺正旦、贺端午、贺冬至而进献物品的书状。P.2814《后唐天成三年（928）二月都知悬泉镇遏使安进通状》中有 4 件献物状，分别是在端午、冬至、正旦节日给归义军节度使令公曹议金贡献酒、麦、胡枣等物品。P.4638V《后唐清泰四年（937）五月押衙罗造、陈文献酒献花状》，是在端午节日时，归义军押衙向节度使曹元德献物状。S.76V（2）、（3）是在正月和腊月摄茶陵县令谭央给长官（湖南观察使）的献物状，以贺正旦和贺冬至。S.5758《某年十二月乞瓜州刺史阿郎容纳牛驼鸡兔等物状》即是在临近元旦时，瓜州地方官吏上瓜州刺史的物品状，所进献的物品有牛、驼、野鸡、白羊、兔子等动物和其他贵重的物品。

最后需要说明的是，起居状等用于私谊之间往来的意味更浓厚，反映的是官场上走后门、拉关系、私人请托的世故人情。S.2578《押衙薛九安状》，押衙薛九安致张都头、索都头，因其子薛员通被派驻南山防戍，特嘱托二位都头，希望能托关系使其子调离南山，回到沙州：

---

① 冯志文. 中国西北文献丛书续编·敦煌学文献卷（第 18 册）［M］. 兰州：甘肃文化出版社，1999：500.

仲冬严寒。　伏惟

张都头、索都头尊体起居万福。即日押衙薛九安

伏蒙二都头重福，且得平善，不用远尤。伏惟倍加

保重，下情望也。昨九安远闻男员通遂往南山

手内把却，闻其此语，九安日夜恒尤，一子（直）逍（消）

瘦，总尽愿二都头知悉，知悉。九安又谘张都头、索都

头：天上取恩，发大弘愿，久接贫儿，忽若二都

头勾当得员通离得南山，远到乡井。九安

拜贺无限，限次关山遥遥，面拜未期，

谨谨上起居。不暄。谨状。

都头　座前谨空　阁下

　　　　十一月十九日押衙薛九安　谨状

　　S. 4711《残状》中于阗僧法因云游国土，时至冬日，在寺院全无住处，便向僧官大师上状，请求悯怜千里之僧，"伏睹三界寺内禅院极宽，今若安置客人，后乃必有重答"。P. 3727（4）国清给瓜州军使吕都知、阴都知上起居状，因其儿子住奴在瓜州防戍，"伏缘雉小，专令勾当，即当恩幸也"，委托二位军使能够对其子多加照顾。此三件状文都有明显的私人请托意思。

三、门状

　　唐代拜谒或者问候长官时，须呈上门状。门状是由名刺、名纸、起居状演化而来。简牍时代的名刺，即在简牍上直书一行，书姓名、字、籍贯①即可。出土的简牍实物中有爵里刺、拜谒名刺等实物。书写载体变成纸张之后，纸上书写姓名用于拜谒、拜贺等，被称为名纸。唐代，在纸上书写姓名，参拜起居，号为名纸。约在唐后期，名纸由名刺、起居状等演变为门

————————

①　东汉刘熙《释名·释书契》记载："画姓名于奏上曰画刺，作再拜起居，字皆达其体，使书尽边，徐引笔书之如画者也。下官刺曰长刺，长书中央一行而下也。又曰爵里刺，书其官爵及郡县乡里也。"

状。晚唐人李匡乂的笔记小说《资暇集》卷下"门状"条记载："门状，文宗朝以前无之。自朱崖李相（注：指宰相李德裕）贵盛于武宗朝，且近代稀有生一品，百官无以希取其意，以为旧刺轻（原文注：刺则今之名纸），相扇留具衔候起居状。而今又益竞以善价纸，如出印之字，巧诣曲媚犹有未臻之遗恨"①。叶梦得《石林燕语》卷3唐旧事"门状"条，记唐代门状格式较详：

> 门状，清要官见宰相，及交友同列往来，皆不书前衔，止曰"某谨祗候"，"某官谨状"。其人亲在，即曰"谨祗候"，"某官兼起居，谨状"，祗候、起居不并称，各有所施也。②

五代人孙光宪的笔记小说《北梦琐言》卷9记载门状起源略有不同，但更注重记录晚唐五代时上门状拜谒大官的风俗及门状格式发生的变化，有文献价值："古之制字，卷纸题姓名，号曰名纸。大中年，薛保逊为举场头角，曾作门状，人皆体效。洎后仍以所怀，列于启事，（将门状）随启（事）诣公相之门，号为门状、门启。虽繁于名纸，各便于时也。书云'谨祗候起居某官'。起居在前，某官在后，至今颠倒，无人改更。"③

"门状"本是私人性质的拜谒时所通进的起居状，唐代时其格式末尾用"谨状"，但在五代、宋时，却也出现拜谒大官时用"牒件状如前"等公状用语，施于官之尊贵及吏之长者④，表示特别的礼敬，一时成为风俗。司马光《书仪》注曰："旧云'谨录状上，牒件状如前，谨牒'，状末姓名下亦云'牒'，此盖唐末属僚上官长公牒，非私书之体。及元丰改式，士大夫亦相与

---

① （唐）李匡乂，撰．张秉戍，校点．资暇集［M］．沈阳：辽宁教育出版社，1998：31.

② （宋）叶梦得，撰．宇文绍奕，考异．侯忠义，点校．石林燕语·卷3［M］．北京：中华书局，1984：32.

③ （五代）孙光宪，撰．贾二强，点校．北梦琐言·卷9［M］．北京：中华书局，2002：198.

④ 宋叶梦得《石林燕语》卷3记载"至于府县官见长吏，诸司僚属见官长，藩镇入朝见宰相及台参，则用公状，前具衔，称'右某谨祗候''某官伏听处分''牒件状如前，谨牒'。此乃申状，非门状也。"

改之。"南宋费衮《梁谿漫志》卷 2 "谒刺"条证实了司马光的说法："熙、丰间，士大夫谒刺与今略同，而于年月前加一行，云'牒件状如前，谨牒'。后见政、宣间者，则去此一行。"① 南宋周辉《清波杂志》卷 11 称"元祐间，虽僧道谒刺，亦大书'谨祇候起居某官，伏听处分'"②。据以上诸笔记小说记载，证实宋代元丰改制以前，门状尚带"牒件状如前"等语，盖沿袭之久，后虽去，而祇候、起居并称，犹不改。元丰改制以后，门状略如唐制，末尾格式用"谨状"，去掉了"牒件状如前，谨牒"七字。门状在唐末、五代、宋发生演化、变迁，将公牒之语施于私状拜谒，原本是用于僚属参见长官的公状礼仪，随世风浇漓，渐演变成一般百姓参见大官时所用的起居问候之礼敬。

五代时期的门状在官僚社会生活中十分重要，往往成为面见大官僚的一个必要的先行程序。《五代会要》卷 5 记载官员奏事需门状："后唐天成元年（926）七月：百官要奏事者，临门状到，便许引入。"③ 可见呈递门状成为官员见皇帝奏事的必要程序。当诸州向皇帝进贡物品时，要具门状呈递给阁门使："清泰三年（936）三月，阁门奏内外官吏对见例：应诸州差判官、军将贡奉到阙时，不朝。只以名衔奏，放门见，赐酒食后得回。"④ 可见门状在五代政治生活中的应用很广泛。敦煌书仪文献 P. 3449 + P. 3864《五代后唐时期的一种刺史书仪》记载了后唐时期地方官在京师拜谒大官时的两通"参贺门状"：

> 参贺门状
> 具衔某
> 右某谨诣台屏祇候贺，伏听处分。云云。

① （宋）费衮. 梁谿漫志 [M] //周培光. 历代笔记小说集成（第 18 册）. 石家庄：河北教育出版社，1993：47.

② （宋）周辉，撰. 刘永翔，校注. 清波杂志校注·卷 11 "书札过情" [M]. 北京：中华书局，1994：479.

③ （宋）王溥. 五代会要·卷 5 "待制官"条 [M]. 上海：上海古籍出版社，1978：71.

④ （宋）王溥. 五代会要·卷 6 "杂录"条 [M]. 上海：上海古籍出版社，1978：99.

具衔某

右某谨祇候贺，伏听处分。

并着年、月、日向下具全衔某牒①。

司马光《书仪》卷 1 中"谒大官大状"与上述参贺门状的格式几乎相同，实即五代时期的拜谒门状②。按照唐五代宋门状的格式，敦煌所出实用性书牍中有如下几件"门状"，其格式、用语与文献记载"施于官之尊贵吏之长者"十分符合。

（1）S. 529（2）《后唐同光二年（924）定州开元寺僧归文上灵州节度使韩洙门状》。

定州开元寺僧归文

右归文谨诣

衔，祇候

起居

令公，伏听　处分。

牒。件状如前，谨牒。

同光二年六月　日定州开元寺僧归文牒

S. 529 有五件尺牍，应是不同时期僧人归文的尺牍副本的抄录，后被粘连起来，在背面抄写了僧人（有可能就是归文本人）游历佛教名山、名刹的行记。第一件书牍是五月廿九日归文写给某和尚的，文中提到"昨于五月中旬以达灵州……即候夏满已来渐谋西进"，证实同光二年（924）五月廿九日归文已经到达灵州。上引门状中归文拜谒灵州的大官"令公"，当是灵州节度使，"令公"是对其加官"中书令"的尊称。据《旧五代史》卷 31《庄宗纪五》记载：同光二年四月"己丑，以朔方、河西等军节度使韩洙依前检校太傅、兼侍中，充朔方、河西等军节度使"，则灵州节度使韩洙在同光二年（924）四月之后可称侍中；据《宋高僧传·后唐灵州广福寺无迹传》中记

---

① 赵和平. 敦煌表状笺启书仪辑校［M］. 南京：江苏古籍出版社，1997：191 – 192.
② 周一良，赵和平. 唐五代书仪研究［M］. 北京：中国社会科学出版社，1995：56.

载："后唐同光三年乙酉岁四月一日，释无迹圆寂于灵州广福寺，中书令韩公命工布漆焉"，在同光三年（925）四月之前，韩洙在灵州境内已经自称为"中书令"。因此，此件门状中，同光二年六月归文拜谒的"令公"即是灵州节度使韩洙，当时兼官称中书令，被尊称为"令公"。

（2）S.76V（1）《后唐长兴五年（934）正月一日行首陈鲁佾门状》。

> 行首陈鲁佾
> 右鲁佾谨在
> 衙门随例祗候
> □贺。伏听
> 处分。
> 牒件状如前。谨牒。
> 　　长兴五年正月一日行首陈鲁佾牒

这件是府衙幕职人员行首在正旦拜贺长官而所上的门状，当是原件。

（3）S.76V（7）《乡贡进士刘某拜谒尊师门状》。

> 乡贡进士刘　某
> 右谨祗候，顶
> 谒
> 尊师，谨状。
> 「知。十八日，骞。」
> 　　闰正月　日乡贡进士刘　某

此件门状也是原件，极为珍贵。正月里刘某拜谒尊师，须上门状，但其格式与拜谒大官时的门状格式略有不同，无"伏听处分""牒件状如前，谨牒"等公文用语，用"谨状"结尾，表明上给大官的门状与上给私人的门状仍有细微差别，但二者并存不废，可证"牒件状如前，谨牒"是施于官府公文中用语。此件门状与其他六件尺牍废弃后被粘连起来用作抄写纸张，虽无明确记载年月，但与写于后唐长兴五年（934）的第一件门状应相距不远，应属五代时期的门状。S.76 正面的《食疗本草》抄写在已经废

弃的实用书札拼接而成的纸背上，徐俊认为背面第四至第六件的诗、启所
呈对象为同一人，疑即秀才刘某①，他是第六件启状的作者刘宗绪的从兄某
巡官，或许就是第四件尺牍中的"前吉州馆驿巡官将仕郎守常州晋陵县尉刘
廷坚"。

（4）BD1904 V《宋至道元年（995）僧道猷门状》。

> 奉宣往西天取经僧道猷等
>
> 右道猷等谨诣
>
> 衙祗候
>
> 起居〈**伏听处分**〉
>
> 贺。伏听　　处分。
>
> 牒件状如前，谨牒。
>
> 至道元年十一月二十四日灵图寺寄住

此件门状是草稿，上有行间添加的文字，是宋至道元年（995）僧道猷
往西天取经路经沙州时拜谒归义军节度使曹延禄的门状。"道猷"又见于北
大 D185《灵图寺寄住僧道猷上大王曹延禄牒》，二者应是同一人。此件门状
与上引第（1）件门状类似，是往西天取经的僧人经过地方官府时，拜见地
方节度使大官时所用的门状，用"牒件状如前，谨牒""伏听处分"等用语，
以示对长官的尊崇和礼敬。

五代、宋时，按照官僚社会生活中往来的礼仪风俗，被拜见人在收到拜
谒者的门状、名刺时，一般要归还拜谒人，有的还可能在门状上作批答。
《欧阳文忠集》卷149记载梅圣俞拜访欧阳修不遇乃留名刺而去，欧阳修回
书称其过于恭敬，乃返还名刺。南宋岳珂《宝真斋法书赞》卷一《真②宗皇
帝南牙谢访状》记载一条宋神宗为皇太子时封还大臣李受所上的门状：

> 惟淳熙翰林学士承旨洪迈之父忠宣公皓，在燕山时尝得神宗为颍王
> 时封还李受门状。受之状曰"右谏议大夫天章阁待制兼侍讲李受起居皇

---

① 徐俊. 敦煌诗集残卷辑考［M］. 北京：中华书局，2000：844.

② 原文作"真"，误。据内容，当是宋神宗。

子大王"。而其外封，题曰"台衔回纳"。下云"皇子忠武军节度使检校太尉同中书门下平章事上柱国颍王名谨封"。名乃亲书。其后受之子覆以黄缴进，因藏于显谟阁，故皓得之。其事著于《随笔》。①

此事也见于洪迈《容斋随笔》卷三"亲王与侍从官往还"条记载，洪迈称"始知国朝故事亲王与从官往还公礼如此"②。宋人陆游《老学庵笔记》卷八记载宋仁宗为皇太子时在某官贺岁旦的门状上批示并封还给某官，封皮纸上称"皇太子某状"，并用"太子左春坊印"缄封③。不仅亲王与从官往来礼仪如此，五代宋时，社会生活中私人之间往来的礼仪也是如此。在敦煌书牍中有珍贵的记录：P. 3449 + P. 3864《后唐时代刺史专用书仪》有"封门状书一通""封门状回书"。S. 4571V（1）《某年十月衙内都部署使冯某谢僧状》，记录了五代时期某年十月某日衙内都部署使银青光禄大夫检校工部尚书兼御史大夫上柱国冯某在收到某和尚的拜谒门状后将门状封还的情形：

> 伏蒙
> 法眷特垂
> 访及，偶阙伫
> 迎之礼，但增佩荷之诚。所留
> □（盛）刺焉敢当克。谨修状封
> 纳，陈
> 谢。伏惟
> 照察，谨状。
> 　　十月日衙内都部署使银青光禄大夫检校工部尚书兼御史大夫
> 上柱国冯　□□

---

① （宋）岳珂. 宝真斋法书赞［M］//文渊阁四库全书（第813册）. 上海：上海古籍出版社，2003：569.

② （宋）洪迈. 容斋随笔［M］. 上海：上海古籍出版社，1996：40.

③ （宋）陆游，撰. 李剑雄，刘德权，点校. 老学庵笔记［M］. 北京：中华书局，1979：109.

　　此状中提到的"盛刺"，当是某僧人的门状（或名刺）。某僧拜访冯某，冯不在家，故留下门状以归。后冯某将此门状封还。无独有偶，约是五代后唐时期的 S.76V（7）《乡贡进士刘某谒尊师门状》（见上引文）是五代时门状的珍贵原件文献，上有一行与原状字体不同的批示："知。十八日，骞"，可知是其尊师某骞在正月收到门生的门状时，批答已知，然后将此门状返还给上状人刘某。这件门状后来被当作废纸，粘连起来，用为书写纸张，后从江南传入敦煌，这件反映当时社会礼仪往来的珍贵的门状原件才被保存下来，成为五代时期社会风俗礼仪的见证。

第二节　启　文

一、启文的演变

　　启作为公文的一种文体，出现在魏晋南北朝。《文心雕龙·奏启》中称"孝景讳启，故两汉无称。至魏国笺记，始云启闻。奏事之末，或云谨启。自晋来盛启，用兼表奏。陈政言事，既奏之异条；让爵谢恩，亦表之别干"①，表明启作为公文的一种文体，大约始于曹魏之时。启者，开也，本义是动词，为禀告之意。"某启"与"某言""某白"相当，"启"由动词演化成为一种文体的专称，为时当距东汉末、曹魏时不远②。曹魏时代的启文，成为"表""奏""上疏"之外的一种新出现的公文文体，其功能上有与表、奏相似的地方，是一种介于奏、表之间的公牍文体，主要用于大臣向皇帝陈请。两晋南朝时，"启"这种文体十分流行，已经非常成熟，见著于传世文献。在这一时期，启主要适用于臣下、僚属向君主、长官陈请时等所用，"启"文所适用的范围是下对上、卑对尊，而且为了表示尊敬上启对象，均

---

① 黄叔琳，等注. 增订文心雕龙校注·卷5［M］. 北京：中华书局，2000：318-319.
② 祝总斌. 高昌官府文书杂考［M］//北京大学中国中古史研究中心. 敦煌吐鲁番文献研究论集（第二辑）. 北京：北京大学出版社，1983：482-注释（57）.

需自书①，不得由他人代笔②，应用较为严格。"启"的格式是首言"某启"，末言"谨启"，直到唐宋，这种文体格式基本保持不变，但其适用范围和适用的对象发生了较大的变化，一些启文甚至演变为状文，有启状的出现。

依据《唐六典》的记载，在唐前期，笺、启上于皇太子，然而官府内僚属对其长官亦为之，非公文所施。这表明，唐代的"启"演变为一种公文之外的书牍文体，更多的是一种私人性质的尺牍。启文适用的对象为臣子上给皇太子，或者僚属上给长官，内容多是处理私人关系，与南北朝时期相比其适用范围已经发生了较大的变化。新疆吐鲁番出土的唐前期文献中，有"刘□明启""冯渊启""翟彊启""王宗启"等书牍，都是官府僚属上给高昌地区军政长官的书札③，内容多涉及私人性的请托关系，或是向太守长官问候起居的礼仪性书牍。

在唐五代藩镇体制下，"启"文的应用十分广泛。启与状除了格式略有差异之外，在功能上有很大的相似之处，差别在于所上的对象略有不同：启适用于有直接隶属关系的上下级关系范围内应用，而状则并不限于有直接的隶属关系，也不限于私人关系。启文常见使用在藩镇内僚属上达长官，其性质难分公私性质，介于公私书牍之间。"启"的一般格式是：首言"某乙启"，尾言"谨启"。

二、启文在唐宋社会生活中的应用

唐宋时期，启又称"启事"，启文从内容来分，与状文区别不大，主要有起居、贺谢、献物等，一般见于有直接隶属关系的上下级之间，往往处理的是私人事务或私密性的关系。Дx1291、Дx1298 两件启，是归义军节

---

① 祝总斌. 高昌官府文书杂考［M］//北京大学中国中古史研究中心. 敦煌吐鲁番文献研究论集（第二辑）. 北京：北京大学出版社，1983：483.

② 《宋书·衡阳文王刘义季传》《南齐书·谢瀹传》中有上启事皆须亲笔署名、别人代笔上启事被发觉后差点被治罪的事例，可证南朝时启文的应用十分严谨。

③ 祝总斌. 高昌官府文书杂考［M］//北京大学中国中古史研究中心. 敦煌吐鲁番文献研究论集（第二辑）. 北京：北京大学出版社，1983：483－484.

度使大王以使牒授某官节度押衙兼知龙勒乡务时某官上给大王的谢恩启，Дx5247、Дx5247V、Дx5248 启，是归义军某官上给长官张承奉的陈贺启，启文中"故留后大郎勋业素高，伏惟 天恩追赠户部尚书"指已故的归义军节度留后张淮鼎，死后被唐廷追赠户部尚书，归义军某官以"卑守有限，不获阶庭拜慰驰贺，下情伏增悲恋。谨因长史某官谨奉状 起居"而呈上的起居启。S.1286《归义军节度使曹元深致某官起居启》可能是归义军节度使曹元深在正月进贡中原时上给宰相或灵州节度使等大官的起居启。S.1438V《上相公启》是归义军某官吏为感谢归义军节度使"相公"而专门上达的起居启。

归义军境内寺院内的僧人对于归义军节度使而言是"释吏"，也像归义军政权僚属一样用启文的形式向归义军节度使上起居启，以 P.4712《某年五月二十四日道真启》为例：

（前缺）

福。当于五月三日谨就□□召氏俭设斋法事。道真
表列忝乘麾下，回避无因，辄进刍茏。死罪诳妄，珍重
珍重。流沙璅肩，地角陈情，既当钺踬之僭以冒触
藩之惧。黄莺唯燕，薄钧难飞。赞谢未由，伏增驰
恋。谨因使回太子往，谨奉状起居。不宣。谨启。

五月二十四日比丘道真谨启

此件启文前部残缺，从书写特征上判断是道真所上启的草稿或是抄录的副本，启文旁边的空白处杂写有发愿文等释门文范，经与道真笔迹对比，都是道真所书，大约与启文书于同一时期从发愿文"道真闻释迦以承时现化……厥今则有押（相）衙专使判官，奉为我尚书令公遐灵永固，神寿无亏，报愿崇修大施福会也。伏惟我尚书曹令公位绾台衡，大珠圆宝。经文纬武，才华实映于古今；德重谋深，雅誉合朝而称美"可以判断出是在后唐清泰二年（935）二月归义军节度使曹议金卒后的一段时间内，沙州为曹议金举行祈福法会时所写。则此件启文很可能作于后唐清泰二年五月二十四日，

据启文中残存的内容"当于五月三日谨就□□召氏俭设斋法事，道真表列乔乘麾下，回避无因，辄进刍荛，死罪诳妄"，可知是道真上给归义军节度留后曹元德的启文，道真"辄进刍荛"，可能是指道真所作的佛教发愿文。文末称"比丘道真"，也与敦煌文献题记中反映的道真在后唐长兴五年（934）时为三界寺比丘的身份相符合①。

启文与状文用于处理私人之间往来关系时，反映的是晚唐五代时期官场社会走后门、私人请托风气的盛行。《北梦琐言》卷 5 记载唐人乐朋龟以"启事"谒见李昭侍郎，声称"著八百卷书，请垂比试"。崔致远《桂苑笔耕集》卷十七收录崔致远于乾符五年（878）初投淮南节度使高骈幕府时所上的"初投献太尉启"，在启文中崔致远"谨录所业杂篇章五轴，兼陈情七言长句诗一百篇，斋沐上献"。② P. 5039 与 S. 5394《宰相张文彻启》的内容完全一致，残佚多寡不一③，只是个别文句的字序略不同，内容是西汉金山国宰相张文彻因其侄男胡子借肃州人阴潘子的鞍马逃走，被阴潘子追索债务时向金山白帝张承奉上启，请张承奉判文其侄所欠肃州人阴潘子的债务与他无关。最有趣的是 S. 4473V（2）《前守沧州南皮县令王谦上侍郎启》，从中可见官场"启事"的请谒特色：

> 将仕郎前守沧州南皮县令王谦
> 　右谦启：谦闻洪炉既动，不漏于纤细〔之〕
> 金；大厦将成，靡损于曲直之木。良匠者
> 度才而可用；明工者任器而可行。细可

---

① 道真是曹氏归义军时期敦煌地区的著名僧人，十九岁修习《佛名经》，后唐长兴五年（934）为比丘，编《三界寺藏内经论目录》，发弘愿，寻访古坏经文，收入寺中。后汉乾祐元年（948）为三界寺观音院主，重修南大像北一古窟，题壁赋诗。乾祐三年（950）任沙州释门僧政，随曹元忠巡礼三危圣王寺，开道场，并题诗于108 窟南壁。从北宋乾德二年（964）起授徒施戒。宋雍熙四年（987）任沙州都僧录，卒于任。

② ［新罗］崔致远，撰. 党银平，校注. 桂苑笔耕集校注［M］. 北京：中华书局，2007：573.

③ 荣新江. 金山国史辨正［M］//中华文史论丛（第50辑）. 上海：上海古籍出版社，1992：33.

以为线为丝，巨可以为梁为栋。尽出

埏直之力，皆归

变化之巧。伏以谦早忝卑科，依资入

仕，到官惭无于□政；征租幸免于旷

遗。惟勤设法，奉

公每切，倾心向化。今则重期参调，再诣

铨衡。曾蒙比拟襄州义清，寻曾通

□有状〈通免〉，在卑吏而岂敢择禄，于侍

养而莫可，又亲想路歧而往覆□□，〈中年〉

在迎侍而辛勤数月。伏念谦因循官

路，寄寓登州，乞于稍便一官，所贵禄

父亲老。伏惟

侍郎三秋明月，万顷沧波，□

铨衡而品藻人情，皆分真为（伪）；举楡

材而夺事正，尽鉴妍媸。见注拟之

无私，间授官之得所，皆因

舒惨尽计

生成。谦凤避僭差，辄陈肝膈，难逃罪法，

罄写血诚，冒犯

清崇，不胜惶懼，谨修启事，捧诣

门屏，祗候

起居，跪

献卑情，无任虔告

依投激切屏营之至。伏惟

鉴察，谨启。

　　　　　九月二十日将仕郎前守沧州南皮县令王谦启上

　　S.4473 是将后晋时期的三件废弃的书札粘连起来后用作抄写后晋集贤相公李崧的《尺牍文集》，从李崧尺牍文集中的《大行皇帝祭文》与《大行皇帝谥状》可知书写于后晋天福七年（942）后晋高祖石敬瑭卒时，则三件书札的时间要早于天福七年，大约是后唐至后晋时期的书札。此件启文中提到沧州、襄州、登州等地名，沧州属横海节度使管辖，襄州属威胜节度使管辖，登州属平卢节度使管辖，大体与后唐、后晋时期的南北境域相符。从启文内容得知，王谦的家乡在北方，原任沧州南皮县县令，卸任后在登州生活。后遇朝廷吏部铨选授官，被授襄州（今湖北襄樊）义清县县令，距故乡路途遥远。王谦不愿远离故乡赴任襄州，以侍养双亲为由，曾给吏部上公状请改授官职。此件启的收件人"侍郎"当是掌管官吏铨选的吏部侍郎，王谦私下登门拜谒并上启事给吏部侍郎，疏通关系，请托就近于登州某县内"稍便"授一官职。由此可见，五代时期盛行于官僚社会中的"启事"私人干谒请托的功能表露无遗。

启文与状文的应用虽有相似之处，毕竟也有差别，也有用于较为特殊的情况，即上启者与收启者似有直接的隶属性关系，或是更亲密的私人关系。如藩镇幕府的僚佐向长官进献诗文时，多用启文的格式。P. 2623《四月某日贫士张某献诗启并献七言诗一首》是张某呈献给某藩镇长官的启文，以诗文干谒地方长官，以谋求长官的辟署。启文中称"再睹儒童进仕多甲帐之前，俊哲满崇贤之馆，无申聚萤之效"，显然是上给某地方节度使的，表达了希望节度使能"念见困穷，宏海中而望垂涓滴"而辟署为幕府僚佐的愿望，是文士以诗文干谒地方长官的一种社会现象。P. 3173V 残启，是某僧人给归义军节度使所上启文，从残缺的内容"度荒芜辄献八句口号，兼咨问体气"中仍可得知是一件献诗文（口号）的启文。S. 4473V（3）《乡贡进士谭象上谏议启》，秀才谭象与文散官为"谏议大夫"的某朝廷官员为从表侄孙的远房亲戚关系，早年科举不中，后携文赋以干谒藩镇，受其举荐而被某方镇授以官职，故特登门拜谒，上启事感谢谏议老丈的举荐。

地方藩镇境内军事情报、治安情报，多由地方官员以牒文的形式向地方节度使报告，如 P. 2814《后唐天成三年（928）二月都知悬泉镇遏使安进通牒》等。但在敦煌公文中却有一件用启文而不用牒文向归义军长官报告军事情报的情况，它就是 P. 2842V《常乐副使田员宗启》。P. 2842 正面是后晋时期归义军官员的邈真赞 6 篇，这件启文抄写在邈真赞的背面，书写错误较多，时代应比正面的后晋时归义军邈真赞要早，当属曹元忠主政归义军时期。这件启文作为军事情报，极为详细，将某年八月一日在常乐境内发生贼人偷劫牲畜、人口事件时，归义军常乐驻军的应急处置措施、进行军事打击的过程详细向归义军节度使曹元忠报告。常乐镇遏副使田员宗是由归义军节度使所派出的亲信人员担任，作为其心腹属吏，向归义军节度使用启文报告，更显二者之间的私密化关系。

当表达一种特别的感恩、特别的私人情感时，多用启文上达。S. 529(3)《后唐同光二年（924）定州开元寺僧归文启》，是归文给某散官为"大理评事"的灵州地方官员所上的感谢启事，据文中"归文伏自去岁、今年皆蒙供养，奖顾之外，铭荷空深"可知西行求法僧人归文对灵州某地方官在923、924 二年归文在灵州得到的供养和帮助，十分感谢，因此像属吏给长官上启事一样特别表示郑重地感谢。S. 529 (5)《后唐同光元年（923）定州开元寺僧归文启》可能是归文在 923 年到达灵州后给其师友所上启，"昨于四月廿三日已达灵州，兼将缘身衣物，买得驼两 [头]，准备西登碛路。此后由（犹）恐平沙万里，雪峤千寻，鱼鸟希逢，归文罕遇，切望相时度日，以道为怀"，实际表达的是一种师友之间惜别思念的情感。S. 4128V《十月某日僧正道林启》表达的也是朋友之间的私密感情：

> 道林启：久思
> 清德，难面
> 芳猷。伏缘母服在身，不及就院相
> 谒。先曾　　咨说，□（盼）许看寻，勿请悭心，特
> 垂赐与。一则是
> 贤周备，二乃不逆卑情。更不转似别人，
> 寻竟，速便赴
> 上。谨修启咨。
> 　　　　十月日义友僧正沙门　道林　启

此件启文在传递之后可能被废纸利用，在其背面和行间的空白处抄写了《太子成道变文》。道林，约在后周显德二年（955）任释门僧政兼阐扬三教大法师赐紫沙门（见 S. 5405《张福庆邈真赞》），可知其大约生活在曹元忠主政归义军时期观察其书法，与 P. 5026B 封皮纸上的二行封题字"□（谨）上义弟道真处/□（义）兄法师道林书"字迹相似，S. 4128V 很可能就是 P. 5026B 封皮纸内所包裹的书札正文，后来书札正文与封皮纸分离开来，被分别保存于英、法国家图书馆。则道林称为"义友"的很可能就是 P. 5026B 封题上的"义弟道真"，本件启文反映的是道林因服母丧服，不能拜访道真，因向道真商借某物品，邀请道真来他的住处将某物带来，"更不似别人，寻竟速便赴上"，反映了道林与其义友道真之间的亲密友情。

第三节　启　状

晚唐五代的起居状等状文多用于私人之间的情谊往来，与"启"文施用于私人关系逐渐融合，"启状"随之出现，与启、状二种文体并行不悖。"启状"是"启"与"状"二种文书文体的结合，其格式特征是开头用启文格式"某乙启"，末尾用状文格式"谨状"，内容比状更谦逊，比启更私密化。如 S. P2 印本《金刚般若波罗蜜经》，在卷末的褾首上粘贴一件被废弃后用于保护佛经的"启状"：

> 庆纳启：不审近日
> 尊体何似？伏惟倍加
> 保重，下情祷望。谨状。

> （下缺）

此件印本金刚经卷末有题记："咸通九年四月十五日王玠为　二亲敬造普施"。则褾首上的"启状"可能要晚于咸通年间，内容是问候某尊长的起居状。宋赵彦卫撰《云麓漫钞》卷4"古今尺牍之制"条所记："古尺牍之制，某顿首、或再拜、或启，唐人始更为状"①，其意义似是指尺牍的结尾用语的演变，在唐代时期有将"谨启"更改为"谨状"的事实，表明启状出现在晚唐时期，在五代两宋时期十分盛行。司马光《司马氏书仪》卷1有《上尊官时候启状》，宋人尺牍文集中启状更是多见，已经成为书牍的一种常见文体。敦煌书仪 P.3449 + P.3864《后唐时代刺史专用书仪》中收录有表、状、启状等尺牍文体78种，其中启状的数量不少，如《申离京启状》等。

启状在唐宋社会生活中的应用，结合了启与状的特点，不外乎起居、贺谢等私人性的礼仪往来性事务。P.2996V（2）（3）大约是后晋天福八年（943）敦煌地区的弟子田大千、吕文满上给尊师某和尚的启状，内容分别是向尊师乞借紫衫、迎候尊师失礼后的陈谢状。S.76（5）《潘某致秀才十三兄启状》、S.76（6）《宗绪与从兄启状》是五代时期的两件启状原件，分别是潘某在接到秀才十三兄所寄新诗后、刘宗绪在收到其宗人某巡官的书札后表示感谢的启状。BD7132V《后周显德六年（959）释门法律沙门智果启状》是在显德六年十一月十一日智果给僧政和尚、二位都头所上的问候起居的启状，并送上黄芪等作为礼物。文中的智果又见于 S.4667《僧智果上僧录启状》，二者当是同一人。在 S.4667《僧智果上僧录启状》中，智果因在寺院内无处安置，日夜忧愁，特上启事给主管寺院事务的僧官，请僧官予以私人帮助。

北宋初，启状在官场社会中更加常见。P.3438V（其实应为正面）《沙州官告国信判官、将仕郎、试大理评事王鼎上太保启状》都用了启状的格式，以第二件为例：

> 鼎启：早者出于非次，辄贡刍荛，
>
> 只希
>
> 钧慈详鉴，岂敢忘于
>
> 霈救。今则伏蒙

---

① （宋）赵彦卫，撰．傅根清，点校．云麓漫钞·卷4"古今尺牍之制"条［M］．北京：中华书局，1996：63.

太保迥开　　府库，特惠

琼瑶，睹美玉而如窥秋月，视润

色而室内生光，谅兹皎洁实谓

国珍。辞让既以不敢，即当捧当而合

懼。寻依

台旨□授讫。谨修状启

闻陈

谢。伏惟

照察。谨状。

十二月六日沙州官告、国信判官将仕郎、试大理评事王　鼎　状

　　P. 3438V《沙州官告国信判官王鼎上归义军节度使太保启状》一共有四件，第一件前部略有缺损，后三件保存完好。根据四件启状的书写特征，当是书札原件，且是经过了传递的实用书状，是某年十二月四日和六日从中原来到沙州授予官告、国信的使臣王鼎上给归义军节度使太保的。这四件启状在上给归义军节度使太保之后，曾被精心地粘连成一个长卷保护起来，在背面卷首处题署"辛巳年三月封"，封口处似钤盖有一枚印章，可能作为档案保存，由此推断正面的启状书写时间当是辛巳年之前的庚辰年十二月。这四件启状档案后来被废弃，流入了佛教寺院里，被僧人用来抄写《大般涅槃经》中的难字音义，书法遒劲工整，与敦煌文献中一般学士郎的书迹不同，可能是一位有学问的僧人所用。背面题署的"辛巳年三月"有可能是宋太平兴国六年（981）、五代后梁龙德元年（921）、唐咸通二年（861）中的某一年。根据学界对归义军历任节度使称号年代的研究成果①，咸通二年时归义军节度使张议潮尚无太保称号，死后（咸通十三年，872）才被追赠为太保；龙德元年时归义军节度使曹仁贵（议金）称尚书、仆射，也无太保称号，因此都可以排除。只有宋太平兴国五年（980）归义军节度使曹延禄获得宋太宗制授归义军节度使时，可以称太保，与史实相符。从敦煌文献已知，曹延

---

　　①　荣新江. 归义军史研究［M］. 上海：上海古籍出版社，1996：60－147.

禄在 976 年出任权归义军节度兵马留后时，在归义军境内即自称太保，但在太平兴国四年（979）四月曹延禄给宋廷的奏状 P.3827《曹延禄奏状》中结衔为"权归义军节度兵马留后金紫光禄大夫检校司空兼御史大夫"，这是曹延禄谋求进贡宋廷以获得正授节度使的权宜之计，当太平兴国五年（980）闰三月辛未日归义军进贡使臣经过了约 11 个月的跋涉到达宋廷后，四月宋廷制授曹延禄归义军节度使，在《宋会要·蕃夷志》中明确记录曹延禄的检校官衔为太保：

> 制：权归义军节度兵马留后金紫光禄大夫检校司空兼御史大夫上柱国谯县［开国］男曹延禄，可检校太保、归义军节度瓜沙等州观察处置营田押蕃落等使。①

据此，P.3438V 沙州官告国信判官王鼎上归义军节度使太保启状书写于太平兴国五年（庚辰）十二月四日和六日。这是因为宋京师汴京距离沙州路途遥远，宋朝派出的官告、国信判官王鼎等中原使团大约花费了数月时间才在庚辰年（980）十二月初抵达沙州，受到归义军节度使曹延禄的酒宴招待（第一件、第三件），并赐予美玉作为礼物（第二件）。第二件启状是王鼎在收到归义军节度使曹延禄于宋太平兴国五年十二月六日所赏赐的美玉之后，给曹延禄所上的陈谢启状。S.2472V（6）牒文可佐证在 980—981 年曹延禄获得旌节的情况。S.2472V（6）《辛巳年（981）十月三日算会州司仓公廨斛斗牒》是一件牒文的抄件，是归义军府衙将 980—981 一年支用的官仓粮食进行年终算会后向节度使报告，其中提到"内除一周年迎候阿郎娘子及诸处人事吊孝买布、拜节帖设肉价并修仓供工匠，计用得麦（下略）"，"拜节"，即拜谢中央所授予的归义军节度使旌节。证实 980 年十二月底宋朝使者王鼎等抵达沙州，授予曹延禄节度使旌节、官告时，归义军使府曾经宴设宋廷使团，从侧面也证实 P.3438V 启状书于庚辰年腊月。

启状除用于问候起居、陈谢之外，也可用于私人宴会的邀请。P.3197V

---

① （清）徐松，辑.宋会要辑稿·卷 198 蕃夷五·瓜沙二州［M］.北京：中华书局，1957：7767.

（1）启状是某僧人邀请某和尚来寺院参加宴会的书札：

> 某启：伏自间违
>
> 仁重，早已经换数旬，便将
>
> 碟（蝶）梦为凭，倍生顶　谒。今则
>
> 道属就寺宫备小饭□。
>
> 重？（望）不 ［嫌］ 卑及（微?），来日辰
>
> 似（巳）之间，虚（庶?）望
>
> 光临。谨状。

　　此件书牍，开头用"启"的格式，末尾却用"谨状"的格式，当是启状无疑，内容表达的是更为谦卑、私密的情感。邀请来吃饭的时间在辰时与巳时之间，是在邀请赴宴时约定时间的习惯说法。这种私人宴请多用启状的格式，与此同时状文的格式在敦煌文书中非常少见，反映了自晚唐五代以来社会风尚的巨大变化。

第五章　别　纸

　　在传世文献和出土唐宋文献中经常见到一种被称为"别纸"的文体，而且与书、状、启等应用文体有密切的关系。关于"别纸"的研究，目前学术界的研究者对它的认识也不统一。赵和平先生认为"别纸，是一种有别于正式公文，如表、状、牒、启等正式公文程式的公私信函的泛称"①。他注意到在敦煌书仪文献中"别纸"是对一类书牍的泛称，并不专指状、牒、启等某一特定的文体，别纸的特点在于其"非正式性"。陈静从"别纸"的源流演变上考察了别纸在不同历史时期的含义，认为"别纸"的含义有时代性，在唐五代时期是人们书信往来时必需的礼仪性内容，在宋代则演化为"书信附件"。② 梁太济先生通过对晚唐时期崔致远《桂苑笔耕集》中相关别纸书札的考察，发现《桂苑笔耕集》中的别纸的格式与公文文体"状"几乎没有区别，都以"谨状"收尾。然后扩大研究范围，考察发现传世唐宋人文集中的"别纸"也都是尺牍书札，而且全都是私人书信而不是正式的公文。③ 显然，以上观点都有合理性，前贤学者都注意到别纸与状文体的关系最为密切，但一些认识也不全面和准确。要全面认识别纸的性质与特征，就要考察其历史

---

① 赵和平.《新集杂别纸》的初步研究［M］//周一良，赵和平. 唐五代书仪研究. 北京：中国社会科学出版社，1995：253－265.
② 陈静. 别纸考释［J］. 敦煌学辑刊，1999（1）：113.
③ 梁太济."别纸""委曲"及其他——《桂苑笔耕集》部分文体浅说［M］//梁太济. 唐宋历史文献研究丛稿. 上海：上海古籍出版社，2004：22－42.

源流与时代演变。

第一节 "别纸"的起源与演变

一、《三国志》中的"别纸"材料

"别纸"的本意是指在另外的一张纸上书写的文字内容，多见于古代人与人之间的书札通信中。在古代的书札里面，往往将包含有一些机密的内容或者是表达特殊情感的内容单独写在另外的一张纸上，以示与前札稍有区别，故称之为别纸。它的实质仍然是书札，只是书札中特殊的一种，用于特殊的场合或者特殊的目的。"别纸"一词，在史籍中首见于陈寿《三国志》，在《三国志》中有如下两条史料。

第一条，见于《三国志·吴书·吴主传第二》中记载，建安十八年（公元213年）正月，曹操出兵攻打孙吴的濡须口："曹公攻濡须，（孙）权与相拒月余。曹公望权军，叹其齐肃，乃退。"裴松之在注释《三国志》时引用《吴历》和《魏略》，从不同文献记载详细解释了濡须口大战曹操退兵的原因：

> 《吴历》曰：曹公出濡须，作油船，夜渡洲上。（孙）权以水军围取，得三千余人，其没溺者亦数千人。权数挑战，（曹）公坚守不出。权乃自来，乘轻船，从濡须口入公军。诸将皆以为是挑战者，欲击之。公曰："此必孙权欲身见吾军部伍也"。敕军中皆精严，弓弩不得妄发。权行五六里，回还作鼓吹。公见舟船器杖军伍整肃，喟然叹曰："生子当如孙仲谋，刘景升儿子若豚犬耳！"权为笺与曹公，说："春水方生，公宜速去"。**别纸**言："足下不死，孤不得安"。曹公语诸将曰："孙权不欺孤"，乃撤军还。①

---

① （晋）陈寿，著．（宋）裴松之，注．三国志·卷47吴书二·吴主传［M］．北京：中华书局，1959：1119．

《魏略》曰：（孙）权乘大船来观军，公使弓弩乱发，箭着其船，船偏重将覆，权因回船，复以一面受箭，箭均船平，乃还。

　　根据孙吴方面的《吴历》记载，孙吴水军在濡须口先胜曹操水军，曹操坚守不战，孙权因此亲自乘小船前往挑战，曹操料到是孙权观兵，严令部下不得擅自出战，还不许轻易射箭。于是孙权轻松撤退，且大肆作鼓乐，嘲讽曹操胆怯不敢追击。曹操也被孙权亲自挑战的勇气折服，说了一番历史上非常著名的称赞孙权的话。孙权撤军之后，还专门写了两封信一起送给曹操，第一封书信符合书札礼仪，口气谦卑，口称曹操为"公"，信中冠冕堂皇地以初春时节气候水文条件不利于双方水军作战劝曹操撤军，给曹操一个坚守不战而退兵的台阶下；第二封信，就是三国时期最有名的"别纸"，在这封信里，孙权口气很不客气，平称曹操为"足下"而称自己为王侯所用的"孤"，并嘲弄、辱骂了曹操一番，直言不讳，坦白胸襟，表示如果曹操不退兵，则孙权必与曹操决一死战，否则孙吴政权很难安定。曹操见孙权书札，综合考虑气候、水文、士气等因素，于是撤兵。

　　但在曹魏方面的《魏略》中记载濡须口大战却是另一番情景：孙权乘坐大船（不是轻舟）前来挑战，曹操不出战而下令射退孙权军，乱箭射在孙权所乘大船之上，使船一侧偏重，差点使船倾覆，多亏孙权机智，下令大船掉转方向，将另一侧面对曹军迎射，使船两侧受重保持平衡，才侥幸狼狈逃回。

　　综合曹孙两方面的史料记录，笔者认为，尽管两方史料对己方的胜利称誉过实，但孙权乘船前来挑战是真，曹操不出战而射退孙权也是真，曹操感叹孙权的大勇（亲自挑战）与大智（借箭平衡）也是事实，战后孙权送曹操两封信也属可信的史实。同时，从孙权写两封信札给曹操，而写在别纸上的书信礼仪、语言与第一封信迥然不同，既表明在汉末三国初作为地方长官的孙权以属下的身份给作为汉朝丞相的曹操上书札时，应该遵守下位致上位者时的书札礼仪，也表明"别纸"中的书札内容往往包含着一些机密的内容或者是表达特殊情感的内容，与一般书札确实有不同。

　　第二条，见于《三国志·吴书·周鲂传》中：黄武年间，周鲂因剿灭鄱阳山越大族叛乱之功而被任命为孙吴鄱阳太守，孙权密令周鲂"密求山中旧族名帅为北敌所闻知者"以诈降于曹魏扬州牧曹休，达到引诱曹休率军来攻而聚歼的目的。但周鲂认为山越民帅小丑不足以担此重任，恐怕还会泄露机密，谋事不成而不能达到引诱曹休的目的。因此他建议孙权，不如让他诈降曹休，反而更能赢得曹休的信任。于是周鲂派遣心腹亲信给曹休一连送了七封书信，言辞诚恳地表示愿意弃暗投明，归顺曹魏。第一封信的内容是：

> 鲂以千载徼幸，得备州民，远隔江川，敬恪未显，瞻望云景，天实为之。精诚微薄，名位不昭，虽怀焦渴，曷缘见明？狐死首丘，人情恋本，而逼所制，奉觐礼违。每独矫首西顾，未尝不寤寐劳叹，展转反侧也。今因隙穴之际，得陈宿昔之志，非神启之，岂能致此！不胜翘企，万里讬命。谨遣亲人董岑、邵南等讬叛奉笺。**时事变故，列于别纸**，惟明公君侯垂日月之光，照远民之趣，永令归命者有所戴赖①。

根据《三国志·周鲂传》上下文意，周鲂接连给曹休写了七封书信（笺七条），第一封信只是表达了他愿意弃吴奔魏的真诚意愿，但并没有详细说明他投降归顺的具体原因，显然并不能取得曹休的信任。"别纸"则是指七封书札中的第二札至第七札，详细说明了投降原因、归顺的具体措施、具体联络的方式等具体而机密的归顺信息，远比第一封信的内容丰富而具体。比如，第一札中的"时事变故"即是专指第二至第三札中周鲂伪造的他因遭孙吴政权迫害而谋归降曹魏的原因。第二札中说：

> 鲂远在边隅，江汜分绝，恩泽教化，未蒙抚及。而于山谷之间，遥陈所怀，惧以大义，未见信纳。夫物有感激，计因变生，古今同揆。鲂仕东典郡，始愿已获，铭心立报，永矣无贰。岂图顷者中被横谴，祸在漏刻，危于投卵，进有离合去就之宜，退有诬罔枉死之咎，虽志行轻微，存没一节，愿非其所，能不怅然！敢缘古人，因知所归，奉拳输情，陈露肝膈。乞降春天之润，哀拯其急，不复猜疑，绝其委命。事之

---

① （晋）陈寿，著．（宋）裴松之，注．三国志·卷60吴书十五·周鲂传［M］．北京：中华书局，1959：1387.

宣泄，受罪不测，一则伤慈损计，二则杜绝向化者心，惟明使君远览前世，矜而愍之，留神所质，速赐秘报。鲂当候望举动，俟须响应。①

第三札中则以前任广陵太守王靖被孙权谴责、欲北降而终被诛杀的往事，"观东主一所非薄，娴不复厚，虽或蹔舍，终见剪除。今又令鲂领郡者，是欲责效后，必杀鲂之趣也"说明自己被孙权谴责而面临生命危险，才下定决心要投降曹魏。后来的事实证明，孙权为配合周鲂密诱曹休，确实曾多次派遣中官奉诏而诘问周鲂州郡军事，而周鲂在谒见孙权使者时，故意剪剔头发，以示诚恐谢罪。因此，当曹休派出的密探侦探到这一消息时，曹休果然不再怀疑周鲂是假投降。最终，当曹休率军进入鄱阳地区时，被周鲂率部配合陆逊所部伏击，损失数万人马。

值得一提的是，周鲂在上书孙权建议自己诈降诱敌时，就将已经写好的给曹休的书信的草稿，连同上表一同呈进给孙权，"撰立笺草以诳诱休者，如别纸。谨拜表以闻，并呈笺草"，显然是将七封书札作为一个附属的文件呈送给孙权的。由于抄写在上表之外的纸张上，故也被称为"别纸"，显然，别纸也可以指的是书信中的附件。从《三国志·周鲂传》中所记别纸可见，别纸最初的含义从字面上理解，就是"写在另外的纸张上的信函"的意思，别纸可以是一封信，也可以是几封信，也可以是书信后附属的文件，只要是将几封书信一齐送达某人，则除去第一封书信之外的其他所有书信都可以称为"别纸"，三国时期至少已经有超过两封以上的别纸书信。从周鲂别纸书信的内容特征来看，别纸往往要比第一封书信内容丰富，反而是书信的主要内容，或者包含机密的信息，用于特殊的目的。别纸书札虽然已经在汉末三国初已经出现，但还未演变成为书札的一种专用文体，在经过了三国两晋南北朝时期社会礼仪风俗的巨大变革之后，唐宋时期才成了一种专用书札文体，沿用了汉末三国时期的称谓，唐宋人称之为"别纸"体书札，在唐宋时期非常繁荣。

---

① （晋）陈寿，著．（宋）裴松之，注．三国志·卷60吴书十五·周鲂传［M］．北京：中华书局，1959：1387－1388.

二、别纸书札在汉唐宋之际的发展与演变

从上述传世文献记载可知，"别纸"一词在汉魏时期已经出现，字面意思是写在另外一纸上的书札内容，说明当时书札来往已经有单纸（一封书札）与复纸（两封书札及以上）的区别。为什么古人要叠床架屋似的发展出复纸书札呢？明明在一张纸中就能够完全传达的信息与情感，却偏偏要另外写一封信去传达呢？而且在社会发展中，当另外一封信中的内容越来越重要时，为什么不废弃第一封仅具形式意义的书信呢？要回答以上这些问题，就要考察书札所反映的社会风俗礼仪的发展与变化。

书札中复纸式书札的出现，主要出于当时社会社交礼仪的需要：三国两晋南北朝时期，门阀制度兴起，社会等级森严，社会交往中非常讲究门第身份概念。当社会地位卑下者向尊长者致书时一般需要至少发出两封信，第一封信出于礼敬的需要，行文要富于礼仪；第二封别纸书信不像前一纸那样客套与富有礼节，意思表达往往坦白而直接，或者是言机密之事时所用，往往成为书札的主体内容。这一特点在前引孙权致曹操的书札别纸中表现得尤为明显。因此，"别纸"与三国两晋南北朝时期出现的复书书札关联紧密，但不是"复书"书札。复书书札的概念包括别纸，但别纸的概念不能涵盖复书。复书，通俗地解释就是将两封甚至是多封书札一同缄封在同一个封函内传递；别纸则是专指出现在复书中的书札，故又称"别书"。

到了唐宋时期，单书书札与复书书札已经在格式特征上有了非常明显的区别，在敦煌出土的唐代书仪文献中明确记载："凡复书以月日在前，若作单书，移日月在后，其结书尾语亦移在后"，即书札如果是复书，则月日时间在前一纸上，"别纸"上不会另外出现年月日期。若是单书，则日期都在书札末尾。复书中包括一件单书、一件或几件别纸，而且在单书中日期出现在书札开头，而别纸中不再出现日期。

综上，复书书札是三国两晋南北朝时期体现尊敬和郑重形制的手段，在唐宋时期依然沿袭下来。但随着时代的推移，唐宋时期又出现了一些新的重要的演变。据唐代开元时期杜友晋所著《新定书仪镜》，在序言中引用卢藏

用《仪例》说"古今书仪皆有单复两体，但书疏之意本以代辞，苟能宣心，不在单复，即能叙致周备，首末合宜，何必一封之中，都为数纸。今通婚及重丧吊答量留复体，自余悉用单书"，说明在唐前期的一段时间内，诸家书仪均将复书变成单书，书札以单书为主，别纸仅限于通婚的吉礼及重丧的吊答凶礼时所用，一般情形下只用单书。敦煌书仪文献中有记录唐代"婚书"中的别纸，如 P.3909 + Дx01055《今时礼书本》《新集吉凶书仪》在吉仪卷中就有通婚书别纸的实例，在此从略。至唐代后期，社会风尚礼仪又出现了重大的变化，日常往来的书札中复书重又出现，"别纸"开始渐增多，可能与唐五代藩镇体制下官场往来士人请谒之风盛行相关。当时社会士人与尊贵的官僚书札，以书多为敬，虚文饰礼，辞意重复。

唐代中期时，复书一般只有一张别纸，晚唐时的新风尚便出现了多张别纸的复书书札。这种复书以三幅纸为常见：第一幅问寒温，第二幅祝身体，第三幅别纸言正事。宋代笔记小说《云麓漫钞》卷四记载了唐末以来复书纸数的变化："唐末以来，礼书庆贺，为启一幅，前不具衔；又一幅通时暄，一幅不审迩辰，颂祝加飡；此二幅，每幅六行。共三幅。"其与敦煌书仪文献 P.3906 记载"凡修书，先修寒温，后便问体气，别纸最后"正相符合。这说明当时社会生活中盛行复书，第一纸寒暄天气，第二纸问候身体起居，第三纸"别纸"才是真正用来传达讯息、交流情感的。复书书札从唐前期的一封"双书"演变成晚唐五代宋"一封三书"，甚至是一封多书，特殊的情况下也有超过三札的情形。北宋孙光宪《北梦琐言》卷四中记载唐末卢光启"策名后，扬历台省，受知于租庸张濬。清河出征并、汾，卢每致书疏，凡一事别为一幅，朝士至今效之。盖八行重叠别纸，自公始也。唐末举人不问士行文艺，但勤于请谒，号曰精切，亦楷法于范阳公尔"。文中"清河出征并、汾"指的是张濬以河东行营都招讨制置宣慰使讨伐河东节度使李克用之事，此事始于大顺元年（890）五月，终于十一月，以"师徒失亡殆尽"告终。根据孙光宪的说法，则多张纸书写的重叠别纸大约在唐大顺年间已经出现。

北宋初，据司马光《书仪》，当时盛行以复书谒拜大官，以一封内

"三幅"（书札）最为常见："今人与尊官书多为三幅，其辞意重复，殊无义理。凡与人书，所以为尊敬者在于礼数辞语，岂以多纸为恭耶！"司马光对此虽有批评，但当时社会风尚就是如此，甚至更为炽盛，有过之而无不及。宋赵彦卫的笔记小说《云麓漫钞》记载了北宋时期复书纸数的变化：

> 宣政间，则启前具衔，为一封（幅）。又以上二幅六行者，同为公启，别叠七幅为一封（原注文渊阁本无此三字）。秦忠献当国，有投以札子者，其制：前去顿首、再拜，而后加：右谨具　申呈，月日具官姓名。札子多至十余幅。平交则去申字。庆元三年，严禁叠楮之禁，只用三幅云。后又只许用一幅，殊为简便。①

南宋陆游《老学庵笔记》记载两宋之际的复书，可证实《云麓漫钞》的记载为实：

> 宣和间，虽风俗已尚诒诶，然犹趣简便，久之，乃有以骈俪笺启与手书俱行者。主于笺启，故谓手书为小简，然犹各为一缄。已而或厄于书吏，不能俱达，于是骈缄之，谓之双书。绍兴初，赵相元镇贵重，时方多故，人恐其不暇观双书，乃以爵里或更作一单纸，直叙所请而并上之，谓之品字封。后复止用双书，而小简多其幅至十幅。秦太师当国，有诒者尝执政矣，出为建康留守，每发一书，则书百幅，择十之一用之。于是不胜其烦，人情厌患，忽而变为札子，众稍便之。俄而，札子自二幅增至十幅，每幅皆具衔，其烦弥甚。而谢贺之类为双书自若。绍兴末，史魏公为参政，始命书吏镂版从邸吏告报，不受双书，后来者皆循为例，政府双书遂绝。然笺启不废，但用一二矮纸密行细书，与札子同，博封之，至今犹然。然外郡则犹用双书也。②

---

① （宋）赵彦卫，撰．傅根清，点校．云麓漫钞·卷4"古今尺牍之制"条［M］．北京：中华书局，1996：63.
② （宋）陆游，撰．李剑雄，刘德权，点校．老学庵笔记［M］．北京：中华书局，1979：37.

综合赵彦卫《云麓漫钞》卷四和陆游《老学庵笔记》卷三的记载来看，唐宋时期的复书在"一封双书""一封三书"之间随社会风俗变动。以上以尊官的启状为例，一般常见的是启文为骈体文，手书小简为散体，将二者封缄于一封之内。后又将二者各自缄封，称双书。

到了南宋时期，双书之外，另将标明爵里、身份地位的名刺或门状单写一纸，将三者一并呈上，时俗称之谓"品字封"。陆游《老学庵笔记》的记载也表明唐宋时期，别纸的格式也不知不觉地发生着变化。唐五代时期的复书，在第一纸中具官衔、年月日等表明身份、日期的书札元素，别纸中不再另外单独具官衔和日期。但在两宋，在别纸上也开始具明官衔（"每幅皆具衔"）、书月日，甚至单独封缄，以表示对收信人的礼敬和尊重。

第二节　敦煌别纸的特征

一、敦煌所出唐宋"别纸"的相关特征

1. 别纸的文体多样

别纸是对某一类书札的泛称，其文体形式灵活。由于致书者和致书对象的身份地位各不同，别纸在行文措辞上也得视上下、尊卑、亲疏情况的差异而有所不同，因此针对不同的对象，需要灵活用书体、状体、启体等。除崔致远《桂苑笔耕集》等唐人文集中收录有不少实用的"别纸"书札之外，敦煌书仪文献中也有"别纸"，甚至有文人学士专门将"别纸"撰集为文集的，即 P.4092、S.5623 两个不同写本的《新集杂别纸》，它是五代后唐天成至长兴年间相州（属义武节度使管辖）官府内一位姓马的判官撰集而成的公文集。以法藏敦煌文献 P.4092 为例，主要内容有"月旦贺官（别纸）九十二首""知闻往来别纸八十八首"两部分，共计收录"别纸"180 首（件），但由于其部分残缺，现仅存 104 首。考察这 104 首"别纸"的文体，有状、启、书、牒，主要以状和启为主。考察其内容，则涵盖极广，所涉有贺官贺

节、送往迎来、迁转昭雪、请托照顾、屈客屈僧、婚丧吉凶等公私来往的方方面面。① 考察其受状、启、书的对象，上至中央高官显职、地方节度观察，下至幕府内的判官、支使、推官等各种下属官吏，十分广泛。根据身份地位的不同，"别纸"用不同的文体：对地位尊贵的高官用牒、状和启，对地位稍卑或平行的属官用书体。P. 3906 五代时期书仪也明确注明有"与父母受业师父等别纸"时则专用"启状"的文体格式。

值得一提的是，唐代的敕书中往往会将赏赐的一些礼物单独写在另外一张纸上，成为"详细的礼物清单"，也被称为"别纸"。通过检索唐人文集，发现在张九龄的《曲江集》中有"委曲"文书，是张在开元年间担任中书舍人时代替唐玄宗所撰写的"敕书"，如《敕突厥可汗书》《敕吐蕃赞普书》《敕金城公主书》等文书中均有"少有信物，别具委曲，至宜领取等"字样，有学者认为此处的委曲是指文书文体，即是在书信之外另外所附上的一个信物清单②。但是，显然这些文书都是"敕书"，很明显与唐后期出现的委曲文书的特征有很大不同，唐代敕书中的"委曲"所指恐怕还是"详细的情况"的意义，指的当是随敕书附上信物的详细情况，可以说它是"清单"，但它还不是专门的"文书"文体，更不是"委曲"文书体。敕书虽然也是以下达下的文书，但它属于皇帝专用文书文体，即使其内容中包含慰谕等"委曲"文书中所包含的情感内容，但其格式一定与"委曲"文书不同，从传世文献和出土文献来看，都是如此。现举出土敦煌文献中的一个例子。敦煌文献中保存有唐代大中年间唐宣宗赐给沙州僧人洪辩的二件"敕书"（赐书），从中可见敕书与唐宋"委曲"文书之区别：

> 敕洪辩：师所遣弟子僧悟真上表事具悉。师中华良裔，西土律仪。修行而不失戒珠，调御而深藏慧剑。而又远怀故国，愿被皇风。专道僧徒，备申恳切。今则达乡间之的信，摅祖父之沉冤。惟孝与忠，斯谓兼

---

① 赵和平.《新集杂别纸》的初步研究 [M] // 赵和平. 敦煌书仪研究. 上海：上海古籍出版社, 2011：257.
② 樊文礼, 史秀莲. 唐代书牍文"委曲"研究 [J]. 中国典籍与文化, 2009 (2)：6.

美。宜率思唐之侣，终成归化之心。勉遵令图，以就休烈。今授师京城内外临坛供奉大德，仍赐紫衣，依前充河西释门都僧统、知沙州僧政法律三学教主，兼赐敕牒。僧悟真亦授京城临坛大德，仍赐紫衣，兼给赤（敕）牒。锡兹宠渥，慰尔忠勤。当竭素诚，用答殊遇。师等所上陈情表，请依往日风俗，大行佛法者，朕精心释教，丕舍修持。师所陈论，深惬本意。允依来奏，其崇恩寺师宜存问之。**今赐师及崇恩等五人少信物，具如别录**，并师家书回报。并赐往，至宜领之，余并□所赐义潮敕书处分，想当知悉。夏热，师比好否？遣书指不多及。

（敕赐衣物银本）。赐内外临坛大德河西都僧统赐紫僧洪辩：衣物四十匹、锦二匹、色吴绫二匹、色绢八匹、褾绢□匹、紫绢六匹、□绫僧衣□内一绵、大散椀二枚。

以上所引文献见于敦煌莫高窟所藏《僧洪辩受牒碑》，是僧洪辩将其所得唐朝的僧官告身和唐宣宗所赐敕书和敕赐物品镌刻于碑石之上，以示纪念。碑文内容分为三部分：第一部分是官方告身，第二部分是宣宗敕书，第三部分是所赐物品"清单"，上文所引仅是第二和第三部分。宣宗的敕书可以理解成是宣宗给洪辩和尚的私人信札，语气客气，尊称洪辩为（法）师，在信札中赏赐给洪辩许多衣物物品以慰问，并将详细的物品清单写在另外一张纸上，不是随信尾末附言，而称"具如别录"。出土碑刻中的这种敕书形式显然与传世文献中唐玄宗《敕突厥可汗书》《敕吐蕃赞普书》《敕金城公主书》等敕书中出现的"少有信物，别具委曲"的慰问敕书情形完全一样，证明敕书中的"委曲"就是"详细情况"的含义，并不是文书文体的专称，它其实仍然是"敕书"的一部分，相当于"敕书"的一个附件。由此说明，敕书与委曲是两种不同的文书体。

同理，日本大阪武田科学振兴财团杏雨书屋所藏敦煌写本陆续公之于世，其中有 2013 年首次发表的羽 686 号文书，它实质是于阗皇帝慰劳敕书的一部分，是详细的赏赐物品的清单。前面的敕书已无，只保存下来赏赐物品清单：

皇帝赐男元忠：东河大玉壹团，重捌拾斤。又昆岗山玉壹团，重贰拾斤。又东河玉壹团，重柒斤。又师子大玉鞦辔壹副。又密排玉鞦辔壹副。骠马壹匹。乌马壹匹。骝马壹匹。镔叁锭，共拾陆斤半。□□□□□已遣，此不［多］及。①

上件敦煌文书原文上钤有三方朱印，分别在第1行"男元忠"上，第7、8行最后"壹匹"、"斤半"处，第9行最后"此不及"上，应当都是关键词的位置。印文清晰，文曰："书诏新铸之印"。据研究，这件文书乃是于阗王李圣天写给其女婿曹元忠的敕书的一部分，即"别纸"部分，敕书的其余部分已佚，因此看不到具体的日期。通过与P.2826中敕书的内容和印章比较，发现两者并不相同。它记录了于阗国皇帝赠送给归义军节度使曹元忠的礼品清单。其中包括出自于阗东河（Yurung kash，玉龙喀什河）的重80斤的大玉一团，出自昆岗山的重20斤的玉一团，出自东河的重7斤的玉一团，还有用玉制作的鞦辔两副，以及三匹不同的马和镔铁三锭。这是一份相当丰厚的礼物，要比970年于阗王尉迟输罗为求沙州派兵增援于阗抵抗疏勒黑韩王朝而送的礼品更厚重②，也要比P.2826中敕书中所赐一团玉多得多，羽686号敦煌文书《于阗皇帝赐归义军节度使男曹元忠书札》中于阗王赏赐给其女婿曹元忠于阗所产白玉3团计107斤、玉鞦辔2副、马匹3匹、镔铁3锭计16斤半，礼物如此厚重，似乎更像是于阗王赏赐给女婿曹元忠新婚祝贺的礼品。

2. 别纸的内容复杂、形式多样

别纸的内容复杂，可以是节日谢贺，可以是进献礼物，可以是私谊往来。P.3906五代时期书仪中有祝贺节日（正旦、端午、冬至）的别纸，实质就是进献礼物的献物状，应当与问候起居的起居状同封并呈。与之类似，P.4638V《曹仁贵状二件》也极可能是一状＋一别纸"一封二幅"形式的

① 赤木崇敏. 10世纪于阗的王统·年号问题的新史料——敦煌秘笈羽686文书［J］. 内陆アジア言语の研究，2013（28）：101－128.
② 荣新江，朱丽双. 从进贡到私易：10—11世纪于阗玉的东渐敦煌与中原［J］. 敦煌研究，2014（3）：198.

"复书"书札：

> 玉一团重一斤一两，羚羊角五对，卤砂五斤
>
> 伏以碛西遐塞，戎境
>
> 枯荒，地不产珍　献无
>
> 奇玩。前件物等并是殊方
>
> 所出，透狼山远届敦煌，
>
> 异域通仪，涉瀚海来
>
> 还。沙府辄将陈
>
> 献，用表轻怀，干黩
>
> 鸿私，伏乞
>
> 检纳。谨状。

> 　　权知归义军节度兵马留后守沙州长史银青光禄大夫检校吏部尚
> 书兼御史大夫上柱国曹仁贵　状上

> 仲秋渐凉，伏惟
>
> 令公尊体起居万福。即日仁贵
>
> 蒙恩，未由拜伏，下情倍增
>
> 瞻恋，伏惟
>
> 鉴察。谨因
>
> 朝贡使往，奉状，不宣。谨状。

> 　　八月十五日权知归义军节度兵马留后守沙州长史银青光禄大夫
> 检校吏部尚书兼御史大夫上柱国曹仁贵　状上

这两件状文是副本，原先是书写在两纸张上的，后来才被粘连起来作为档案保存，背面有"归义军印"的印章。根据前述"复书"的特征，有月日日期者是复书第一纸，"别纸"上不出现日期，因此，有"八月十五日"的才是复书第一纸，是权知归义军节度留后使曹仁贵上给中原某"令公"的起居状，送上"玉一团"等礼物的"献物状"则是真正的"别纸"内容。敦

煌文书中也有"献物状"在前、别纸在后的情况。如 P. 3660《氾某献物状》，即是一封之内两纸的形式，献物状上具日期、官衔，而别纸上不具日期。但由于 P. 3660 本身是抄件，不能排除是后人在传抄时导致顺序发生错位的情况。

P. 3931《灵州节度使尺牍文集》是在后唐同光年间朔方军节度使幕府内的判官或掌书记之类的高级幕僚代作①，其中有朔方节度使致甘州回鹘可汗的《谢马书》二件：

> 右伏蒙恩私，特此宠赐，远路既难于辞让，逸蹀莫匪于权奇。收受之时，兢铭倍切，谨专修状陈谢。伏惟照察。谨状。
>
> 伏以厶乙，朔野名王，天朝贵戚；威声振于绝域，锐气誉于诸蕃。厶遥向风猷，常倾钦瞩，猥蒙知眷，远叙欢盟；逾沙漠而专枉荣缄，随贡奉而别颁厚礼，仰认勤隆之旨，倍深欣愧之诚。

根据前述判断"别纸"的方法，显然，此件《谢马书》采用了"复书"的形式：第一件为"陈谢状"，第二件则是"别纸"。由于是文集抄件，在编排过程中略去了第一件中的官衔及日期，第二件别纸当书于另外一纸，词意仍然是表达对甘州回鹘可汗的陈谢，将两件书札封于同一封皮内送达，而不是两纸单书。

若是官府内属吏上其长官的复书，则用"一启＋一别纸"的形式，如 P. 3627《残启抄》，第一件为启："某乙启：伏审朝骑行李将及近地，某乙今差将军晖押领人马于前路攀迎，谨修状谘闻。"第二件则是"别纸"献物状："幞头三门，露牙茶一斤。右谨专送上，以备经历蕃部所贵，伏惟（中略）俯赐容纳。谨状。"

一封之内"起居状＋别纸"的双书形式在唐宋时期也很常见。P. 5007 ＋

---

① 赵和平. 后唐时代甘州回鹘表本及相关汉文文献的初步研究——以 P. 3931 号写本为中心 [M] //赵和平. 敦煌书仪研究. 上海：上海古籍出版社，2011：284.

S. 6234V《河西都防御判官何虔（庆）状》①，第一件残状中具日期、官衔：
"正月日河西都防御判官将仕郎试弘文馆校书郎何虔状上"，第二状内容是对
某判官所示诗文的感谢状，状尾不具日期和官衔，仅具"虔（庆）状"，当
是"别纸"无疑。S. 4298V《上太傅残状》，应是文书原件，极有可能是北
宋初年从京师传递到敦煌的，第一状中有日期（正月日），第二状中无日期，
应当就是一封双书的复书形式，所以第二状"别纸"中才不具日期，仅具官
衔。如下所示。

（前缺）不宣，谨状。

    正月   日金紫光禄大夫检校尚书左仆射太府卿判四方馆事
上柱国吴□   状上

  太傅阁下

    谨空

（前缺）

国朝，倍加

保重。下情祝望。谨状。

    金紫光禄大夫检校尚书左仆射（下缺）

S. 5593 书仪《上祖父母及父母状》中的起居状后注明"余具别纸中"，
说明在致祖父母、父母等的"复书"中，第一件起居状之后还有一件"别
纸"。P. 3812V《河西道宣谕告哀使独孤播尺牍文集》前两状都是上给中丞
的，第一件起居状中有日期，第二状中无日期，极有可能是"一封双书"的
复书，第二状当是"别纸"。P. 3552（2）书仪"与未相识书"，第一状为问
候起居状，第二状明确标明是"别纸"，但在别纸中也具日月、官衔，当是

---

① 荣新江. P. 2672、S. 6234 + P. 5007 唐人诗集的篇次与作者蠡测 [M] //四川大学中
国俗文化研究所第三届中国俗文化国际学术研讨会暨项楚教授七十华诞学术讨论会
论文集（续）. 成都：四川大学中国俗文化研究所，2009. 荣文认为 P. 2672、
S. 6234 + P. 5007 书札的作者是同一人，即河西都防御判官将仕郎试弘文馆校书郎何
庆。并引日本赤木崇敏文认为前三者与 P. 3863《河西都防御招抚使兼押蕃落等使翁
部牒》笔体完全相同，即 P. 3863 也是何庆所拟、翁部所签发的文书。

宋代以后别纸的变化。以 P. 2703V（3）、（4）是归义军节度使曹元忠致其外甥于阗国王的"复书"为例：

> 不审近日
>
> 圣体何似。伏惟俯为
>
> 社稷生灵，倍加
>
> 保重。远情恳望。谨状。
>
> 　　舅归义军节度使特进检校太师兼中书令敦煌王曹　元忠　状
> 早者安山胡去后，倍切
>
> 攀思，其于衷肠莫尽被剖。在此远近
>
> 亲情眷属并总如常。不用尤心。今西天
>
> 大师等去辄附音书。其西天大师到日，
>
> 希望重叠津置，疾速发送。谨奉状
>
> 起居。伏惟
>
> 照察。谨状。
>
> 　　舅归义军节度使特进检校太师兼中书令敦煌王曹　状

从形式特征上来看，第一件是问候于阗国王的起居状，第二状则是"别纸"，也是这件"复书"中的核心内容，主要是在僧人西行求法到达于阗时，希望于阗国王能够予以便利的照顾。

五代时期"一封三幅"的复书，也很普遍。P. 2539V《灵武节度使尺牍集》中的第二、三、四件是朔方军节度使张希崇在后唐长兴年间给归义军节度使"沙州令公"曹议金的复书，第一件书中言"今差押牙孟元立等，再申和好，复谐贵藩；有少情仪，具载别幅。伏惟俯赐鉴察"。所谓"有少情仪，具载别幅"即是第二件中的"具信"（送上信物），"别幅"即"别纸"，可见别纸的内容可以是进献礼物，与《桂苑笔耕集》卷十中淮南节度使高骈致幽州节度使李可举、徐州节度使时溥等的"别纸"中送上礼物完全相同。第三件书札"又书"也是"别纸"，此书牍中张希崇劝导曹议金导引西州回鹘、于阗大王等少数民族政权首领入贡后唐都城洛阳。①

3. 别纸编排成文集时有其规律

唐人文集中"别纸"的编排有其规律和特点，如崔致远《桂苑笔耕集》卷七至卷十中共收录"别纸"80首（每卷20首），根据所上状的对象不同，分为状体、启体、书体。考察这80首别纸的编排方式，其实是根据所上对象的尊卑地位而采用了不同的书牍文体（卷七中上给宰相，用状体；卷八中上给地方节度使用状或书体）分类编排，有给同一对象上两件或两件以上的"别纸"的情况，这些"别纸"可能是不同时期所写的，而不是同一时间段所写的，因为有的别纸从内容判断，明显地书于不同的时间段，相差一年多，不可能是封缄在同一书函内送达的"一封二纸"的别纸。据此可推知，崔致远后来在编集之时，采用了将不同时间内上给同一个人的同一类文体收录在一起编排这种结集的习惯或者规律。

类似上面这种情况在《桂苑笔耕集》中并不少见，敦煌书牍"别纸"文集中也有类似的情况。P.2945《权知归义军节度兵马留后使状稿》不是出自一人、一时之作，而是精心地按某种顺序编排而成，很可能是依据归义军旧档案抄录而成的，实质就是"别纸"尺牍文集，前七件用"状"体，最后一件用"书"体。八件别纸，很可能就是按照"不同时间内上给同一个人的同一类文体"进行编排的。现仅以前三件为例，作一考察和探究：

　　祗候。伏惟

　　相公尊体，动止万福。即日，某乙蒙恩，限守退方，□□（未由）
　　□（拜）谒。谨奉状，不宣，谨状。

　　　七月九日权知归义军节度兵马留后使　　某乙状上。

　　相公阁下

　　　谨空

（第一件）

　　不审近日尊体何似，伏愿精嘉药膳，以安社稷

---

① 赵和平. 敦煌写本书仪研究 [M]. 台北：新文丰公司，1993：265.

生灵，伏惟恩察，谨状。

权知归义军节度兵马留后使　某乙状 上 。①

（第二件）

又贺别纸。

□（专）使西迴，伏奉荣示，词旨稠叠，愧悚实深。某乙忝权留

□□（后□）总军戎，未奉奏闻天颜。岂忆圣造恩漏天西，诏

□（宣）遐外。此皆相公恩威，非次顾录。被受宠荣，悚

惕 兢惶，不任感懼。碛漠纡迴。未由拜谒。谨差节度押衙张进诚

□（奉）状陈谢，伏惟照察，谨状。

权知归义军节度兵马留后使　　某乙状 上 。

（第三件）

前三件非常符合"唐末以来，礼书庆贺，为启一幅，前不具衔；又一幅通时暄，一幅不审迩辰，颂祝加飡；此二幅，每幅六行。共三幅"的"一封三幅"的复书形式，第一幅通时暄，问候相公起居，第二幅颂祝加飡，便问体气，第三幅则是"别纸"在最后，不具日期，是这封复书的核心内容，对于因"相公"的举荐而得到朝廷的天恩后遣使谢贺相公，逻辑完整，应是同一时间上给相公的。第四至第七件"别纸"也是上给"相公"的，但日期不同，内容上无紧密的逻辑关联关系，而不应该将它们看作均来自同一封信函内的别纸。因为它们和前"复书"中出现的"七月九日"明显有时间上的差距：第四件中"今者使臣回辙，兼差贺恩使人"，是指使臣从沙州出发，前往相公府第贺谢，第五件中"窃聆使臣经过贵府"则使臣已到达相公府衙，第六件中使臣"累月淹留"在沙州，"稽迟回辙"，沙州也还未派出使人往相公府衙，第七件中"昨蒙琼爱至，顶戴捧而欢忻；披览再三，雨露霑衣而欲湿"则是收到了相公的书信后的回复，似尚未派出使人，也未提及是否得到

---

① 录文参考李正宇. 曹仁贵归奉后梁的一组新资料［M］//魏晋南北朝隋唐史研究（第11辑）. 武汉：武汉大学出版社，1991：274－281.

朝廷的天恩。第八件"别纸"是明确上给凉州仆射的，提到"使臣回辙"沙
州派出使人进贡朝廷，经过凉州时请凉州仆射照顾，在时间上又与第四件别
纸相接近。所以，无论如何，也没有理由将第四至八件别纸看作与前三件
"复书"在七月九日同时封在一个信函里发出的，从逻辑上、时间关系上，
以及唐五代宋"别纸"在"一封双书""一封三书"之间随社会风俗变动的
历史事实来看，只能将其视为在不同时期内的别纸文集，其形式可能是"一
封双书"，也可能是"一封三幅"的形式，在后人进行抄录和编集时，将部
分仅具礼仪形式意义的部分进行了删除，仅将别纸部分收录成集。

同理，P.3931《灵州节度使尺牍文集》中从第九叶背至第十七叶所抄的
四件"别纸"也不能视为在同一时期灵州节度使给甘州回鹘可汗一封书函内
的四首别纸，因为每一别纸的内容明显不同，应当是在不同时期内复书中的
别纸，由于复书第一纸往往是礼节性的应酬，程式化，无实质内容，故在编
集之时，有时也往往会将这一部分略去，而将不同时期复书内的别纸编集在
一起。P.3715 二封书札草稿，行书，书法漂亮，极有可能是二首别纸的草稿
在草拟过程中形成的，如下。

> 专使特枉　荣示，慰浣瞻驰了，不审信后　尊体何似。
> 伏以　　中丞以　仁恤物，以义荡危，神像自劝，至休祯
> 体履必安重？　调护然更望　导养以保　尊龄。祝
> 望之心未恳，辰夕所　示之事，敢不竭诚？将俟后信。
> 又（别）纸
> 使至，远贻　缄封，慰浣勤结，未审信后
> 德（体）用何似。伏计以道适时克保　亨赐，更望顺时
> 调摄，将陟　弘恩，伏惟俯赐　昭□（森？）后状。

4. 别纸与附言仍有区别

"别纸"上的内容应该与复书第一纸上的内容有词意重复的地方，所以
宋代时一般称别纸为副启、副状，比第一纸上的正启、正状稍简，其文辞或
有所指摘，或有所请托，或无所忌讳，一般也要具全衔、书月日等日期，是

五代以来别纸的变化。"别纸"一定是另外书写于一张纸上,与单书书牍末的附言不同。唐宋时单书的附言,都是直接附在正文末尾,和正文共书于一纸之上,其位置在纸偏左下的位置。别纸的书写不同附言一样书于偏左下的位置,而是在另一纸上顶格书写,有相对的独立性。由于别纸在格式上不似第一纸书札严谨,有随意性,故别纸也有"非正式性"的特点,但它不能脱离复书而单独存在。

需要说明的是,由于敦煌藏经洞内出土的尺牍文献多数是草稿、抄件,原件很少,即使是原件,很多"复书"也可能残缺不全,又由于别纸书写在单独一张纸上的特性,一些复书尺牍只有"别纸"可能被保存下来,而其前面的第一纸则往往没有保存下来,因此,不能得知别纸的书写日期及发件人的姓名、官衔等身份特征,往往给人带来疑惑和研究上的困难。比如,P.2968《瓜沙等州观察使状》,状上既无发件人姓名、身份,也无日期,很可能是复书中的"别纸",根据状文背面在二纸之间的一枚骑缝官印"瓜沙等州观察使新印"推断此件可能是归义军节度使所发。P.3863《河西都防御招抚押蕃落等使翁郜状》状末尾没有日期及上状者的官衔,仅书"郜状",极有可能是一件复书的"别纸",在此件之前应该还有一书,可能是翁郜所上的起居状,在起居状上应具全官衔、月日。

总之,在唐宋时期,社会交往过程中形成的复书书札经过了曲折的演变,与社会风俗的关系极为密切,概况而言,唐宋时期官僚社会生活中的复书以"一封二书"和"一封三书"最为基本和常见,这样的复书书札中:第一、二纸往往是出于礼敬的需要,一般是问候起居的起居状、起居启等,十分程式化,其作用就是对收信人加以问候祝愿,完全属于官场之内的礼节性应酬。第二纸(或第三纸)即是别纸,是用于交流信息与情感的叙事部分,其实是复书中的核心部分,即信息、情感的沟通交流主要由别纸来完成,因此在晚唐五代两宋特别受到重视,在敦煌书仪中才有了专门的别纸文集的编辑与修订,这与传世文献中所见唐人文集的编排过程是十分类似的。

第三节　敦煌文献 **P. 2945** "别纸"考

一、P. 2945 别纸与郑从谠有关

法藏敦煌文献 P. 2945《权知归义军节度兵马留后使状稿》是晚唐敦煌归义军留后使给"相公"的书信集（笔者前文已经辨其为"别纸"文集的抄录本），一共有 8 件公文。该书牍文集对于研究归义军与唐中央政府、与周边藩镇之间的政治关系有重要的历史文献价值。因此，有许多前贤学者进行过研究。其中的第四件书牍很特殊，文字富有文采，描述了许多历史事件，包含丰富的历史信息。但文书确切的年代，无从判定。郑炳林先生认为可能是晚唐归义军张淮深时期的作品①，李正宇先生对整个八件书牍作了录文及研究，认为是五代后梁归义军曹议金时期给朔方节度使韩洙的书状②。赵和平先生认为可能是归义军曹元德时期［清泰二年（935）二月至天福初年］上给朔方节度使张希崇的书状③。吴丽娱先生在《再析 P. 2945 书仪的年代与

---

① 郑炳林. 敦煌碑铭赞辑释［M］. 兰州：甘肃教育出版社，1992：307.
② 李正宇主要是据第五件文书反映的时间特征（"边荒古戍，元本以朔北通烟。十五年来，路鲠艰危阻绝"）做出判断，大体可信。但笔者认为这个时间只是第五件书状的写作时代，不能以这一件文书的时间去断定整个八件文书都是属于曹议金主政归义军时期的文书。但李先生的观点仍然对文书的断代有重要的参考价值。张广达先生在《唐末五代宋初西北地区的般次和使次》一文中也引用第四件书牍的内容（今者使臣回辙，兼差贺恩使人……般次倘遂前程，往回无患），认为"此处既明白指出随使者而派遣的是贺恩使人，则此文中的相公应指贺恩使者中途所经之某地使相"。参：张广达. 西域史地丛稿初编［M］. 上海：上海古籍出版社，1995：336.
③ 赵和平. 敦煌表状笺启书仪辑校［M］. 南京：江苏古籍出版社，1997：347 – 350.

曹氏归义军通使中原》① 一文中认为是曹元深时期，即天福七年（942）上给朔方节度使冯晖的书状。由于众说纷纭，莫衷一是，有必要重新加以考察。兹录第四件"别纸"如下（前二件别纸，参见上文第二节）：

> 又别纸
>
> 伏以
>
> 相公嵩华至精，河汾上瑞；冰壶洁己，台衮承家。穷
> 皇王教化之源，叶卜徵之兆。郁兹重器，杰立明时。发身
> 于 问望之间，高官于缙绅之内。出同威凤，势及搏鹏。分
> 皇 主之尤勤，龙旌秉节；副苍生之祷祝，鸡树重栖。况天遐英
> □，权谋涌□。横戈而朔漠云收，卷旗而邯郸易帜。继央
> 囊之妙算，殄秦陇之妖星，使国家再〔获〕宗庙之安，〔□〕大河而
> 番戎自惕。某乙远居碛外，指御非轻，旋赖高明扶持卑
> 弱。今者使臣迴辙，兼差贺恩使人。伏望相公鸿恩垂造，
> □育边虻。般次傥遂前程，往回无患，莫代于此，何敢忘焉。
> 伏 乞台慈哀念，旧日芊风，冯造神机，安卹（恤）今时帝业。使
> 人来往，全企朗查，谨状。相公原颜，关津不滞行程，实则
> □□ （上池） 荷负。瞻礼望日，专持〔待〕指搋，庶基孤苹，全有济托。更有情

---

① 吴丽娱在《再析 P. 2945 书仪的年代与曹氏归义军通使中原》一文及《唐礼摭遗——中古书仪研究》一书中，依然保持了这种观点。但在《中国敦煌吐鲁番学会2008 年度理事会议论文集》（2008 年 6 月，甘肃兰州）中吴先生所提交的论文《敦煌资料的再发掘与归义军史的新探索》中，作者否定了相公是冯晖的观点，并进而同意李正宇先生的观点。吴先生以"问望""台衮承家"为突破口，认为"相公应是李正宇先生判断的韩洙无疑"。见吴文第61 页。杨宝玉，吴丽娱. P. 2945 书状与曹氏归义军政权首次成功的朝贡活动［J］. 敦煌吐鲁番研究（11），2008：269 -296. 在此文中，二位先生也认为相公是韩洙，但认为朝贡活动发生在同光初年（923 年）。笔者难以同意李、吴二位先生认为 P. 2945 八件书牍文集为同一封信件的观点，认为前四件文书中的"相公"是郑从谠，下文中将予以详细的考证。

怀审细，并在使人口中。亲驰面拜之间，伏垂一一具问。

从这件敦煌文献中所描述的内容判断，文中的"相公"是一位真宰相而非使相。理由如下：

第一，文中提到这位相公有"鸡树再栖"的经历。"鸡树"一词最早见于《三国志·魏书·刘放传》，指代中书令、中书监①。在唐人类书及书仪、诗文中均是作为中书省内官员的代称（如中书令、中书舍人）而成为一个固定的典故。但在唐后期"中书门下体制"下，"鸡树"典故专指代真宰相。如现存的敦煌文献刘邺《甘棠集》中"鸡树"用典全部用于指真宰相②。因此，文书中的"鸡树重栖"，是指先后二次出任真宰相。宋代钱易在《南部新书·壬》中指出："今之人讲德于宰相，多使鸡树，非嘉也。唐贤笺启，往往有之，误也。"钱易虽认为"鸡树"典故最初可能含有贬义，但也表明唐五代宋初时期的书牍中也多用"鸡树"称颂"宰相"是当时公文、书札中习语。此件敦煌书牍文中的"宰相"是指真宰相而非使相。

第二，敦煌文书 P.2945 的发信人是权知归义军节度兵马留后使，而敦煌归义军自唐大中五年（851）设立之后，除首任节度使张议潮之外，历任继任者均有可能任权知节度留后，时间从咸通八年（867）权知归义军的张淮深到归义军灭亡的北宋咸平五年（1002）之间，在这 120 多年间，这位真宰相会是谁呢？依据李正宇先生对 P.2945 第五件文书反映的时间特征（"边荒古戍，元本以朔北通烟。十五年来，路鲠艰危阻绝"）的判断，十五年来敦煌与中原道路阻塞不通的情况，只能发生在五代后梁时期。据此，这位真宰相生活的年代缩小至咸通八年（867）至后梁灭亡的后唐同光元年（923）之间。而在这 50 多年间，曾两次担任真宰相的人并不多：先看唐代，据《新唐书·宰相世系表》"唐宰相三百六十九人，凡九十八族。再入五十七

---

① （晋）陈寿，著．（宋）裴松之，注．三国志·卷14 刘放传 [M]．北京：中华书局，1959：460.

② 赵和平．敦煌表状笺启书仪辑校 [M]．南京：江苏古籍出版社，1997：11－16.

人"①，两次为宰相者有：刘瞻、卢携、郑从谠、裴澈、萧遘、韦昭度、孔纬、徐彦若、李谿、王博、陆扆、崔远、裴枢②。还有三次入相的王铎、郑畋。再看五代后梁至后唐时期，二次为宰相的有：于兢、杨涉、赵光逢③。

第三，本件文书中提到当时的历史背景有"继夬囊之妙算，殄秦陇之妖星，使国家再〔获〕宗庙之安"，说明在秦陇（唐时陇州、岐州及京畿等区域的泛称）之间，似乎发生过某种重大的战争事件，使国家遭受到倾覆的危险，但最终平息了战乱。在咸通八年（867）至后唐同光元年（923）这50多年间，这样重大的历史事件只有唐僖宗广明至中和年间黄巢军占领长安和光启年间邠宁节度使朱玫在凤翔伪立襄王李煴为帝占领长安的事件。因此，文中的这位真宰相生活的年代又缩小至咸通八年（867）至光启三年（887）这20年间。符合这一条件的只有卢携、郑畋、郑从谠、萧遘四人。但卢携在广明元年黄巢攻入长安时已经去世，遭黄巢军发尸、"戮之于市"④，萧遘在光启二年附逆于朱玫，被罢相后移疾归养河中永乐县，后在光启三年三月被处死⑤，郑畋在中和三年七月已经罢相⑥。因此，只有郑从谠符合书牍中的历史背景。正史载郑从谠任宰相共有两次：第一次是唐僖宗乾符五年（878）九月⑦至广明元年（880）年三月⑧；第二次是中和四年（884）⑨至光启三

① （宋）欧阳修，等撰. 新唐书·卷75宰相世系五上［M］. 北京：中华书局，1975：3465.
② （宋）欧阳修，等撰. 新唐书·卷75宰相世系五上［M］. 北京：中华书局，1975：3465.
③ 王溥. 五代会要·卷1帝号［M］. 北京：中华书局，1998：1-6.
④ 刘昫，等. 旧唐书·卷178卢携传［M］. 北京：中华书局，1975：4639.
⑤ 刘昫，等. 旧唐书·卷179萧遘传［M］. 北京：中华书局，1975：4648.
⑥ 司马光. 资治通鉴·卷255"僖宗中和三年七月"［M］. 北京：中华书局，1956：8298.
⑦ 司马光. 资治通鉴·卷253"僖宗乾符五年九月"［M］. 北京：中华书局，1956：8209.
⑧ 司马光. 资治通鉴·卷253"僖宗广明元年三月"［M］. 北京：中华书局，1956：8222.
⑨ 刘昫，等. 旧唐书·卷158郑余庆传附郑从谠传［M］. 北京：中华书局，1975：4172.

年（887）①。他两次为相的经历与书牍中的时代背景也相吻合。

第四，敦煌文献中也有归义军节度留后张淮深给唐朝宰相（包括郑从谠）上书状的明确记载。如法藏敦煌文献 P. 3547《唐乾符四年（877）四月十一日上都进奏院上归义军节度使状》中有："上四相公书启各一封，信二角：王相公、卢相公不受，并付却专使阴信均讫。郑相公就宅送，受将讫。"② 这是张淮深通过上都进奏院给宰相上书启文状的一个例证。又，英藏敦煌文献 S. 1156《唐光启三年（887）进奏院上归义军节度使状》详细记录了张淮深派出的使臣在光启三年向唐廷求取节度使旌节的过程。其中有一细节："（二月）廿日参见四宰相、两军容及长官，兼送状启、信物"，据唐长孺先生考证，光启三年（887）二月归义军入朝使臣在兴元参见的四位宰相是郑从谠、韦昭度、孔纬、杜让能。③ 上述两例敦煌文献证明郑从谠曾经接受过归义军张淮深所上的书状。

第五，传世文献中也有佐证文书中的真宰相是郑从谠的资料。如《全唐文》卷86《授郑从谠河东节度使制》④ 言"暂辍调元之职……副我尤勤"对应于文书中的"分皇主之尤勤，龙旌秉节"。又，《桂苑笔耕集》卷七有"前太原郑从谠尚书别纸"⑤，是淮南节度使高骈从河中节度使王重荣书报中得知（中和三年七月）郑从谠罢河东节度使，将诣成都行在的消息后，崔致远为高骈代作的给郑从谠的书信。信中言郑从谠"川流相业""顷辞凤阁，远曜龙旌""胡雏不敢南侵""遽值妖氛"等语，与敦煌文献 P. 2945 第四件文书中"台衮承家""分皇主之尤勤，龙旌秉节""珍秦陇之妖星""朔漠云收""镇大河而番戎自惕"等语颇为契合。书信中对郑从谠"重调梅盐"的

---

① 司马光. 资治通鉴·卷256"僖宗光启三年三月"［M］. 北京：中华书局，1956：8345.
② 唐耕耦，陆宏基. 敦煌社会经济文献真迹释录（第四辑）［M］. 全国图书馆文献缩微复制中心，1990：367 – 369.
③ 唐长孺. 关于归义军节度的几种资料跋［M］//沙知，孔祥星. 敦煌吐鲁番文书研究. 兰州：甘肃人民出版社，1983：162.
④ 董诰，等. 全唐文［M］. 北京：中华书局影印本，1982：902.
⑤ 崔致远，撰. 党银平，校注. 桂苑笔耕集［M］. 北京：中华书局，2007：176.

赞颂，与文书中"副苍生之祷祝，鸡树重栖"之句也暗合。

因此，综合以上种种线索，敦煌文书 P. 2945 "别纸"集中第四件中这位"相公"，就是郑从谠。他的郡望、家世、生平经历，与敦煌文书中提到的历史事件十分吻合。如"台衮承家"与郑从谠家族世代为宰相相符；"龙旌秉节"和"鸡树重栖"也符合郑从谠两次出任宰相的历史事实。

二、郑从谠在僖、昭之际的宦绩考述

郑从谠，字正求，史书不载其生卒年月。两《唐书》中的《郑从谠传》均依附于《郑余庆传》，且前详后略，记录的都是重大的政治事件，对郑从谠在唐僖宗、昭宗之际的事迹，尤其是郑从谠第二次任宰相的前后事迹记载得十分简略。笔者认为敦煌文献 P. 2945 中的数条史料，反映了郑从谠在僖昭之际第二次出任宰相前后的一些史实，可以补正史资料之不足。现以敦煌文书 P. 2945 为主，结合传世文献，对宰相郑从谠在唐僖宗广明至光启年间的宦绩考论如下。

1. 镇守河东重镇，击败沙陀部族，保护唐北部边疆无虞

乾符五年（878），代北的沙陀部族盛强，攻陷遮房军、岢岚军，向河东、朔方扩张势力，严重威胁唐朝统治。广明元年（880）二月，唐中央朝廷任命郑从谠以宰相秩出为河东节度使兼行营招讨使以招讨沙陀。故敦煌文书中言"分皇主之尤勤，龙旌秉节"，与史实记载相合。

> 前帅窦瀚、李侃、李蔚相继以重臣镇并部，皆不能过。俄而康传圭为三军所杀，军士益骄，矜功责尚，动则噪聚。加以河南、河北七道兵帅，云合都下，人不聊生，沙陀连陷城邑，朝廷难以择帅。僖宗欲以宰臣临制之。①

郑从谠是在乾符末年中原爆发的黄巢之乱愈燃愈炽，北部边疆又有沙陀部族叛乱、袭扰，唐内乱外扰的情况下，出任河东节度使，招讨沙陀。对比

---

① 刘昫，等. 旧唐书·卷 158 郑余庆传附郑从谠传［M］. 北京：中华书局，1975：4170.

前几任河东节度使屡讨沙陀而无功，郑从谠可谓是策略得当，联合北方其他内附的少数民族，孤立沙陀，最终击败沙陀，安定北疆，功勋卓著，显示了郑从谠在纵横捭阖的晚唐政局中高超的政治才能。

敦煌文书中言"横戈而朔漠云收"，指郑从谠于中和元年（881）五月，在太原击败沙陀李克用部的史实。《旧唐书·僖宗本纪》记"沙陀军至太原……纵兵大掠。从谠求援于振武，契苾通自率兵来赴，与沙陀战于晋王岭，沙陀败走"①，又《旧唐书·郑余庆传附郑从谠传》："沙陀李克用军奄至……然杂虏不戢，肆掠近甸，（郑）从谠遣大将王蟾、薛威出师追击之。翌日，契苾部救兵至，沙陀大败而还。"② 沙陀部以出兵援唐为名，进驻太原郊外，大肆抢劫并索贿于郑从谠，实际上想趁太原兵力空虚之际攻占太原。但郑从谠早有军事准备，一方面严整军备，另一方面联合北方的契苾部族，夹击沙陀部，使沙陀一蹶不振，唐北部边疆才安定下来。

正是由于郑从谠策略得当，既削弱了沙陀的势力，又威慑了其它北方的少数民族部族，才避免了唐在中和年间腹背受敌，遭黄巢军与沙陀部族两面夹击，几致覆灭的命运。沙陀经中和年间的大败后，势力被削弱，已经无力对抗河东重镇，才不得不接受唐中央招降的条件，出兵南下进攻黄巢。故敦煌文书中言"□大河而番戎自惕"。正史载郑从谠在太原击败沙陀李克用部族后，沙陀不敢经过太原境内，而是绕道南下进攻黄巢军。《新唐书·郑余庆传附郑从谠传》记"中和二年（882），朝廷赦沙陀，使击贼自赎，兵不敢道太原，由岚、石并河而南"③。《旧唐书·郑余庆传附郑从谠传》更是记载了一个细节："沙陀五部数万人南下，不敢蹈境，乃自岚（州）、石（州）沿河而南，唯李克用以数百骑临城叙别……三年，克用破贼立功，授河东节度使代从谠，还至榆次，遣使致礼，谓从谠曰：'予家尊在雁门，且还觐省。

① 刘昫，等．旧唐书·卷19 僖宗本纪［M］．北京：中华书局，1975：710.
② 刘昫，等．旧唐书·卷158 郑余庆传附郑从谠传［M］．北京：中华书局，1975：4170.
③ 欧阳修，等．新唐书·卷165 郑余庆传附郑从谠传［M］．北京：中华书局，1975：5063.

相公徐治行装，勿遽首途。'"① 从以上史料可见，沙陀李克用对郑从谠是又惧又敬的。故敦煌文书中称使"番戎自惕"是有历史事实根据的，绝非纯是客套虚语。

2. "黄巢之乱"中"首倡仗义"，派兵入援，"二郑"首尾遏制黄巢势力向西北发展，使唐国威复振，终能平定黄巢之乱

郑从谠在中和年间与凤翔节度使郑畋，是长安西北唐军反击黄巢军的核心人物。"二郑"联合关中、河东、河中藩镇联合阻击，黄巢军的实际控制范围仅止"东西不过同、华，南北止及山、河"②，这为唐军最终收复长安创造了有利的条件，若不是"二郑"协力阻击，长安以西、以北地区都恐非唐所有，成都必也难保，唐朝就难免覆灭的命运了。郑从谠是在黄巢占领长安后最早派兵入援的藩镇节度使之一。广明元年（880）十二月，黄巢军攻入长安，僖宗出奔，传诏郑从谠，令其派兵入援。郑从谠于中和元年（881）五月，遣牙将论安、后院军使朱玫率步骑五千，随北面副招讨使诸葛爽入关中赴难。同时，郑从谠治军严明，当大将论安不战而退时，郑从谠果断处以严厉的军法，以激励士卒，又知人善任，以军事才能卓著的朱玫为将，领兵入援唐军，最终于中和三年（883）四月，朱玫等军与沙陀李克用军一起收复了长安。故敦煌文书中言"殄秦陇之妖星""使国家再宗庙之安"。

郑从谠虽没有直接参与收复长安的战争，但史书中对郑从谠的评价很高。《旧唐书·郑余庆传附郑从谠传》："广明首唱仗义，断贼首尾，逆徒名为'二郑'，国威复振，二儒帅之功也。"③ 《新唐书·郑余庆传附郑从谠传》："初，盗流中原，沙陀强悍，而卒收其用者，盖从谠为太原重也。时郑畋以宰相镇凤翔，移檄讨贼，两人以忠义相提衡，贼尤惮之，号'二郑'

---

① 刘昫，等．旧唐书·卷158 郑余庆传附郑从谠传［M］．北京：中华书局，1975：4172．
② 刘昫，等．旧唐书·卷164 王铎传［M］．北京：中华书局，1975：4284．
③ 刘昫，等．旧唐书·卷158 郑余庆传附郑从谠传［M］．北京：中华书局，1975：4171．

云。"① 史学家一致认为郑从谠与郑畋一起遏制了黄巢的攻势，又派出军队收复长安，使唐国威复振，最终才能平定黄巢之乱，可谓公允。

3. 二次出任宰相，运筹帷幄，泽潞归顺中央

郑从谠在中和三年七月罢河东节度使后，在中和四年赴成都行在，再任宰相，直至光启三年三月罢相。二次出任宰相期间，郑从谠的宦绩是使泽潞归顺中央。

在中和年间，发生了泽潞的昭义军叛乱中央的事件：中和元年（881）泽潞牙将成麟杀节度使高浔，至中和二年，孟方立又杀成麟，自称节度留后，移镇太行山以东的邢、磁、洺三州另立昭义军。至中和四年（884）十月，河东节度使李克用军攻占潞州后，唐中央任命李克用部将李克修为昭义节度使，正史中称此事件为"昭义有两节度"。光启二年（886）九月，李克修攻占了邯郸、武安等地②。李克修将邯郸等地纳入了由唐廷正式任命的昭义节度使管辖之下，可谓是服从唐中央政府，故敦煌文书中称"邯郸易帜"。

昭义节度使发生更替的事件及孟方立所割据的邯郸等地归顺唐廷似乎与郑从谠没有直接的关系。据史载，昭义军有两个节度使是在中和四年（884）。但一为朝廷正式任命，至少是在名义上听从中央号令；一为孟方立擅自割据，不听朝廷号令。在884年之后，河东节度使李克用多次出兵太行山以东与孟方立争夺地盘。光启二年（886）九月邯郸等地归顺唐廷时，正是郑从谠任宰相之时③。在唐后期"宰相用事"的中枢政局中，朝廷任命地方节度使时，宰相们的决策权很大，对于地方割据势力归顺中央的军政大计，常有宰相的谋划与参与。因此，据敦煌文书，"邯郸易帜"归顺中央的历史事件也与宰相郑从谠的宦绩有关，可以补正史之阙。

《新唐书》记载郑从谠约卒于光启末年，加官至太子太保，卒后谥"文

---

① 欧阳修，等. 新唐书·卷165 郑余庆传附郑从谠传 [M]. 北京：中华书局，1975：5064.
② 司马光. 资治通鉴·卷256 "光启二年九月" [M]. 北京：中华书局，1956：8339.
③ 王钦若，等编. 周勋初，校订. 册府元龟·卷416 将帅部 [M]. 南京：凤凰出版社，2006：4729.

忠"。但在宋人引用唐人的笔记小说中，郑从谠卒后加"太师"。如宋代王谠《唐语林》卷三记郑从谠事，言"光德相国（刘）崇望举进士，朔望谒郑太师从谠"①，则郑从谠卸任宰相后有"太师"的加官，笔者推测可能正是与他在中和、光启年间显著的宦绩相关。

三、结论

河南府荥阳郑氏家族在唐前期就是著名的世家大族，与陇西李氏、太原王氏、范阳卢氏并称门第之家，冠冕天下，以致唐高宗、中宗都下诏明令李、王、郑、卢四姓不得自为婚姻②，以约束世家大族势力。唐代后期，荥阳郑氏家族又凭借儒学优势，通过科举致仕为高官，出了9位宰相，俨然宰相世家。郑氏宰相们活跃在晚唐政坛上，或声名显赫，或权倾一时，在唐后期形成的中书门下体制③的政治格局中扮演了重要的角色。从唐德宗时起，荥阳郑氏家族中就有世代位居宰相者。《新唐书·宰相世系表》中称"（郑氏）宰相九人。北祖有珣瑜、覃、朗、余庆、从谠、延昌"④。郑氏家族中的郑余庆一支尤其引人注目，这一支有6人出任德、宪、文、宣、僖五朝宰相，在晚唐政治舞台上非常罕见。

《新唐书·郑余庆传》中称郑余庆"郑州荥阳人，三世皆显宦"⑤，郑余庆在德、宪二朝两任宰相，其孙郑从谠在僖宗朝两任宰相⑥。郑余庆家族通过儒学传统与科举走上唐代后期的政治舞台，对唐代后期的政治、社会产生了非常重要的影响。如在礼仪方面，堪称世家大族的表率，"中朝礼法，以

---

① 王谠，撰．周勋初，校证．唐语林校证·卷3 赏誉［M］．北京：中华书局，1987：282.

② 王溥．唐会要·卷83 嫁娶［M］．上海：上海古籍出版社，2006：1811.

③ 吴宗国．中国古代官僚政治制度研究［M］．北京：北京大学出版社，2004：323.

④ 欧阳修，等．新唐书·卷75 宰相世系五上［M］．北京：中华书局，1975：3354.

⑤ 欧阳修，等撰．新唐书·卷165 郑余庆传附郑从谠传［M］．北京：中华书局，1975：5059.

⑥ 薛居正，等．旧五代史·卷96 郑受益传［M］．北京：中华书局，1976：1279.

郑氏为甲""郑贞公（郑余庆）博雅好古，一代儒宗"①。郑余庆所编《大唐吉凶书仪》在唐代社会流传不衰，甚至传播至西北一隅的敦煌，在敦煌文献中有数个抄本或改编本，就是其影响深远的一例。郑余庆家族中6位宰相在唐后期的政治舞台上颇有作为，在"王政多僻，宰相用事"② 的中枢政局中取得了令人称道的宦绩。

郑余庆之孙郑从谠就是一位晚唐政局中颇有作为的宰相，在僖宗朝的宰相之中宦绩比较突出，历来为史家所称赞，《旧唐书》称"文忠致君，无忝乃祖。衣冠之盛，近代罕俦"③。在唐僖宗时期的"黄巢之乱"中，郑从谠与郑畋，同为一代名相，在僖宗朝入相出将，扶支唐世，力挽狂澜于既倒。但传世史书对郑从谠晚年的事迹记载非常简略，尤其是对中和年间第二次出任宰相后的史实记载更为简单。笔者依据敦煌文献资料，结合历史文献，通过对郑从谠第二次出任宰相前后史实的考证，考论了郑从谠的宦绩。笔者认为，P.2945《权知归义军节度兵马留后使状》"别纸"集中的前四件"别纸"就是晚唐敦煌归义军节度留后使给"相公"的公文，尤其是其中的第四件"别纸"，它是唐光启二年（886）敦煌归义军节度留后张淮深上给宰相郑从谠的书状，反映了郑从谠在中和四年第二次出任宰相前后的一些历史事件，是研究郑从谠生平事迹和敦煌归义军史实的地方历史文献资料，可以补正史资料之阙失，是一件珍贵的历史文献史料。

---

① 欧阳修，等撰. 新唐书·卷165 郑余庆传附郑从谠传［M］. 北京：中华书局，1975：4178.
② 刘昫，等. 旧唐书·卷177 路严传［M］. 北京：中华书局，1975：4603.
③ 刘昫，等. 旧唐书·卷158 郑余庆传附郑从谠传［M］. 北京：中华书局，1975：4178.

第六章　委　曲

　　唐五代宋时期，将一类长辈（尊）对晚辈（卑）以上达下的、内容包含训诫性质的下行文书，根据其文书内容特征而称之为"委曲"，是一类使用较为特殊的文书，有其独特的格式特征及应用范围。但是由于世远时异，这种文书自北宋之后便渐渐从人们的视野中消失了，元代之后的人已经不知此种文书是何物。当今天我们从传世文献里看到这些被唐宋时期的人称之为"委曲"的文书材料时，往往莫名其妙，对于"委曲"文书的性质、功能、使用范围与场合、文体渊源等问题存在诸多认识不清的问题。要解决这些问题，离不开新材料的发现，以及对旧材料进行新的视角的审视与重新判断。

第一节　传世文献里记载"委曲"文书的
相关材料与研究状况

一、中国传世文献中的"委曲"文书材料

　　1. 传世史籍：见于《资治通鉴》有两条史料，《文献通考》中有一条。

　　第一条，《资治通鉴》卷257"光启三年夏四月条"：黄巢旧将毕师铎投降淮南节度使高骈之后，与高骈手下宠将吕用之产生矛盾，常恐被加害。高

骈之子利用毕、吕二人之间的矛盾，欲假毕师铎之手而除掉吕用之。"会高骈子四十三郎者素恶（吕）用之，欲使（毕）师铎帅外镇将吏疏用之黑恶，闻于其父，密使人绐之曰：'用之比来频启令公，欲因此相图，已有委曲在张尚书所，宜备之!'"① 胡三省《资治通鉴音注》在此处释"委曲"为"当时机密文书谓之委曲"。

第二条，《资治通鉴》卷290"广顺元年春正月条"：此年后汉监国郭威发动政变称帝，后汉大将巩廷美、杨温等在徐州拒守抵抗。郭威派巩、杨旧主刘赟写信劝降，但巩、杨害怕生命安全得不到保证而不敢投降。为此，郭威亲自给刘赟传达手令。"帝复遗（刘）赟书曰'爰念斯人尽心于主，足以赏其忠义，何由责以悔尤？俟新节度使入城，当各除刺史！公可更以委曲示之'"。② 胡三省《资治通鉴音注》在此处释"委曲"为"唐末主帅以手书谕示将佐，率谓之委曲"。

元胡三省注解《资治通鉴》时释"委曲"文书既是一种机密公文，又是私人手札，都是随文注释，前后有矛盾。这表明在南宋末、元初之时，文人已经不知唐五代时常见的"委曲"文书具体所指究竟是何物，更不详其文体格式、应用特点。这大概与"委曲"文书已经在北宋中后期完全在社会生活中消失不见有关。

北宋初时，边境地方长官下文书给境内的少数民族首领，也称"委曲"，见于《文献通考》引石湖范氏《桂海虞衡志》。"故事：安抚经略使初开幕府，颁盐彩遍犒首领。以公文下教，谓之'委曲'，大略使固守边界，存恤壮丁云。"③ 宋代文献虽称"委曲"为公牍文体之一，但内容性质又是私人书札（私教），与正式性的公文还有区别，故称"以公文下教"。这应该是沿袭了唐代的"委曲"文书公私难以完全分明的特点。从引《桂海虞衡志》文意看，"委曲"文书承担了边境地方长官勉励少数民族首领巩固边防、爰恤人民的功能，还要按照历史惯例进行食盐、布匹等生活物资的赏赐，以笼络

---

① （宋）司马光. 资治通鉴·卷257 [M]. 北京：中华书局，1956：8470.
② （宋）司马光. 资治通鉴·卷290 [M]. 北京：中华书局，1956：9582.
③ （元）马端临. 文献通考·卷330 四裔考七 [M]. 北京：中华书局，1986：2589.

边境少数民族人心。但这是否就是"委曲"文书所承担的所有功能,由于材料极其有限,还不能完全得出判断和结论。

2. 文集类书:目前所见几条"委曲"材料,大约出现在公元 9 世纪初叶,唐人文集中明确记载了"委曲"文书。传世的《柳宗元集》卷 35 有《谢襄阳李夷简尚书委曲抚问启》,提到"当州司马李幼清传示尚书委曲,特赐记忆,过蒙存问"①。文中"委曲"即指书札一类文书,大约是柳宗元在唐顺宗"永贞革新"(805 年)被贬永州司马时,山南东道节度使李夷简致永州司马柳宗元的慰问性质的书札,时间大约在公元 9 世纪初②。另有学者在《文苑英华》《全唐文》等文集类书中也检索出数条与"委曲"文书有关的材料③,时间也大多是在公元 9 世纪之后。但这些文集中的"委曲"有的是动词,是"委婉诲谕"之意;有的是名词,是"详细的底细"的含义,并不就是专指委曲文书。而且唐人文集、类书里都没有全录或摘录"委曲"文书的内容,不清楚哪些属公文,哪些属私人书札,也不清楚它们究竟承担了哪些功能。

3. 笔记小说:目前仅见三条"委曲"材料。唐段成式《酉阳杂俎·金刚经鸠异》记载发生在西川节度使刘辟身上的怪事,刘辟冤杀其将窦悬,后来窦托梦给其朋友陈昭,请其为己申冤昭雪:"(陈)昭乃具说(窦悬)杀牛实奉刘(辟)尚书委曲,非牒也。"④ 这里将"委曲"与牒文互相对称,可知"委曲"就是文书之一种,但与正式的公文牒有区别。宋黄伯思《东观

---

① (唐)柳宗元. 柳宗元全集·卷 35 启 [M]. 上海:上海古籍出版社,1997:286.
② 据《旧唐书》卷 160《柳宗元传》:柳宗元在唐德宗贞元年间登科,授蓝田县尉。元和十四年(819)卒,终年 47 岁,则生于 772 年。以 20 岁登科计,则在 792 年(德宗贞元八年)登科,贞元十九年(803),31 岁入为监察御史。《柳宗元集》卷 35《谢襄阳李夷简尚书委曲抚问启》必在 792 年之后,可视为在公元 9 世纪初。据易新鼎点校的《柳宗元集》宋人版本中有注称:"元和六年四月,以户部侍郎李夷简检校礼部尚书,为山南东道节度使。启云襄州,即此时也,公在永州",则此件启写于元和六年(811),当为 9 世纪初。参:(唐)柳宗元,著. 易新鼎,点校. 柳宗元集 [M]. 北京:中国书店,2000:470.
③ 樊文礼,史秀莲. 唐代书牍文"委曲"研究 [J]. 中国典籍与文化,2009(2):7.
④ (唐)段成式,著. 方南生,点校. 酉阳杂俎·续集七"金刚经鸠异" [M]. 北京:中华书局,1981:268.

余论》记宋太医丞乐某手中珍藏有一件唐人书法真帖，是唐光启年间平卢节度使王敬武给其儿子王师范的书札①，它是利用陕虢节度使王珙写给王敬武书状的封皮纸（类似于信封）的背面而写成的"委曲"文书，在文书纸末尾有"委曲付师范"的题记，黄伯思根据唐史，结合帖中内容准确地判断出了这件"委曲"文书不过是王敬武寄给其子师范的私人家书罢了。宋沈括家藏五代吴国杨溥给宣州下属军将方某的"委曲书"四纸，纸札精善，翰墨印记极有次序，文书押署姓名的地方或称"使"或称"吴王"②，沈括认为"委曲"文书是手教或手令一类的文书，这类文书由上级长官下达给手下将领，上有长官的亲笔押署且有印鉴，看来所谓"委曲"文书又像是公文中的某一类，与公文极其相似。

二、中国传世文物中的"委曲"文书材料及实物

相比较于传世文献里的记录语焉不详，传世文物文献里的委曲文书材料则较为具体而丰富，保存了委曲文书的一些细节信息。传世文物包括传世的"法书"一类记录书法、美术作品内容、传承、艺术鉴赏概况的文献，也包括一直流传至今保存下来的文物实物。南宋岳珂《宝真斋法书赞》卷五中引用了唐"段文昌《秋气帖》"：

> 总不得书，何为如此？秋气稍冷，不知当如何也？有华阳消息，可报委曲。十四日。报。③

段文昌，两《唐书》皆有传，主要为官在唐宪宗（806—820）、穆宗（820—824）、文宗（826—840）朝时，约在9世纪初期。《秋气帖》不知写给何人，但可能是僚属或子孙。其子段成式约于咸通初出为江州刺史，著《酉阳杂俎》，其书中提到的"委曲"见于宪宗之世（806—820）。岳珂在此

---

① （宋）黄伯思. 宋本东观余论·法帖刊误下·王敬武书辨 [M]. 北京：中华书局，1988：124-125.

② （宋）沈括. 梦溪笔谈·卷3辩证一 [M]. 上海：上海书店出版社，2009：22-23.

③ （宋）岳珂. 宝真斋法书赞 [M] //文渊阁四库全书（第813册）. 上海：上海古籍出版社，2003：615.

帖后的按语中认为这是一件唐人"委曲"文书，认为是唐士大夫家族以上达下时所使用的一种文书体裁："唐世缙绅家以上达下，其制相承，名之曰委曲，盖今之批示也。迄于国初，犹多用之。史传所书，如高骈辈类，不止一见。此帖盖当时授其家隶者。唐世士大夫委曲之达下者多矣，而此独存。"①南宋人岳珂认为委曲文书是士大夫之家所用的书札，与前述传世文献中所见的委曲文书材料所反映出来的委曲文书并不限于士大夫家所用有明显矛盾，笔者认为岳珂的结论是不能完全成立的。但岳珂所言"委曲"文书的使用范围是"以上达下"、北宋之初尚多有所使用，与传世文献中的材料是相符合的。他的错误认识，可能正是源于此类文书在南宋时已经见不到了，所以他并不清楚委曲文书的主要特征。梁太济对"委曲"的本义与书牍文体之专名"委曲"做了区别。他以岳珂《宝真斋法书赞》为例，认为《法书》中收录的张旭《秋深帖》、段文昌的《秋气帖》中提及的"委曲"都是"委曲"一词的名词词义，指详细的底细的含义，而不是指这类书札文体的专称"委曲"文书②。这就提示我们，在研究唐五代宋"委曲"文书时一定要注意"委曲"词义与"委曲"文书专称之间的区别，古人和今人对"委曲"文书的某些错误理解，可能正是混淆了这二者之间的区别，而将凡是出现"委曲"字样的材料都视为"委曲"文书而导致的。

在传世保存下来的宋人书札文物中，正好有一件司马光本人亲笔写给其侄子的"委曲"文书——《宁州帖》③完完整整地被保存了下来，通过解读这件文物，显然有助于全面认识"委曲"文书的诸多特征。

---

① （宋）岳珂. 宝真斋法书赞［M］//文渊阁四库全书（第813册）. 上海：上海古籍出版社，2003：615.

② 梁太济. "别纸""委曲"及其他——《桂苑笔耕集》部分文体浅说［M］//唐宋历史文献研究丛稿. 上海：上海古籍出版社，2004：35.

③ 这件书法作品，现藏上海博物馆，历来被当作文物来研究，如徐邦达. 古书画过眼要录：晋隋唐宋五代书法［M］. 长沙：湖南美术出版社，1987. 而极少有人从书札文体的角度去研究它，也没有人对这件文物本身在北宋时应该被定什么名产生过疑问。这显然是因为世远时异，这种文书体裁已经在宋以后的社会生活中完全消失不见了，故宋元之后的人已经不知此种文书是何名何物了。

十月五日，宁州兵士来，知汝决须赴任。十二日，程暹父来，方知汝竟不曾下侍养文字！彼交代催汝赴任，是何意？岂非要交割大虫尾？我书书令汝更下一状，汝终不肯。父母年七八十岁，又多疾，况官中时有不测科率，汝何忍舍去！不意汝顽愚一至于此。汝若坚心要侍养时，更何用宁州〈重差〉接人〈来〉①？假使因乞侍养，获罪于朝廷，乃是孝义之事也，又何妨！何妨！今汝才去，朝旨许令侍养，若本府奏称本官已赴本任，缴回文字，则朝廷必以为厥叔强欲差它侍养，它自不愿，已到本任，直收杀不行。不惟坏却此文字，深可惜！并光亦为欺罔之人也。虽知骂得汝不济事，只是汝太无见识！闷闷闷闷！文字若万一到宁州，于条便可离任，更休申漕台取指挥，又被留住。叔光（花押体）报九承议。

十一月廿九夜。

首先，这是司马光去世前一年元丰八年（1085）冬十一月，写给侄子司马富（排行第九，散官为承议郎，故称九承议）的亲笔私人信札。其次，它的文体格式就是"委曲"文书，有委曲文体的特殊格式（详见下节）。最后从此件委曲文书的内容分析，司马光之前曾经给其侄写信，劝戒他向朝廷上书请求辞去官职回乡侍养年高的父母，但其侄司马富并没有上书朝廷，因此被朝廷官员催促他尽快赴任，且派人接送。鉴于这种局面，忧心忡忡的司马光写了此委曲文书，语重心长地给其侄分析政治利害关系，批评其侄顽愚不化、缺少政治见识。最后坚决叮嘱他到任宁州之后，便可马上辞官，不可再向上司请示。从全文语气来看（如"何妨""深可惜""闷"等处），委曲文书最大的特点就是委婉叮咛、深情劝诫。以上三点，说明有些委曲文书并不是公文，它适用于有血缘亲情关系的地位尊高者给地位卑下者所使用，内容中往往包含了训诫内容，委曲文书的本质就是私人书札。

---

① "重""差""来"三个字分别写在行间，当是后来所加。

三、日本和朝鲜传世文献里的"委曲"文书材料

所谓"礼失而求诸野",在中国传世典籍里记载较少和较简略的"委曲"文书材料,却在中国周边的日本、朝鲜等国家中保存得较多也较为详细。因为唐朝是个文化昌盛的伟大时代,其制度文明和文化对东亚文化圈内的其他国家有着非常重要的影响。在唐代,来自日本、朝鲜等国的留学生、使团、僧人等文化交流使者,往往出于对大唐文化的仰慕,而将唐朝的典籍、文书等文化产品搜集、传抄、带回本国,因此在日本和朝鲜等国内保存的汉文文献里也有一些"委曲"文书的材料,甚至比中国传世文献里的材料更多地保留了唐代时期的原貌,可以通过这些域外所存材料,对比国内传世材料,互相参证,以更全面地认识"委曲"文书的特征。

1. 日本:约在公元9世纪初期,日本留学僧空海和尚(774—835)回到日本之后撰《高野杂笔集》,该集下卷收录有一件唐人书札,是唐明州人徐公祐写给其侄子胡婆的,请空海和尚捎给在某处的侄子,根据文末题署有"叔公祐委曲分付胡婆省"知是一件"委曲"文书(见图6-1)。此文书虽然不是原件,但抄录的格式完整,信息充分,现录全文如下:

> 别汝已久,忆念殊深。吾六月初发明州,廿之(六)到鸿卢(胪)馆。州宅中婆万福,汝父母并万福,弟妹已下亦蒙平善。不审汝在彼如何?家中将渴(褐)衣服来与汝,汝且辞和尚,暂来镇西府一转,不妨多日。见汝在即,余留面处分,不具。叔公祐委曲分付
>
> 　　六月卅日
>
> 胡婆省　　后宽①

---

① 《高野杂笔集》抄本原属于日本学者神田喜一郎旧藏,现收藏于日本大谷大学博物馆,在其博物馆的网站可以看到影印照片:http://web.otani.ac.jp/museum/kurashina/syoseki_ index.html.此书札见第28页,网址是:http://web.otani.ac.jp/museum/kurashina/01_ koya/all_ b28.html.此件书札是由日本学者山本孝子博士提供,特致谢忱。

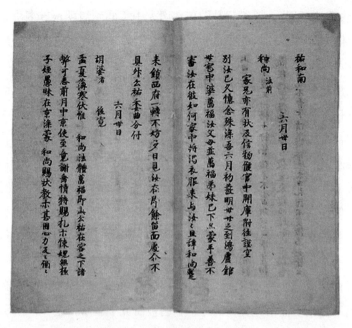

图6-1　日本大谷大学博物馆内所藏唐人徐公祐付其侄胡婆委曲书札

（图片来源：http：//web. otani. ac. jp/museum/kurashina/01_ koya/all_ b28. html）

　　笔者认为，札末的"后宽"等语，似是抄录人的注语，表示原札纸张后部残余空白较多之意，非原札中语。日期一行也应在"胡婆省"一行之后，方符合唐时书札格式。此件由于是日本寺院内僧人的多次传抄件，体现了抄件的许多文本特征，比如第一行中将"廿六"误抄成"廿之"（"六""之"草体字形相近），第三行将"褐衣"误抄成"渴衣"。上文中的镇西府，可能是指扬州都督府。据札中文意，徐公祐六月初从明州（今浙江宁波）出发，六月廿六日到淮南节度使治下扬州府（今江苏扬州）。在扬州，六月三十日徐公祐写此委曲文书，请日本遣唐僧空海和尚捎书给在某地（据此委曲后所抄徐公祐致和尚书状判断，当是京师长安）的侄子，请其侄胡婆到扬州来见面、取衣。笔者推测，空海和尚在捎送达书札后，可能征得了当事人的同意之后抄录了此件书札，主要目的可能是保存唐时社会生活中常见的"委曲"文书文体吧，后来将之收入《高野杂笔集》中，流传于世。

　　日本现存传世文献中所存委曲文书材料，还见于日本僧人圆仁所著的

《入唐求法巡礼行记》。该行记是圆仁在唐大中年间到唐朝巡礼名寺、求取佛法的日记体记录，是日本传世的记录唐代史料较多的原始文献，历来被研究者所重视①。圆仁日记中所录委曲文书材料，或是节录内容，或是文书专称，都没有完整地抄录委曲文书的格式。如卷三中记载唐武宗会昌二年（842）五月廿五日，圆仁收到圆载和尚（当时是圆仁的上师）于会昌元年十二月十八日的书状及"委曲"②。《入唐求法巡礼行记》中先是节录书状的内容，最后才抄录圆载的委曲文书："（圆）载上人委曲云：'僧玄济将金廿四小两，兼有人人书状等，付于陶十二部归唐。此物见在刘慎言宅。'"③ 可见，委曲文书与一般的书状还是有所不同，它在承担的传递信息的功能上，似是告知收信人一些重要的物品信息（在本例中就是黄金与书状）。至于《行记》中其他地方所记"委曲"，都不是指委曲文书，而是如前引唐段文昌《秋气帖》中的"委曲"一样，是"委曲"一词的本义，指详细的底细、详细的内容的含义，而不是指委曲书札文体的专称，已被研究学者所指正④。

2. 朝鲜半岛：唐僖宗时期新罗（今韩国）文人崔致远在唐进士及第之后历任唐代淮南节度使幕府，回国后他自编的诗文别集《桂苑笔耕集》是韩国现存最古老、最完整的汉文典籍之一。该文集收录了崔致远在淮南节度使高骈幕府内任职期间所作的公私文书和诗文，保存了许多我国正史失载的原始材料，是研究唐代历史的第一手资料⑤。文集中保存的"委曲"文书多达20

---

① 从文书、文体、词汇等角度研究的有：董志翘．《入唐求法巡礼行记》词汇研究［M］．北京：中国社会科学出版社，2000；齐会君．日僧圆仁《入唐求法巡礼行记》所载文书研究——兼与圆珍文书、敦煌文书比较［D］．郑州：郑州大学，2014．

② 原文断句为："廿五日。圆载留学傔从僧仁济来。便得载上人会昌元年十二月十八日书。委曲云。"笔者认为根据下文文意，圆仁从圆载处所收到的既有书状，也有单独的委曲文书，故在前引"书"和"委曲"之间应用顿号进行标点，才符合原文文意。

③ ［日］圆仁．入唐求法巡礼行记［M］．桂林：广西师范大学出版社，2007：127．

④ 白化文，等校注．入唐求法巡礼行记校注［M］．石家庄：花山文艺出版社，1992：47．

⑤ ［新罗］崔致远，撰．党银平，校注．桂苑笔耕集校注［M］．北京：中华书局，2007：1．

首，数量上远远超出了我国传世文献和文物中的委曲文书材料，内容丰富，是重新认识唐代委曲文书的重要史料①。但是由于时代久远，明朝人已经不明白委曲是何种文书文体了。当朝鲜人徐居正在明成化十四年（1478）编纂李氏朝鲜初期第一部专选东国诗文的选本文献《东文选》时，曾感叹"今《桂苑笔耕》多有不解处，恐当时气习如此，或东方文体未如古也"。研究学者已经指出，徐居正的不解主要集中在《桂苑笔耕集》收录的"委曲"和"别纸"类文体上②，原因是徐居正等人发现他们所参考的前代中国文献选本中并无"委曲"等文体，因而视"委曲"文体为唐代所风行的一种文体，根据其多为书札的特点而辨析其文体为"书"类。

《桂苑笔耕集》中的委曲文书主要是代淮南节度使高骈所作，下达对象主要是淮南节度下属的军将和官吏，但也有少数是并不直接隶属于其下的其他藩镇的官员。其文书的草拟过程似是根据节度使的口谕而润色、加工而成，文书的格式上有明显的格式特征，开头都以"报某某"的格式，现以《报昭义成璘委曲》为例，来看唐代"委曲"文书在书写格式上的特征：

> 报成璘大夫：《鲁史》云"臣一主二"，《汉书》曰"一心可以事百君"则知下有离心，盖为上无全德。侄孙仆射凤亏家训，骤荷国恩，累忝藩方，曾微绩效，每于抚俗，略不随时。恩威岂得并行，宽猛无由相济。况近关西之贼窟，持山北之兵权。战伐既劳，缉绥莫至。固知军情溃散，物议喧张。大夫名既超伦，事能从众，息貔貅之愤怒，慰黎庶之

---

① 自唐光启二年崔致远编成文集之后，一直在朝鲜国内流传，直到19世纪40年代才由朝鲜传回中国，对于这样一部具有很高历史文献价值的文集，中国学术界历来很少有人研究。目前对《桂苑笔耕集》进行文字校注研究的有党银平《桂苑笔耕集校注》（中华书局，2007年）。另有学者对文集中的某一部分文书有研究，如梁太济．"别纸""委曲"及其他——〈桂苑笔耕集〉部分文体浅说［M］//唐宋历史文献研究丛稿．上海：上海古籍出版社，2004：35；林嵩．《桂苑笔耕集》所见"委曲"探赜［J］．中国典籍与文化，2010（2）．由于这些学者并没有注意到传世文物中的委曲文书和出土文献里的委曲文书，致使某些研究观点和结论都有不准确、不全面的地方。

② 陈彝秋．论中国选本对朝鲜《东文选》文体分类与编排的影响［J］．南京师大学报（社会科学版），2010（3）：135．

疲羸。实谓有三隽才，谁云犯五不韪。古之所有，今也何疑？远遣专人迎取家口，倘或行程龃龉，且令彼处婆娑，如能断送出来，便与支持发遣。一跻坠屦，犹能牵念旧之心；百口孤孀，何忍见含愁之色。必应慰暖，免至饥寒。倚望所多，谕言无及。彼但勤修政理，伫荷宠荣，不令外盗侵凌，必见大君委寄。冬寒，慎为将息，节级各与安存。悉之。①

本件委曲文书，用华丽的骈文写成，用典多、对仗工，结合史籍，可知是唐僖宗中和元年（881）八月因昭义军节度使高浔被其手下大将成璘所杀的军变而作。《新唐书·僖宗纪》载"（中和元年）八月昭义军节度使高浔及黄巢战于石桥，败绩，其将成麟杀浔，入于潞州"②。高骈是高浔亲属（从辈分上来说是其堂祖），从官职上来说，高骈在成璘之上（不清楚成璘是否曾经是高骈的部下，因高骈也曾任昭义军节度使，故成璘是高骈部下的可能性大），故写此委曲文书致成璘。文书内容大意分为三部分，"远遣专人迎取家口"以上是高骈安慰成璘的部分，对高浔因兵败而致兵变的发生表示理解，并未有责备成璘之意；"彼但勤修政理"以上，则是委婉请求成璘将高浔的家眷照顾好，并且交给高骈派来的人员护送回家；最后则是对成璘的个人寄语，勉励他勤于治军，抚慰部下。从内容上来看，委曲文书确以委婉叮嘱为特色，与前引《司马光报佽委曲》《徐公祐报佽委曲》的内容特征是相似的，是曾有隶属关系的老上级长官对其下属的私人书札。

从上引例子可知，《桂苑笔耕集》中所有的"委曲"的书写格式是"报某人：某事"，以高骈的语气写给其节下的下属官员或是并不隶属于淮南节度的、官品低于高骈的其他地方的官吏，因此在文书开头直呼其姓名，毫不谦逊，与一般的书札无论从语气上还是格式上都有区别。可知"报某某"是唐宋委曲文书的基本格式之一，与传世文物中所见"某某委曲付某某省"这种委曲文书的格式并列，可能只是由于应用范围的不同而略有差异，前者常

① ［新罗］崔致远，撰．党银平，校注．桂苑笔耕集校注［M］．北京：中华书局，2007：365 - 366．
② 欧阳修，等．新唐书·卷9僖宗本纪［M］．北京：中华书局，1976：272．

见于官府上下级之间，后者则多是私人之间。由于《桂苑笔耕集》中所收"委曲"不是原件而是草稿或副本，而且崔致远在编定集子时略去了人名、日期等信息，因此，推测在"委曲"文书的结尾处应有发件人（姓名或官衔）及发件日期等文书必备的内容。

除《桂苑笔耕集》之外，五代南唐僧人应之于南唐元宗时期（约943—961）编纂的《五杉练若新学备用》（也简称《五杉集》）也曾经传入朝鲜半岛，作为佛学史料而流传于世。在《五杉集》卷中《僧俗五服图》之后，专门记载有一些写作书信时的参考样式，如祭文式样、慰书式样以及诸杂书状式样等，其中明确记录有《和尚委曲样》《父母委曲样》等"委曲"文书的范文①。与《五杉集》类似的还有《高丽大觉国师文集·集外集》②中的一条"委曲"文书材料，在《集外集》卷三"大宋沙门净源书之第五首"题为"净源遗书、委曲寄高丽法子僧统"，其遗书格式是"吾泉南人也……（元祐三年）十有一月末（己酉），操觚为书一通，留着经帙内，附门人寄吾子僧统决别"③。但由于在遗书后缺佚"委曲"文书，并不能了解其文书的具体内容和书写格式。但净源为大觉在华师父，故可以用"委曲"体文书叮嘱、教谕其弟子。据以上材料可知，这一类"委曲"文书适用于寺院内业师向徒弟告报消息，或是父母给子女的私札通信，与前引日本僧人圆仁所著的《入唐求法巡礼行记》中所抄录其师圆载和尚付其委曲、宋黄伯思《东观余

① 王三庆. 中国佛教古佚书《五杉练若新学备用》研究［M］. 台北：新文丰出版公司，2018：89.

② 大觉国师，俗姓王，名煦，字义天，高丽国文宗第四子，11岁出家为僧。北宋元丰八年四月，赴宋求法，朝见宋哲宗。后往杭州拜净源法师为师求学数月。元祐元年六月，义天返回高丽。在来宋的14个月内，义天将游历宋汴京和两浙名刹、求法问师以及与当时学者、僧人的交往情况记录下来，之后高丽僧人据此而编成《大觉国师文集》，分为文集与外集二部分，流传在朝鲜。中国学者黄纯艳赴韩国访问交流时，对韩国所存古代汉文典籍进行了调查，点校出版了《高丽大觉国师文集》，主要内容是义天在宋求法期间与宋僧人、士大夫往来的诗文书信，是研究宋代佛教史的宝贵史料。同时又收录了义天的行状、墓碣石铭材料，在文末的附录中又将义天入宋求法的相关资料进行了汇编，使学者易于检阅。参见：黄纯艳，点校. 高丽大觉国师文集［M］. 兰州：甘肃人民出版社，2007.

③ 黄纯艳，点校. 高丽大觉国师文集［M］. 兰州：甘肃人民出版社，2007：118.

论》中《王敬武付子王师范委曲》《司马光报侄委曲》《徐公祐付侄胡婆委曲》所反映的委曲文书的应用范围是一致的。

总之，从传世文献所见唐宋时期委曲文书材料来看，给人的大概印象是，委曲作为以上达下的一种书札文体，其应用有一个共同的特点：都是尊长者对卑下者使用的一种下行的私人性质的书札。委曲的应用范围基本上有两类：一类见于官僚体系内长官对其下属所用，一类见于普通社会民众中长辈对晚辈所用（父母对子侄，寺院内的业师对其徒弟）。两类委曲文书可能在格式上还有一些差别，但委曲文书的基本内容反映了地位较高（血缘关系或官衔）的人对地位较低的人的教诫、劝谕和勉励。

第二节　出土文献中的"委曲"文书材料

出土文献指通过考古或其他方式从墓葬和遗址等发掘出来的文献材料。出土文献中的委曲文书材料远比传世文献和文物中的委曲文书要丰富，但是由于时代久远，文体隔膜，学者们长期以来没有认识到这些文书实际上就是唐宋时人所谓的"委曲"文书，而使这些材料长期默默无闻，不能"开口说话"。要使这些"地下之新材料"（出土文献）开口讲话，就要以"纸上之材料"（传世文献）去质问它，以"二重证据法"使二者互为证据，互为补充。

一、新疆库车都勒都尔·阿护尔遗址墓葬中出土唐代委曲文书

目前笔者所知年代最早的一例出土委曲文书材料见于唐代，它是法国汉学家伯希和在新疆库车都勒都尔·阿护尔遗址墓葬中所获的 D. A101 号汉文书札，文书保存完整。根据其格式与内容，验之以传世文献和文物，笔者判断当是唐代中期的"委曲"文书，姑且定其名为《报娑勒委曲》。现录文如下：

　　　　报娑勒：先言许留粟拾硕，后即对面，亦在恩答。今为　　　长官在

白寺，故使吏心奴走取，与好白羊一口，速付，专待，莫令空来。九月
十七日。羲①

新疆库车都勒都尔·阿护尔遗址，即今天库车渭干河西面的夏克土尔遗
址，刘安志认为此件文书出土于夏克土尔遗址，显然该地所在机构应即收文
单位，则文书书写地点很可能就在白寺②，即今库车西面的玉其土尔遗址，
为唐代龟兹镇白寺城所在地，判断文书当属经过传递了的原件。据唐史学家
陈国灿等人的研究，在唐建中、贞元年间唐安西大都护府仍在龟兹运转③，
此件"委曲"文书的书写时间最晚在"安西四镇"之龟兹镇仍在唐朝军队的
控制之时，大约是在 8 世纪后半期至 9 世纪初期。这件委曲文书原件的格式
与前引《桂苑笔耕集》中的委曲文书的格式基本是一致的，以"报某某"开
头，而以日期和长官的签名为结尾，无疑比《桂苑笔耕集》中已经被省略格
式的委曲文书更多地保留了委曲文书的格式特征，它的使用范围也是唐代官
府内长官给僚属下达的私人命令。

就本件委曲文书的内容来说，当是龟兹白寺城当地的某位汉族官员
"羲"下达给白寺城下属的某位官员，或是隶属于白寺城的少数民族官员
（可能是处半一类的乡村里负责收税的下级官吏）"娑勒"的"委曲"文书，
用告谕的口气，委婉地命令他献上质量好的白羊一只，以招待龟兹都督府来
的某位长官。它的本质是私人书札，与公文书"帖"文的强制性征收某物色
还有很大的区别（详见后文所述），因此并不会加盖上长官的官印。本件委
曲文书中"速付，专待，莫令空来"的委婉叮嘱的行文特色，也与前揭《司
马光报佺委曲》文书等谆谆劝谕的内容特征相似。

二、敦煌文献里的唐宋委曲文书材料

出土委曲文书材料中数量最多、形态最丰富者莫过于敦煌文献。敦煌藏

---

① 刘安志. 唐代龟兹白寺城初考［J］. 敦煌学辑刊，2002（1）：122.
② 刘安志. 唐代龟兹白寺城初考［J］. 敦煌学辑刊，2002（1）：126.
③ 刘安志，陈国灿. 唐代安西都护府对龟兹的治理［J］. 历史研究，2006（1）：38.

经洞内出土、保存了大量的唐五代宋初的纸本文献，因其绝大多数保存了唐宋文献的原貌而有重要的历史文献价值。笔者目前在敦煌文献中发现十几件"委曲"文书的实物材料（见表6－1），其文本形态有稿本、原件、副本、抄件等，各种形态齐全，内容丰富，可补传世文献记载语焉不详的缺憾。

表6－1 敦煌文献里的唐宋"委曲"文书一览表

序号	文献编号	发件人		收件人		发件人和收件人之间的关系	格式特征
		某地	某人	某地	某人		
1	P. 3126V	凉州	父	沙州	男意胜	父亲对儿子	报意胜委曲付
2	P. 3349p1	沙州	父善应	新城镇	男令狐员须	父亲对儿子	父善应委曲男判官省
3	P. 3727	沙州	父国清	瓜州	男住奴	父亲对儿子	吾报男住奴
4	P. 3750	肃州	张议潮	沙州	张淮深	叔父对侄子	专遣委曲至汝淮深省
5	S. 6537V (4)	沙州	慈父	沙州	男某乙	父亲对儿子	慈父委曲达男某乙
6	S. 11627	沙州	慈母	甘州	男康胜全	母亲对儿子	报男胜全慈母委曲
7	S. 3198V		父母	沙州	男仆射	父母对儿子	委曲附男仆射
8	S. 5647		慈父母		男某甲	父母对儿子	报男某甲
9	S. 4374		父母	凉州	男某乙	父母对儿子	父某甲委曲付男某乙省
10	Дx12012		慈父		男行深	父亲对儿子	慈父委曲达男行深
11	S. 3983	沙州	僧光璨	沙州	押衙郎神达	僧人对徒弟	报神达
12	Дx11193	沙州	某僧官	沙州	天贤	僧人对徒弟	报天贤

续表

序号	文献编号	发件人		收件人		发件人和收件人之间的关系	格式特征
		某地	某人	某地	某人		
13	P.3936	甘州	丈人丈母	肃州	女儿佛婢女婿张郎	丈人丈母对女儿女婿	报张郎佛婢丈人丈母委曲分付张郎夫妇
14	P.4610		丈人刘某		女婿李郎	丈人对女婿	丈人刘可书曲
15	P.2734V	沙州	翟使君	寿昌	安僧政	长官对僚属	报安僧正
16	P.4525V	沙州	曹延禄	瓜州	番官首领	长官对番官首领	报番官首领
17	P.4766		使头某乙		官健某甲	长官对下属	使头报某甲委曲达某甲省
18	S.4453	沙州	曹延禄	沙州	诸家车牛	长官对下属	报诸家车牛
19	S.9944				守晟	不详	委曲附守晟
附：信札中提及委曲	P.3425p						收到刺史委曲
	P.3197V(6)						司空远赐委曲
	P.3730V(6)						奉司空委曲匹帛
	S.6405V						伏奉委曲兼匹段
	S.4667						收到僧录委曲

敦煌文献里的唐宋"委曲"文书材料，经与前述传世文物、文献里的"委曲"文书相对照，按照使用范围基本上可分作两类：一类多见于普通社会民众中长辈对晚辈所用，常见于父母对子侄、丈人丈母对女儿女婿，或者是寺院内的业师对其徒弟等人际关系范围内所使用（见表6－1中文献1—14）。另一类见于官僚体系内地方长官对其下属官吏或者部下所用（见表6－1中文献15—19）。按照委曲文书的书写格式特征，敦煌文献里的委曲文书格式也被分成两类：一类在书札中明确说明是"委曲"，与《唐徐公祐报侄委曲》中的委曲的格式特征几乎一致，多见于父母对子女委曲，以"某某委

161

曲付某某省"为主要的格式特征，但也有少数文书在开头有"报某某"的格式；一类与《桂苑笔耕集》、新疆库车都勒都尔·阿护尔遗址墓葬中出土唐代《报娑勒委曲》委曲的格式完全一样，多是长官对属下的委曲文书，以"报某某"为主要的格式特征。现举出四个典型的敦煌文献例子，其文本形态分别是原件和副本，为突出其格式特征，文中的着重号都是笔者所加。

1. 唐大中时期委曲文书原件：P. 3750《敦煌归义军某官予张淮深委曲》（见图6-2）

（前原缺）货□并□□□□□望□镇（镇）蓼泉人户缘口家在沙州，不肯停住，于官非常不益。汝切须依旧名目并家口，差军将一二人押领，限七月廿八日已来，并到肃州。张和荣要图画障子兼素匠二人，星夜撵程，速须发遣。张善善亦须同来。先，差■■■①催促兵马兼所取物色，至甚迟违，亦速发遣。昨，七月十九日进奏押衙王敬翼到，兼得将军家书，宅内长幼并得平善。前后缘诸城镇（镇）官吏数多恩赐，汝全不曾得，不是吾入已（己），汝亦得知。今，王敬翼般次到，此度恩赐并全，于左诚珍边发遣。待到日，于领衣物一角并银椀一枚，"封"印全，椀在外。限以军行，见汝未期，但多忆念，专遣委曲至汝。

■■②省（后原缺）

上件敦煌文书，由于前后残缺，历来虽有学者对其进行研究，但有许多地方仍然认识不清，对文书的定名和文献性质、历史价值的分歧较多，因此有必要通过文本细读的方式重新对P. 3750"委曲"文书中所涉及的人物、地点、人物之间关系、文书形态等进行综合研究，以期较为全面地揭示其文书价值。

文书中出现的王敬翼（有的敦煌文书中也写作王景翼，王景翼与王敬翼是同一人）、阴怀深、左承珍、（张）淮深等人都是张氏归义军时期的幕府人

----

① 在IDP数据库中的彩色图版上被墨涂去的"阴怀深"三字可辨认。
② 在IDP数据库中的彩色图版上被墨涂去的"淮深"二字清晰可辨。据此笔者判断此件很可能是归义军某官予张淮深的"委曲"，而根据委曲文书的使用范围和内容关系，很有可能是归义军节度使张议潮给其侄子的委曲书札，详见下文证证。

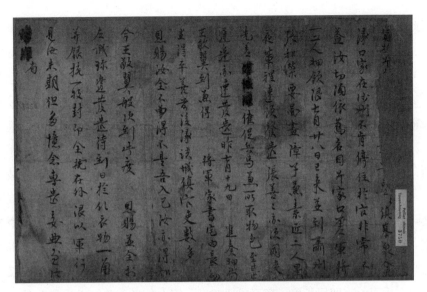

图 6 - 2　P. 3750 张议潮付侄张淮深委曲文书

物。杨秀清对文书中提到的几个人物生活的年代进行了大致考察①，判断属于张议潮主政归义军时期，据 P. 4660《王景翼邈真赞》中王敬翼任归义军押衙充任进奏使的时间，肯定在王敬翼担任河西都防御右厢押衙之前②。据史料，在唐僖宗乾符年间（874—879），唐朝才开始设立河西都防御使于凉州，那么这件文书的书写时间应在乾符年号之前。另据郑炳林的研究，P. 4660 号《王景翼邈真赞并序》当作于咸通十二年（871）至乾符三年（876）之间③，是王景翼的大概卒年，郑炳林还据敦煌文献 S. 2041《大中年间社条》中第二位署名即王景翼，第一位署名是梁阇梨，由于已知梁卒于大中十二年（857），故判断此社条写于 857 年以前，则知王景翼大致生活在唐大中年间。

①　杨秀清. P. 3750《残书信》中王敬翼进奏般次略考［M］//颜廷亮. 转型时期的敦煌语言文学：纪念周绍良先生仙逝三周年学术研讨会论文集. 兰州：甘肃人民出版社，2010：398 - 404.

②　杨秀清. P. 3750《残书信》中王敬翼进奏般次略考［M］//颜廷亮. 转型时期的敦煌语言文学：纪念周绍良先生仙逝三周年学术研讨会论文集. 兰州：甘肃人民出版社，2010：404.

③　郑炳林. 敦煌碑铭赞辑释［M］. 兰州：甘肃教育出版社，1992：158.

因此可将王景翼入京进奏的时间进一步缩小至约在咸通十二年之前的唐大中、咸通年间。阴怀深，可能是阴季丰的名，季丰是其字，见于 P. 3569 V (4)《光启三年四月押衙阴季丰牒》，时任归义军押衙，主管节度使府官仓粟酒物资的支取算会，是张淮深的心腹，则知他生活在张议潮和张淮深主政归义军时期。左承珍，敦煌文献中又被写作左诚珍，另见于 P. 2962《张议潮变文》，在大中十年（856）左右时为归义军游奕使，游奕斥候在瓜州与肃州之间，因解救唐朝册立回鹘使臣王端章属下的押衙陈元弘一行人而知名，被载入《张议潮变文》之中。因此，本件委曲文书的书写时间应在唐大中、咸通之际。文书中还提到的一位"将军"，当是张议潮之兄张议潭，他于大中五年（851）奉张议潮之命，以地图进贡唐中央政府，被授予左金吾卫大将军之职，故可被尊称为将军。大中七年（853）之后唐朝征召沙州刺史张议潭作为人质而一直留居长安，卒于咸通初年。综上信息，此件"委曲"的具体写作时间范围当在大中十年（856）至咸通初之间的某年七月二十日①。文中提到的"蓼泉"是地名，指唐代肃州下属的蓼泉县（今属张掖高台县），在大中初年间张议潮收复甘、肃二州后，一直由张氏归义军控制。那么文书的写作地点也许可能是肃州或肃州以外的地区，而文书最终的传递地点是沙州，出土地点也在沙州，再从文书上非常明显的封缄折纸痕迹，可以判断这件文书是经过了实际传递的文书原件。但由于文书前后有残缺，没有见到加盖长官印章的情况，推测它应和前述新疆库车都勒都尔·阿护尔遗址墓葬中出土唐代委曲文书《报娑勒委曲》一样，只有长官的亲笔署名而无印章。

此件委曲文书的收信人是"淮深"，笔者判断必是张淮深无疑。据 P. 2913 V《张淮深墓志铭》记载，他在唐宣宗大中七年（853）已经出任沙州刺史②，《张淮深碑》中有"诏令承父之任，充沙州刺史"的明确记载，

---

① 日期是根据文书中"昨七月十九日""限七月廿八日已来"等日期推断而知，肯定在七月十九日到二十八日之间。

② 据《张淮深碑》及 P. 2568《南阳张延绶别传》，知张淮深字禄伯，是张议潭的长子。据 P. 2913《张淮深墓志铭》抄本，张淮深卒于唐大顺元年（890）二月廿二日，时年 59 岁，则推知张淮深生于 830 年左右。大中七年（853）张淮深接替其父张议潭沙州刺史一职时，为 22~23 岁，已经完全长大成年。

那么 P. 3750 "委曲" 文书的发件人是谁呢？法藏敦煌文献在整理出版时，编写者根据文书的内容和口吻拟订文书名称为《肃州某官员与其家属书信》，笔者认为是合理的，但还不够精确，既没有指出发件人和收件人是谁，也没有指出文书的文体名称其实是 "委曲"。收件人的姓名，在 IDP（国际敦煌项目）数据库中的彩色图版上，被墨涂去的 "淮深" 二字清晰可辨，根据敦煌文献中反映的张氏归义军时期的历史资料来推断，必是 "张淮深" 无疑，他是张议谭之子、张议潮之侄。而文书末尾收信人姓名之后的 "省" 字，则是长辈对晚辈的信札中常用语，它常见于传世的晋人书帖文物中，基本格式一直沿袭到唐宋时期①。据此，文书的发件人必定是沙州刺史张淮深的长辈或者是长官，笔者受到前引传世文物里《唐徐公祐付侄胡婆委曲》《宋司马光报侄委曲》所反映的 "父（叔）委曲付子（侄）省" 这一类格式的委曲文书最多见于有较密切血缘关系的尊长辈与卑幼辈之间的启发，大胆推测文书的发件人就是收件人张淮深之叔——唐河西归义军节度使张议潮。以下先以文书内容和敦煌文献所反映的历史事实以佐证，次以敦煌文献中张议潮的亲笔书法与此件委曲文书的书法进行比较、验证。

首先，从文书的内容来分析，其可分作前后两部分，从文书开头到 "昨七月十九日" 为分界，前一部分的内容都是身在肃州的某位长官给驻守在沙州的沙州刺史张淮深有关军事、行政事务的命令，命令张淮深务必差遣军将率领沙州兵马和其他重要物资限以七月二十八日前来肃州，并对前次派遣阴怀深催促兵马兼所取物色至甚迟违的情况，表示不满。后一部分则是私人事务，告知张淮深在京师长安的其父将军张议谭通过归义军进奏使捎回了家书，在京家属都平安。然后对进奏官员从朝廷带回的赏赐进行了分配，嘱张淮深于左诚珍处领衣物一角并银椀一枚，为了保密，还特意叮嘱他注意物品

---

① 如北京故宫藏传世文物《绛帖》中王献之《范新妇帖》中有 "范新妇省"、《右军书记》中有 "王延期省"。出土文献《吐鲁番文书》中有一件高昌王国时期的书仪《与兄弟子书》，题封是 "某省"。传世文物和出土文献里，书札用语 "省" 字都用于长辈对晚辈的书信礼仪。

的封缄情况①。这一部分内容与 9 世纪圆仁《入唐求法巡礼行记》所抄录的其师圆载上人的委曲文书在传递信息的功能上以告知收件人一些重要的物品信息为特征又十分相似。

　　总之,此件委曲文书前后两部分内容,只有与沙州刺史张淮深有密切关系的人才能够下达如此的行政命令和嘱托私人事务,此人除了张议潭之外(而文中已经出现了"将军"张议潭,因此不可能是他),非归义军节度使张议潮莫属。只有张议潮既可以归义军节度使的身份向下属的沙州刺史张淮深下令征调兵马与物资,也可用叔叔的辈分向侄子下达委曲文书,分配赏赐物品,嘱托私事,完全符合前述传世文物和文献中唐代委曲书札文体的使用范围及特征。

　　另外,从"限以军行"推断,张议潮当时不在沙州,而是领兵在外,已经到达肃州。是什么原因促使张议潮领兵在外而向沙州征调兵马呢?从目前对归义军历史的研究成果来看,结合前文所述文书的写作时间范围在大中十年(856)至咸通初年之间的某年七月二十日,笔者认为只能是与大中十二年(858)夏秋之际,张议潮乘秋高马肥时期,率领大军向东讨伐凉州吐蕃的军事战争有关。中国国家图书馆藏敦煌遗书 BD5825V 卷末有一题记"大中十二年(858)八月二日,尚书大军发,讨番开路。四日上碛",敦煌学界对此题记的研究共识是"尚书"指张议潮、"番"指吐蕃,反映的是张议潮率领兵马在 858 年八月二日开始向东征讨凉州吐蕃②,则此件委曲文书在时间上正好和 BD5825V 卷末题记中所反映的时间相接续,它反映了张议潮在正式出兵攻打凉州吐蕃之前,先征调沙州兵马于七月二十八日之前屯聚肃州(从残缺不全的文书信息推断,可能是由于驻守在肃州蓼泉镇的军人因家口在沙州而逃回沙州,导致归义军征讨吐蕃的兵马不足,故张议潮才下令从沙

---

　　① 唐宋文书的封缄情况,可参考:史树青.宋白玉"封"字印印考[M]//张政烺先生九十华诞纪念文集编委会.揖芬集——张政烺先生九十华诞纪念文集.北京:社会科学文献出版社,2002:367-368;王使臻,王使璋.敦煌所出唐宋书札封缄方法的复原[J].文献,2011(3).

　　② 荣新江.初期沙州归义军与唐中央朝廷之关系[M]//黄约瑟,刘健明.隋唐史论集.香港:香港大学亚洲研究中心,1993:107.

州催促增加兵马前来肃州），然后整齐军马正式于八月二日从肃州出发向东攻讨凉州吐蕃，两天后于八月四日进入戈壁之中。

其次，敦煌文献中已知有张议潮的亲笔书法，可以据之以对比两者是否为张议潮所书写。目前所见，敦煌文献中出自张议潮亲笔书法的作品全部出现在张议潮早年的学生时代，有 S.5835《佛说大乘稻芉经》（末题清信佛弟子张义朝书）、BD5259《佛说无量寿宗要经》（尾题张义朝本）两件抄经和 P.3620《封常清谢死表闻》《讽谏今上破鲜于叔明令狐峘等试僧尼不许交易书》《无名歌》三件文书抄件。文书末尾题署"未年三月廿五日学生张议潮写"，而未年判断即是吐蕃占领敦煌时期的乙未年（815 年）。已知敦煌文献显示张议潮卒于 872 年，春秋 74 岁，则推知 815 年时张议潮年仅 17 岁，尚未成年。大中十二年（858）夏秋之际张议潮出兵攻打凉州的行军路上给张淮深亲笔书写 P.3750"委曲"文书时，张议潮已经 60 岁了，虽然同一个人少年时期与老年时期的书法笔迹肯定有变化，但总会保留一些书法习惯或书法个性风格。现从单个字词的微观比较和总体书风的宏观比较两个方面予以比较，如表 6－2 所示。

表 6－2　敦煌文书中出自张议潮的亲笔书法比较

例字	P.3620	P.3750	例字	P.3620	P.3750
张			色		
停			度		
昨			衣		

例字	P. 3620	P. 3750	例字	P. 3620	P. 3750
荣			赐		
封			州		
不			专		
珍			非常		
月日			前后		
兵马			将军		

经过如上两个方面的比较，笔者认为两件文书均为同一人所写，即都是张议潮的亲笔书法遗物。综上所考述，P. 3750 委曲文书是大中十二年（858）七月二十日由归义军节度使张议潮写给在沙州的沙州刺史张淮深的，应该定名为《张议潮付侄张淮深委曲》。由于敦煌文书中有张议潮亲笔书写题记的、成年时期的文书非常少见，这件"委曲"文书能够保存下来，弥足珍贵，可以帮助我们去比对、判定敦煌文书中其他未被发现的张议潮主政归义军时期的文书。同时，此文书中还提及肃州需要"图画障子""素匠"，应与当地寺院内的绘制壁画、起造塑像等有关，是反映了敦煌归义军在收复肃州之后，向肃州投入各种物资，积极进行文化建设等经营的珍贵史料①。

2. 宋太平兴国四年委曲文书副本：P. 4525（9）V《归义军节度使曹延禄报番官首领委曲》（见图 6 – 3）

  □（报）番官首领：夏热，想汝好在？部族□（亦）得安健否？当道今差使人入贡□（朝）庭，经过路途，到汝部落地界之时，□仰准例，差遣人力防援般次。前□在路，勿至滞留踈失。今赐汝斜褐□条，牦牛尾三株，到可领也。不具。□□（归义）军节度使曹（鸟形押）委曲附（付）首领

P. 4525V（9）《归义军节度使曹延禄付番官首领委曲》文书前有残缺，大约是一至两个字，文末有一鸟形押作为某曹姓节度使的草书押署姓名。虽然没有明确的年代，但我们已知这种鸟形押的特征归属于曹氏归义军时期的曹延禄所用，是"延"字的草书形体的变异。图 6 – 3 中所示鸟形押虽然没有明确的纪年日期，但结合已知曹延禄任归义军节度使的时间（976—1002）② 推断，曹延禄所使用的这一类型的鸟形押都在 977 年至 980 年之间。因此判定 P. 4525V（9）《归义军节度使曹延禄付番官首领委曲》的写作时间也在 977—980 年之间。

---

① 王使臻. 两件敦煌书札浅释 [J]. 历史档案，2011（2）：131.
② 荣新江. 归义军史研究 [M]. 上海：上海古籍出版社，1996：124.

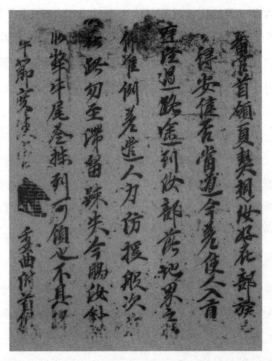

图 6 – 3　P.4525V（9）曹延禄付番官首领委曲文书

　　另外，P.4525 正面为兑废的佛经，背面有宋太平兴国六年（981）的养女契约、太平兴国七年（982）"白侍郎门下学仕郎某乙到院内领讫"题记。背面第 4 件提到癸未年八月廿二日将兑纸人目，癸未年被判定为宋太平兴国八年（983），背面第 7 件是辛巳年（宋太平兴国六年，981）八月都头吕富定上太傅牒，背面第 12 件是太平兴国某年十月内亲从都头知瓜州衙推某牒。因此，从文书内证上判断写在第 7 件和第 12 件之间的 P.4525（9）"委曲"一定写于太平兴国年间①，其内容是某年夏月，归义军曾派出使人入贡宋朝朝廷，经过瓜沙管界内的少数民族部落时，归义军节度留后曹延禄写信给番官首领，请其保护使团的安全。另据敦煌文献 P.3827 奏状、P.3660V 牒文，

---

①　张广达先生据文末的鸟形押与 P.3878 上的鸟形押相同，判定为 979—980 年。参：张广达. 唐末五代宋初西北地区的使次和般次［M］//西域史地丛稿初编. 上海：上海古籍出版社，1995：338.

它们都与太平兴国四年（979）四月以后归义军节度兵马留后曹延禄派使团进贡宋朝以求取节度使旌节有关，因此判定 P.4525V（9）"委曲"文书末尾押署的鸟形押为 979 年夏月（五六月），正好与 P.3827＋P.3660V 奏状、牒文反映太平兴国四年（979）四月以后，权知归义军留后曹延禄派出使者进贡宋朝的事实互相验证。

传世史书记载：太平兴国五年（980）闰三月辛未日，归义军进贡使臣经过了约十一个月的跋涉到达宋廷东京汴梁（开封）。这一史实在出土的敦煌文献里也得到了很好的验证：安徽省博物馆藏敦煌文献《二娘子家书》中记载"至今年闰三月七日，平善与天使司空一行到东京"，李正宇先生据唐宋时期的置闰特征，推断"闰三月"即为宋太平兴国五年（980），恰恰与正史资料记载的归义军使人于本年闰三月辛未（二十八日）入朝纳贡非常契合①。于是，在 980 年四月，宋廷制授曹延禄归义军节度使、检校太保、归义军节度瓜沙等州观察处置营田押蕃落等使。在《宋会要·蕃夷志》中明确记录曹延禄的检校官衔为太保②。980 年四月宋朝授曹延禄"检校太保"之后，还专门派出了沙州官告使，携带朝廷官告及信物与归义军使团一同返回敦煌，于 980 年腊月终于来到了敦煌，在敦煌文书档案 P.3438《沙州官告国信判官、将仕郎、试大理评事王鼎上太保启状》中留下了蛛丝马迹③。

根据以上史料双重验证，环环相扣，合如符契，证明 P.4525V（9）"委曲"文书作于 979 年夏月（五六月）之际，980 年闰三月辛未日归义军使臣到达东京汴梁，980 年四月授曹延禄官告。由于北宋京师汴京距离沙州路途遥远，宋朝派出的官告、国信判官王鼎等中原使团花费了数月时间才在庚辰年（980）十二月初抵达沙州，受到归义军节度使曹延禄的酒宴招待。

---

① 李正宇. 安徽省博物馆藏敦煌遗书《二娘子家书》[J]. 敦煌研究, 2001 (3)：93.

② 从敦煌文献已知，曹延禄在 976 年出任权归义军节度兵马留后时，在归义军境内自称太保，但在太平兴国四年（979）四月曹延禄给宋廷的奏状 P.3827《曹延禄奏状》中结衔为"权归义军节度兵马留后金紫光禄大夫检校司空兼御史大夫"，自称检校司空，当然是曹延禄谋求进贡宋廷以获得正授节度使的权宜之计。

③ 王使臻. 曹元忠、曹延禄父子两代与于阗政权的联姻[J]. 敦煌学辑刊, 2015 (2)：39-41.

这件委曲文书的格式是"报番官首领"，就其内容来看，是归义军长官曹延禄给其辖境内（瓜沙二州）的少数民族部族首领所下达的委曲，因为曹延禄担任归义军节度瓜沙等州观察处置营田押蕃落等使，对其境内部族有监管之权，属于地方官府里长官给僚属的委曲文书类型，故其格式和传世文献《桂苑笔耕集》中淮南节度使高骈报其下属官吏委曲、新疆库车都勒都尔·阿护尔遗址墓葬中出土唐代某地方官给当地民族头领所下达的《报娑勒委曲》的格式完全一样，以"报某某"为特征。从文书性质来看，上面虽有曹延禄的亲笔押署，但结合文书的出土地点，此件文书应该是一件留存于敦煌的文书副本而非原件。"当道今差使人入贡朝庭，经过路途，到汝部落地界之时，一仰准例，差遣人力防援般次，前□公在路，勿至滞留踈失"，在文书中曹延禄叮嘱番官首领对途经其部族地界而前往中原进贡的使团按照惯例派出兵员进行护送，一定要保护其安全，不可滞留行程或者出现疏忽差错，并送上了一些礼物进行慰问。这些内容又与传世文献《文献通考》中所记北宋边境地区安抚经略使初开幕府时，下达委曲（"以公文下教"）给当地的部族头领，还要按照历史惯例进行食盐、布匹等生活物资的赏赐，以笼络边境少数民族人心所反映出来的"委曲"文书承担了边境地方长官勉励少数民族首领巩固边防、爱恤人民的功能是一致的，证实传世文献所记委曲文书有慰谕的功能并非虚言。只是此件委曲文书由于是副本，上面并无钤盖官印，因此性质不是公文，而应该是私人书札。

3. 宋代藩镇节度使给下属委曲文书草稿本：S. 4453《归义军节度使曹延禄报下属委曲》

又报诸家车牛等：吾有簾子、茨萁，仰汝等每车搭载一两束将来。仰都知安永成管领者。（乌形押）

此件文书前一部分大字书写的是北宋淳化二年（991）归义军节度使（从乌形押特征及归义军历任节度使的卒立世系推断系曹延禄）给寿昌都头张萨罗赞、副使翟哈丹等的"帖"文，属于长官下达给地方官吏的正式的公文，上面虽然盖有"归义军节度使印"，但从文书的发文地点（在寿昌县）

和出土地点（在沙州）判断，它其实是因某种原因（可能是因为公文中出现了部分书写错误而被废弃）而留存于节度使府内的公文副本或是档案文书。在正式的帖文中，归义军节度使曹延禄对沙州派往寿昌县的车牛、军将的食物供给做出了具体的指示，要求寿昌都头严格照此命令执行，并在纸缝处、年月日上严格地遵照公文制度而钤盖了官印。这表明帖文是宋代藩镇节度使下达给下属官吏的正规公文，保留有公文的严谨特征。

值得注意的是，在大字帖文之后、利用帖文末空白处书写的小字"委曲"文书，从明显的涂抹和杂抄字迹判断是草稿，当是同一天由归义军节度使曹延禄直接下达给"诸家赶牛车人员"等普通老百姓的"委曲"私人信札，只有亲笔押署而无官印，也没有具体的日期，内容包含着劝谕、叮嘱的意味，归义军节度使曹延禄令诸家牛车为其载运物品归来，并劝诫他们要听从随行都头的命令，路途之中不可妄生是非，不听命令。这些特征均证明宋代的委曲文书和唐代的委曲文书一样，都是私人文书，语气委婉地劝慰和嘱托是其最主要的内容特色。这不正与新疆库车出土唐代《报娑勒委曲》文书中用官府官员用告谕的口气，委婉地命令当地部族头领尽快献上质量好的白羊一只，以招待龟兹都督府来的某位长官一样吗？可见，委曲文书的本质就是私人书札，与官府公文书"帖"文有强制性征收物品的区别，正是委曲和公文的差别。

前文已述，从出土文献中的唐宋"委曲"文书去验证，委曲文书都不能算作是正式的地方官府公文，它只是当时社会中通用的一种私人书札的文体。英藏敦煌文献 S.4453 是验证唐宋时期的藩镇节度使所下达的公文"帖"与私人文书"委曲"有何不同的最好材料。

4. 宋代普通民众的委曲文书原件：P.3936《甘州丈人丈母委曲》

秋冷。报张郎、佛婢、三男并好。在甘州丈人丈母通问：在此与诸长幼男女以下并且康健，不用尤心。丈人丈母报张郎、佛婢：自从一别，已逾一秋。夜夜悲啼，朝朝仰望。比者匹配张郎，将为团圆永住，只得二亲相见。兄妹蓁林，何期中路生虽一去，男□数月。千山渡海，自上书得飞通，甘肃两州悉于眼下，人使若于流水，不曾驰一字相看，父母忆念情深，所以伤心出语报张郎妇：汝若不是吾之血属，亦合有相识思忆。况是父母生，头半载全无问讯。张郎是沙州上客，他家岂藉亲情？汝是甘州眷属，岂忘当初养育？阿耶然已年老，常日即被官差。慈母夜夜悲涕，梦里常逢佛婢，朝朝西望，日夜长思，美红（鸿）雁之子母相逢，叹梁上之父母团聚。莫是张郎坐一出之幸，不回之词，佛婢冤家亦合有些些之意。昨闻贼寇所逼，又被打劫畜生，身又不空，亦合分贵，人使如流，都无一字。汝若且在肃州，应是稳便。秋末冬初，不用两老，比至秋深，必遣一儿问讯。且与汝身居，父母万里亦合知闻，一别累月，有余事不交（教）人心痛。缘使蓊（匆）速，附信未由，有善恶事但来寄书，父母约□相为，□上再容，不同别人，父母皆无弟妹，不见亲情，永别骨肉，无因见面。汝凡有事，与张郎苦和同，莫遣老耶孃（爷娘）远家，千万千万，永别永别。因使往来，书信莫绝，好看男女，莫逼孤恓，空附单书，余言不尽。九月一日　丈人丈母委曲　付

张郎夫妇　　［省］

（前缺）判官借问，便来相见也。知之。

前文所见敦煌文献里的三条委曲文书材料均是唐宋时期地方藩镇节度使给其下属所下达的私人文书，似乎暗示唐宋时期的委曲文书仅限于藩镇幕府之内，是一种源自藩镇体系的文书体裁。其实未必，笔者统计的《敦煌文献中唐宋"委曲"文书一览表》显示，委曲文书在唐宋时期时在私人之间（父子之间）更为常见，足以证明它就是一种私人文书文体，故官府内官员可用它，民间普通百姓自然也可用它，因为它显然不是公文体，且与公文有根本的不同。

P. 3936 "委曲"是甘州（今甘肃张掖）的丈人丈母给在肃州的女儿、女婿的一封家书，反映的是唐宋归义军后期甘州、肃州普通百姓遭受战乱痛苦的社会生活。从出土地点及书写特征来判断此"委曲"文书的文本形态，书法均较工整且信尾有另一笔迹的附言，发信人在甘州（今甘肃张掖），收信人分别在肃州（今甘肃酒泉），而书札的出土地点又在沙州，那么它应是从甘州传递到肃州进而又被带到沙州的"委曲"文书的原件实物，文献价值很高。据信札中称"自上书得飞通，甘肃二州悉于眼下，人使若流"，反映的

是甘州与肃州之间在久被阻隔后又开通道路的历史背景。据荣新江《归义军史研究》，这样的历史背景似发生在归义军后期的曹氏归义军时期，因为在张氏归义军后期，归义军失去了对甘州的控制，回鹘人占领了甘州，建立了甘州回鹘少数民族权，使河西走廊通向中原的交通道路一度中断十五六年。在五代后唐同光年间（926），归义军节度使曹议金两次出兵征讨甘州回鹘，降服甘州回鹘，使河西走廊的交通得以恢复。在P.3500V《歌谣》中反映了曹议金东征甘州回鹘后，道路开通无虞的情景："甘州可汗亲降使，情愿与作阿耶儿。汉路当日无停滞，这回来往亦无虞"，可证委曲中所言"甘肃二州悉于眼下人使若流"的时代背景可能发生在五代时期。

在文书格式上，此件委曲文书与前三件委曲文书的格式略有小的差异，以"报张郎、佛婢"开头，以"丈人丈母委曲付张郎夫妇省"为结尾，似乎是兼具了长官对僚属、父母对子女两种类型的委曲文书的格式。在内容上，在甘州的父母非常想念在肃州的女儿，责备她半年全无消息，令父母伤心痛苦："汝若不是吾之血属，亦合有相识思忆？""张郎是沙州上客，他家岂藉亲情？汝是甘州眷属，岂忘当初养育？"父母思念子女的亲情跃然纸上。信末父母语重心长地叮嘱女儿与女婿在外同甘共苦，要给父母寄信通报讯息或是前来团聚，以解父母相思之苦。上述这种委婉叮咛、劝谕、嘱托的情感是委曲文书中最常见的，在这封父母给子女的信札中体现得最为典型，反映了"委曲"这一书札文体在传递信息、表达情感方面所独有的特色。

了解了上件"委曲"文书的书写地点、时代背景，也有助于我们深化认识唐、五代、宋初时期普通民众以委曲文书传递信息、沟通情感的一些特征，从而去探寻这种书札文体在唐宋时期流行的原因。P.3936《甘州丈人丈母委曲》的发件人是在甘州的普通百姓，但此信札行楷书法漂亮，语言生动，富有文学的感染力，如"慈母夜夜悲涕（泣），梦里常逢佛婢。朝朝西望，日夜长思，羡红（鸿）雁之子母相见逢，叹梁上之父母团圆聚"，容易给人以唐五代时期河西走廊地区底层人民的文化水准很高的错觉。但仔细研究这封信札，在正文中有精心的字斟句酌，如"见"字、"圆"字被涂掉，修改成"逢"字和"聚"字，是为追求押韵，显示了书写者有很好的文笔。

另外，在信札结尾处的附言，是另一种与正文字迹不同的、较为稚拙的字迹，但很可能这才是发信人亲自书写的，才是底层人民的真实文化水准。即这件委曲书札很有可能是请人（如专门代人写书信的书手）代写的，写好以后才自己附上了附言。据研究，唐五代时期河西走廊地区底层的普通人民的文化水平很低，文盲与半文盲占绝大多数。尽管如此，既然发信人能写字、识字，为什么不自己写信呢？须知，在唐五代时期，会写字、认字与会写某种格式严谨的书信是两码事，因为敦煌文献中大量的书仪文献说明：当时的书信讲究平阙礼仪，有严格的格式，讲究书牍用语，必须经过一定的学习和训练才能掌握。出土文献中也有许多相似的例证，如敦煌汉代悬泉置遗址帛书信《元致子方书》（Ⅱ90DXT0114③：611），是元从敦煌写信给子方，请其办事的私人信札，在文末最后一行有用另一种字迹书写的文字"自书：所愿以市事幸留意留意毋忽异于它人"。胡平生先生认为，末行"自书"云者，字迹与正文不同，可知信的本文部分由他人代笔，最后一句才是自己书写①。又如，安徽省博物馆藏敦煌文献《二娘子家书》也是一件五代时期的家书，字迹娟秀，语言中也有许多书仪套语，李正宇先生判断为书手代书而非五代时的女子亲笔书写②。因此，通过这件宋代委曲信札原件，对唐宋时期河西走廊地区人民的文化水平，可以有一个理性的认识。

除了以上举例的唐宋委曲文书实物之外，我们还可以在其他敦煌文献中找到很多唐宋时期社会中流行以委曲作为私人信札而传递消息的记录，如P.3197V（6）《某乙上司空状》、P.3425p《书仪抄·谢赐物状》、S.4667《僧智果上僧录启》、P.3730V（6）《僧恒安状稿》和S.6405V《僧恒安状》等书信中也提及地方官府的长官（或师僧）向下属（或僧徒）通告信息、赏赐物品时用"委曲"体书札。总之，敦煌出土的委曲文书与前述传世文物、传世文献里的委曲文书的使用范围、格式特征、文体特色完全可以互相验证、互相补充，证明委曲就是一种特殊格式的、有特殊适用范围的私人书札

---

① 胡平生，张德芳.敦煌悬泉汉简释粹［M］.上海：上海古籍出版社，2001：191.
② 李正宇.安徽省博物馆藏敦煌遗书《二娘子家书》［J］.敦煌研究，2001（3）：96.

文体之一，出土的唐宋委曲文书中所包含的信息是那一时期敦煌地方社会历史细节的反映，因而具有重要的历史文献价值。

第三节　唐宋"委曲"文书格式、封缄礼仪和教化功能

通过前文上述传世文献和出土文献材料中唐宋委曲文书材料的展示和分析，表明在唐、五代、宋初，"委曲"这一文书文体被广泛地应用于日常的社会生活，无论是地方的上层官吏如节度使、刺史、县令，还是低级官吏如使团头领、僧官，甚至是普通的百姓、僧人，都可用"委曲"这一文体来传递信息和情感，告知消息的对象都是下属或有血缘亲属关系晚辈，或者是两者之间的身份地位有明显的差距。但唐宋时期社会生活毕竟是发展变化的，让我们从原始的出土文献再次回到上层精英们所编集的传世文献，去找寻唐宋时期委曲文书所发生的一些社会生活细节方面的变化，去探讨委曲文书的格式在唐宋时代的变化、委曲文书的封缄与传递、委曲文书在传递信息和情感时所承担的社会教化功能。

一、唐宋委曲文书格式的变化

出土敦煌文献中现存的两类"委曲"文书，一类是长官给属吏的委曲，一类是父母给子女（师僧给弟子的类同）的委曲，这与传世文献中记载唐宋时期的"委曲"分两类正相符合。传世典籍中有司马光所修撰的《司马氏书仪》一书，书中纂集了宋代士大夫家族之间书疏往来时应该遵循的书札礼仪和格式。其中就专门记载了"委曲"文书的适用范围及书写格式，证明当时社会对这一特殊书札体的重视，也表明委曲在社会生活中的应用广泛。将宋代的委曲文书的格式与唐代的委曲文书格式进行对比的话，就会发现二者已经随着社会的发展出现了一些细微的变化。

北宋司马光《书仪》中专门记录了两种格式的委曲文书，适用于不同的人群对象：

（一）、《与仆隶委曲》（注云：仆隶上郎主，当依公状式）：

姓名（仆隶姓名也，述事云云）。不具。委曲付姓名。

委曲附姓名　　　押　　封①

（二）、《与子孙书》：

告名（子孙名）　春寒（寒暄随时）　想汝与诸幼（卑幼随事）吉健（述先时往来书），吾此与骨肉并如常（述事云云）。不具。翁（父同）告名（省）

委曲付（子孙）名　翁（父同）　　　封②

据司马光《书仪》一书，北宋时期的"委曲"文书格式有两类，第一类是官僚士大夫之家给其仆隶的书札：在委曲开头书仆隶姓名③，末尾以"委曲付姓名"结尾；第二类是父祖等长辈给子孙等晚辈的家书，在委曲开头固定为"告（或报）［子孙］名"，结尾以"父（翁）告［子孙］名省④"为格式。根据敦煌所出唐五代《书仪》文献记载，尊长者致卑下者书，尊长者皆用"告""报"（凡书末，尊行皆告，长皆报疏），而对卑幼者直呼其名，在书尾或封题上的最后一个字用"省"。

比较一下这两类"委曲"文书的格式，开头格式基本相同，以告或报这类动词开头，唯一的一点差别可能是《与仆隶委曲》直书仆人的姓名，而《与子孙书》则书子孙之名而不书姓；结尾格式上的最大差别，是《与子孙书》在子孙名后有"省"字为重要标志，《与仆隶委曲》则没有"省"字，因为书札用语"省"字习俗上固定专用于有血缘亲属关系的长辈对晚辈的书信礼仪里。但从出土和传世文物来看，唐代时期与子女的委曲文书多有

---

① （宋）司马光．书仪［M］//文渊阁四库全书（第142册）．上海：上海古籍出版社，2003：421.

② （宋）司马光．书仪［M］//文渊阁四库全书（第142册）．上海：上海古籍出版社，2003：423.

③ 依出土委曲文物显示，姓名前多有"报"字，此处也似乎应有"报"。可能是传世典籍在传抄过程中导致有脱字。

④ 司马光在随文注释中特别注明，在末尾的子孙姓名之后，一般多有"省"字为标志，但也可以没有。

"省"字（如《唐人徐公祐付其侄胡婆委曲》《唐张议潮与侄淮深委曲》），而宋代与子女的委曲文书则经常省略"省"字（如《宋司马光付侄委曲》《宋甘州丈人丈母付女儿女婿委曲》），这可能是唐宋委曲文书在格式上发生的细微变化。从相同的方面来说，宋代这两类"委曲"文书，虽然一称"委曲"一称"书"，但在文中基本上都会有"委曲付姓名"为"委曲"文书的标志，说明"委曲"文书就是"书（札）"，同属于私人书信。司马光还特别注明，虽然"委曲"文书也是私人书札，但其适用范围却是有严格规定的，是以上（尊）达于下（卑）者时所用，绝对没有下（卑）对上（尊）用"委曲"通报信息的，他在《书仪》中明确注明若是卑者向尊者通上尺牍，如士大夫之家的仆隶必须用公状格式。这说明"委曲"文书在北宋时期的官僚社会里使用，有非常严格的礼仪范围，不同身份地位或血缘尊卑关系的人是不可僭越使用的。

二、唐宋委曲文书的封缄礼仪和传递

值得注意的是，司马光《书仪》一书中还专门记载了北宋时期的"委曲"文书的封缄方式，对于研究这一类书札的封缄和传递方式无疑有重要的参考价值。如上《司马氏书仪》所示，司马光在两类委曲文书的末尾一行专门记载了宋代"委曲"文书的封缄方式："委曲付姓名　押封"，但这到底是什么意思呢？由于时代远隔，我们已经不清楚宋代人对书札进行封缄的方法了，现结合出土文献中的信札封缄实物和传世文献中的文字记录，试将委曲文书的封缄进行复原。

唐宋时期传递信息的信札一般要保密，为了防止私密信息被他人得知，一定会对信札或文书进行保密封缄，如上所述，委曲文书中经常会包含私密性的内容，因此肯定需要封缄。出土的敦煌文献 P. 3349p1《慈父致沙州男委曲》就是唐宋时期信札封缄的一个实例。此委曲文书在背面书写有两行文字：正书"沙州男令狐员须书"，反书"至新城镇送上父判官□（草体花押）封"。这些文字肯定是信札封缄之后的封题，结合正面委曲文书的内容，将之复原成正确的封题顺序即是："沙州男令狐员须，书至新城镇送上。父判官□（花押）封"，意即此件委曲文书是父亲写给现在沙州新城镇的儿子的书信，后有其亲笔花押。

那么为什么要写成正反二行封题呢？依据实物复原，最大的可能就是，当父亲令狐善应写好此件委曲书札后，要进行封缄，必定是将书札从左向右卷折，折成一长条状书札，然后把此长条状书札从中间对折之后再分别在对折后的两面书写封题，由于纸条的长度有限，一面只能书写收信人"沙州男令狐员须书"，另一面书写送信地址和发信人的花押密封"至新城镇送上，父判官□封"，封缄完毕之后请送信人依据地址而传递到收信人手里，从而保证信息的保密性。

对出土敦煌实物 P. 3349p1《慈父致沙州男委曲》的封缄方式的复原正好可以启示我们对司马光《书仪》中所记载的宋代委曲文书封缄方式的认识，原来，司马光《书仪》中的委曲封题方式"委曲附姓名　押封"或"委曲付（子孙）名　翁（父同）封"，其实就是说明要将委曲文书要像 P. 3349p1《慈父致沙州男委曲》一样卷折之后，再进行缄封，在一面题写收信人"委曲付姓名"，另一面题写发信人的"押封"，二者并不是写在同一面的，而是分开题写的，因此也在《书仪》中对收信人和发信人的姓名保持了一定的书写距离以示这种区别。与之类似，前述 P. 3750《敦煌归义军某官与张淮深委曲》和 P. 3936《甘州丈人丈母委曲》二件唐宋委曲文书的原件上都能看到非常清晰的折纸痕迹，表明它们也是采取类似以上所述的随纸卷封的封缄方式的，这应该是唐宋时期委曲文书封缄的一个礼仪性规定，与"委曲"文书在唐宋时期的官僚社会里使用，有非常严格的礼仪范围，不同身份地位或是血缘尊卑关系的人不可僭越使用的社会风俗、礼仪完全一致。

出土文献和传世文献都证实委曲文书的封缄方式一般采取随纸卷封的方式，采用封皮纸封缄的正式封缄方法较为少见，如宋代刘应李《翰墨全书》中记载的封缄方法："小束……并不用缄封，左卷就皮上书云……谨封之类"①。

---

① （宋）刘应李．新编事文类聚翰墨全书［M］//四库全书存目丛书（子部第169册）．济南：齐鲁书社，1995：33.

正与学者们所发现的唐宋时期文书书札的封缄要遵从当时社会的礼仪规范制度相一致。唐宋时期，随纸卷封书札与以封皮纸裹封书札的差别与发信人的社会地位和发信对象有关，对私人书札或小柬（一般是长官或长辈给下属或晚辈的私人书札）或非关机密事的书札，不需要以封皮纸封缄；对于机密的公事，或是下属给长官或长辈的信札，无论是礼仪上，还是保密性上，均要求以封皮纸封缄。即，随纸卷封书札适用于尊对卑，礼仪较轻；以封皮纸裹封书札适用于礼仪较为严格的范围内使用，或者是在传达机密信息时必须要用封皮纸裹封后传递。唐宋时期的人们在面对不同身份地位的致书对象时，封缄书札时尤其要注意礼仪。①

不仅委曲文书的封缄需要注重礼仪，其书札用语更要符合书仪规范。我们已知，唐宋时期的"委曲"是一种父祖对子孙、长官对僚属进行劝诫时的书札文体，是属尊者对卑者的书札，书札用语中根本不可能出现类似"起居"等卑者致尊者书牍中常用敬语问候语。但是在敦煌出土的一些委曲文书中，如 S.6537V（4）"委曲"文书与五代后唐时期的册子装 Дх12012（2）《父母致子女委曲》中却有"起居""敬想"等敬语，这又是什么原因呢？当我们观察这二件委曲文书的文本形态时，便可发现其书写字体粗恶，不是原件而是抄件，可能是敦煌寺院学郎之类的人抄写前人的委曲文书以当作书札范文来学习所用。另通过比较两者的文本内容，发现它们几乎完全相同，表明在晚唐五代的敦煌地区，"委曲"文书文体由于其特殊性而一直被当作一类专门的应用文体而学习，并在传抄过程中有改动，甚至发生失真的现象。这两件委曲文书由于是抄件，可能在抄写的过程中发生了变异，出现了随意添加、改动词语的情况，这与抄件的文本形态、抄写者有很大关系。因为与已知敦煌出土"委曲"的原件相对照，均没有"空附起居"这类不合当时书札礼仪的书牍用语，很可能是抄写者由于知识水平所限，并不明白"委曲"文书应当遵循的礼仪规范，而致传抄学习中出现了错误。这也应该是随着社会的发展，人们对曾流行于唐代的委曲书札文体产生隔膜的一个表现。

① 王使臻. 敦煌所出唐宋书札封缄方法的复原［J］. 文献，2011（3）：45.

三、唐宋委曲文书的社会教化功能

唐宋时期的"委曲"文书，尤其是地方长官予官府内僚属的委曲，在传递信息的同时还承载着特殊的教化下属的功能，在唐宋时期发挥着沟通上下信息的重要作用。结合传世文物和出土文献来看，主要表现在以下三个方面。

第一，委曲文书虽然不是公文，但当地方长官对下属告知消息时，"委曲"文书可以作为正式公文"牒""帖"之外的一个重要补充。尤其是在某些不方便或不适用"牒""帖"公文的场合下，地方长官使用"委曲"向下属发布指令，更有私密性，有时候反而比公文更有效率。牒、帖等公文书与委曲的适用范围不同、功用也有不同：如果是牒、帖，是正式的公文，一般要钤盖官印，下属接到牒、帖后必须严格执行；如是委曲文书，则是地方长官的私人信札，不盖官印，也没有法律上的权威性，受书者不一定执行。如传世文献唐段成式《酉阳杂俎·金刚经鸠异》载"（陈）昭乃具说（窦悬）杀牛实奉刘（辟）尚书委曲，非牒也"①。此例中，杀牛是奉西川节度使刘辟的委曲，不是正式的官牒文书。显然，由于委曲与牒的法律权威性不同，刘辟的下属窦悬奉其"委曲"命令而杀耕牛犒劳军士，并没有节度使正式下达的公文命令为依据，却是违犯了官府法律，因此被以擅杀耕牛的罪名而治罪，替刘辟背了黑锅。出土敦煌文献 S.4453 是证明地方节度使"帖"与"委曲"有何不同的最好材料。第一件是北宋淳化二年（991）归义军节度使曹延禄给寿昌都头张萨罗赞、副使翟哈丹等的"帖"，是正式的公文，上面虽然盖有"归义军节度使印"，但其实是留存于节度使府内的公文草稿或是档案文书。对沙州派往寿昌县的车牛、军将的食物供给做出了具体的指示，要求寿昌都头严格照此命令执行。第二件即是委曲文书，是同年曹延禄直接下达给诸家赶牛车人员的"委曲"，是私人信札，包含"劝谕"（说好话）

---

① （唐）段成式，著．方南生，点校．酉阳杂俎·续集七"金刚经鸠异"［M］．北京：中华书局，1981：268．

的意味，归义军节度使希望诸家牛车为其私人载运一些生活物品回来，并劝诫他们要听从随行都头的命令，路途之中不可妄生是非。但是由于委曲文书不是公文，并不是严格的法令，这些赶牛车的人并不一定会遵从或接受命令。

第二，"委曲"作为地方长官的私人书札，往往包含着长官的情绪与期望，多蕴含劝谕下属能够执行长官的指示、尽职尽责地完成某项任务的意味。有时候委曲文书的语气较为严厉，是训诫的口吻。如出土敦煌文献P.2734V委曲中的沙州某县令翟某给在瓜州的安僧正的委曲中，要求安僧正监督王法律完成地方长官交给的寻觅毛皮的任务后，马上发遣往瓜州来，不得耽误，如有延误，则罪责不轻。Дx11193委曲中的僧官要其徒弟天贤搜罗红褐前来，并严令他不得让塑匠、木匠到窟上来。S.3983委曲中的僧官要押衙郎神达尽快将从寺院内借出的经卷送回寺院，不得延误耽搁。有时候委曲文书的语气又非常委婉，甚至要通过送礼物等方式，叮咛、嘱咐下属，劝谕的语气很强烈，如P.4525V委曲中归义军节度使要求蕃官首领在其管辖区内保护归义军的使团的安全。P.4766委曲中的使团首领要求某官健照看好军马，莫致过失。而且以上两件委曲文书都在委婉嘱托的同时，却又要送上一些小礼物，以恩威并施，希望下属能够遵从指令。

第三，"委曲"文书中或多或少地都会传递一些不得让外人得知的秘密信息，或与收寄信物有关联。由于"委曲"属尊长者致卑幼者的私人书信，在书信内容中往往包含有倾诉衷情、议论时政等私密性内容，是真诚地进行思想情感交流的重要手段。故在"委曲"等私书家信中，真挚的感情最容易流露，从书牍相关人物、事件中所反映的历史、文化、社会变迁等内容具有重要的历史文化价值，"是社会的一面未扭曲的镜子"①。如《桂苑笔耕集》中《报光州李罕之委曲》中言"近奉敕书手诏，无非激励众心，兼除王令公充都统，西门军容充都监，此乃藩镇功亏，朝廷计尽，遂将大任，专付老

① 赵和平. 中国家书的源流、体例、礼仪［M］//赵和平敦煌书仪研究. 上海：上海古籍出版社，2011：98.

儒。虽漫传声，必难济事"①，淮南节度使高骈将朝廷的机密信息告知部将李罕之，目的是劝勉李罕之攻打黄巢军、早立战功。又如北宋司马光给其侄的"委曲"（《宁州帖》）中责怪其侄不愿辞官侍养父母的糊涂，称："今汝才去，朝旨许令侍养，若本府奏称本官已赴本任，缴回文字，则朝廷必以为厥叔强欲差它侍养，它自不愿，已到本任，直收杀不行。不惟坏却此文字，深可惜！并光亦为欺罔之人也。虽知骂得汝不济事，只是汝太无见识。"言辞坦诚恳切，可见委曲文直抒胸臆的特色。出土敦煌文献中父母给子女的"委曲"主要是家书，叮咛嘱咐子女在外要尽职于公事，不要犯过失，有时在给子女通报消息时，往往也会传递一些秘密信息，如通过信使寄了什么礼物、数量多少、礼物是如何包裹的内容，这些内容是不便于让外人得知的秘密，故要密封送达。尤其值得注意得是 P. 3349p1 委曲，在背面题有封题，说明一些传达秘密信息的"委曲"在写好后，要随纸卷折密封之后再由信使传递到收件人手中。

　　林嵩在研究《桂苑笔耕集》中的二十首淮南节度使致下属将吏的"委曲"文书时，根据文书的内容而统计为"存恤""告诫"等八个方面②，进而得出与上文所述相似的三个结论：委曲非公文、非机密文书，委曲行文多委婉，认为委曲文书产生于唐末藩镇割据的政治历史背景之下，是藩镇体制政治中人际关系的反映。但是，委曲文书的教化下属功能，在宋代随着地方藩镇体系的瓦解，伴随着官场中私人人身隶属关系的淡化与松弛③，地方政府官僚机构内委曲文书的教化功能渐渐消失，而仅仅局限在士大夫家族内还有应用，这也可能是委曲文书体在北宋之后渐渐退出官僚文书体系的一个重要原因吧。一是藩镇体制的终结，官府内私人依附关系消失，委曲体文书便渐渐失去使用环境。二是宋代社会新风俗的兴起，书仪便随之发生变化。

　　委曲体书信在南宋时消失不见，与社会历史环境有关。任何一种文学文

---

①　［新罗］崔致远，撰．党银平，校注．桂苑笔耕集校注［M］．北京：中华书局，2007：373.

②　林嵩．《桂苑笔耕集》所见"委曲"探赜［J］．中国典籍与文化，2010（2）40－41.

③　樊文礼，史秀莲．唐代书牍文"委曲"研究［J］．中国典籍与文化，2009（2）：9.

体的生成、发展与消亡都有一定的规律，离不开具体的历史环境，受到历史时期政治、经济、文化思想诸多因素的制约。虽然在南宋时期的公私社会风俗中，不再用委曲体书信，但委曲体书信所承担的教戒功能却被其他书信体所替代了，委曲体名亡而实存。

四、唐宋"委曲"体文书的文体溯源

1. 唐宋"委曲"属书札之"书"文体

唐宋"委曲"文书起源于何时，以及它为什么被当时人称作"委曲"，文献中并不详载，因此留给了后人和研究学者们许多的疑问和难解。如上所述，从南宋之后到明代，古人已经对这一文书体裁相当隔膜而致疑。由于唐宋委曲文体之名不见于汉晋以来的各种文体所载，学者们只能猜测。

但崔致远在自编《桂苑笔耕集》时，将"委曲"编入在"檄书、书"体之下，宋司马光《司马氏书仪》将"委曲"列入"家书"类，表明在唐宋人的观念里，"委曲"应属"书"体之一，与书信同属一类。又，在《桂苑笔耕集》中，"委曲"有时也被称作"书曲"，如《桂苑笔耕集·报滁州许勋委曲》中有"访知近日浙西周相公频差上元镇使马暨，专赍书曲兼将金银送到和州说诱秦彦"①。敦煌文献中也有一件丈人给女婿的"书曲"P. 4610："李郎：秋热，得健否？昨知差使郑州必计其马住花在此。渐向成长，所事装束秋□□□（部）缘装束每事无人教招，又以王事以慰卑心。不具。丈人刘□书曲。八月一日"。出土敦煌文献可证唐宋时人也将"委曲"视同为书札，也称"书曲"。因此，笔者推测，"委曲"是"书"体中的一类，是唐人对一类有特殊功能的以上达下的私人书札的通俗称谓，因"委曲"言词委婉、多含劝诫、劝谕的内容②，被俗称作"委曲"（见下文详细

---

① ［新罗］崔致远，撰．党银平，校注．桂苑笔耕集校注 ［M］. 北京：中华书局，2007：382.

② "委曲"本是动词，意思是诲谕。如唐令狐楚《令狐楚集》卷 2《奏差兵马赴许州救援并谢宣慰状》中有"伏奉诏书，兼宣恩旨……伏蒙陛下委曲照临，丁宁诲谕"。文中"委曲"与"丁宁诲谕"对举同义，都是动词。后来"委曲"用作名词，指代一种叮咛诲谕性质的书札类文体专名。

讨论）。这也是中国古代文体的命名经常有一个从动词到文体专用名词演变的一例，是中国古代文体"一体多名"现象的表现。

2. 唐以前无"委曲"文体之名称

有学者通过检索，发现在西晋陆云《国起西园第表启》文中有"得尔委曲，省以抚然"的辞例，进而推断早在西晋时可能已经出现"委曲"文书体，而且兼具下行文体和上行文体，却被另一些学者所驳正。这显然是对"委曲"词义与"委曲"文书专称之间的区别没有进行辨析而造成的失误。

笔者认为，称书札中某一体类为"委曲"乃是唐宋时期的特殊现象，而且在 8 世纪中叶"安史之乱"之前的唐前期，并无"委曲"文书和文体这一称谓。有些研究学者通过检索唐人文集，发现在张九龄的《曲江集》中有"委曲"文书，如《敕突厥可汗书》《敕吐蕃赞普书》《敕金城公主书》等文书中均有"少有信物，别具委曲，至宜领取等"字样，认为此处的委曲是指文书文体，即是在书信之外另外附上的一个信物清单①。但是，显而易见的是这些文书都是"敕书"，很明显与前述委曲文书的特征有很大不同，敕书中的"委曲"所指恐怕还是"详细的情况"的意义，指的当是随敕书附上信物的详细情况，可以说它是"清单"，但它还不是专门的"文书"文体，更不是"委曲"文书体。敕书虽然也是以上达下的文书，但它属于皇帝专用文书文体，即使其内容中包含慰谕等"委曲"文书中所包含的情感内容，但其格式一定与"委曲"文书不同，从传世文献和出土文献来看，都是如此。现举出土敦煌文献中的一个例子。敦煌文献中保存有唐代大中年间唐宣宗赐给沙州僧人洪辩的二件"敕书"（赐书），从中可见敕书与唐宋"委曲"文书之区别：

> 敕洪辩：师所遣弟子僧悟真上表事具悉。师中华良裔，西土律仪。
> 修行而不失戒珠，调御而深藏慧剑。而又远怀故国，愿被皇风。专遣僧
> 徒，备申恳切。今则达乡闾之的信，摅祖父之沉冤。惟孝与忠，斯谓兼
> 美。宜率思唐之侣，终成归化之心。勉遵令图，以就休烈。今授师京城

---

① 樊文礼，史秀莲. 唐代书牍文"委曲"研究［J］. 中国典籍与文化，2009（2）：6.

内外临坛供奉大德，仍赐紫衣，依前充河西释门都僧统、知沙州僧政法律三学教主，兼赐敕牒。僧悟真亦授京城临坛大德，仍赐紫衣，兼给赤（敕）牒。锡兹宠渥，慰尔忠勤。当竭素诚，用答殊遇。师等所上陈情表，请依往日风俗，大行佛法者，朕精心释教，丕舍修持。师所陈论，深惬本意。允依来奏，其崇恩寺师宜存问之。**今赐师及崇恩等五人少信物，具如别录**，并师家书回报。并赐往，至宜领之，余并□所赐义潮敕书处分，想当知悉。夏热，师比好否？遣书指不多及。

（敕赐衣物银本）。赐内外临坛大德河西都僧统赐紫僧洪辩：衣物四十四、锦二匹、色吴绫二匹、色绢八匹、襁绢□匹、紫绢六匹、□绫僧衣□内一绵、大散椀二枚。

以上所引文献见于敦煌莫高窟所藏《僧洪辩受牒碑》，是僧洪辩将其所得唐朝的僧官告身和唐宣宗所赐敕书和敕赐物品镌刻于碑石之上，以示纪念。碑文内容分为三部分：第一部分是官方告身，第二部分是宣宗敕书，第三部分是所赐物品"清单"，上文所引仅是第二和第三部分。宣宗的敕书可以理解成是宣宗给洪辩和尚的私人信札，语气客气，尊称洪辩为（法）师，在信札中赏赐给洪辩许多衣物物品以慰问，并将详细的物品清单写在另外一张纸上，不是随信尾末附言，而称"具如别录"。出土碑刻中的这种敕书形式显然与传世文献中唐玄宗《敕突厥可汗书》《敕吐蕃赞普书》《敕金城公主书》等敕书中出现的"少有信物，别具委曲"的慰问敕书情形完全一样，证明敕书中的"委曲"就是"详细情况"的含义，并不是文书文体的专称，它其实仍然是"敕书"的一部分，相当于是"敕书"的一个附件。由此说明，敕书与委曲是两种不同的文书体。

3. 唐宋"委曲"的文体渊源

从传世文献和出土文献来看，"委曲"体文书都出现在唐"安史之乱"之后的 8 世纪末期，可以说与藩镇体制的大规模建立基本一致。但"委曲"体文书是否一定是伴随着唐藩镇体制的建立而才出现的呢？笔者不敢下此断言，因为从"委曲"文体运用于官场和家庭两类来看，它们应该各自有其文体渊源。唐宋时期将这两类书札均称为"委曲"，肯定是文体自然演变的结果。

考察"委曲"一词的本义，为形容词性的同义复词①。"曲"的本义像器具受物之后使物弯曲的形状，也有认为曲本义是蚕箔，均有弯曲之义。在《汉语大词典》中释"委曲"的本义是形容山水弯曲、曲折之形势。由此本义，而引申出众多引申义，如形容声音悠扬婉转，形容文词含蓄、委婉，形容事物细小、琐碎等义。当"委曲"作为动词使用时，有迁就、劝谕的含义，又有细微、琐碎、详尽地告知等意思。董志翘发现当"委曲"用于"细微、详尽"的含义而处于主语或宾语位置时，即发生语法引申，成为名词，表示"事情的原委""底细"义，从而引申出书札之义②，成为一类书札文体的专用名称。

可见，"委曲"这类书札文体的命名仍然遵从了由动词演变为文体专有名词的文体演变规律③。关于中国古代文体学的相关研究证明，文体的命名，往往从书写的载体材料和书写的动作、行为特征出发，二者并行，使同一文体往往有数种异名的现象。因书写载体而得名的文体，不会因为旧的书写载体的淘汰而废止，在新的书写载体时代仍然沿用旧名。文体的命名，往往经过了从动词演化为文体专用名词的历史过程。文体的演化，呈现出功能逐步明朗、单一的演化规律，往往存在从通用文体到专用文体的发展定型过程。因此，"委曲"文体也遵从我国古代文体演化的一般规律，既可以从书写动作称为"书"，也可以从文体内容专称为"委曲"，其文体自有源由，其演变自有一个长期的历史过程，现考述如下。

---

① 关于"委曲""曲"词义的研究，可以参考：朱玲．汉字"曲"的语义系统和曲文体的美学建构 ［J］．南京师大学报（社会科学版），2006（1）；董志翘．《入唐求法巡礼行记》词汇研究 ［M］．北京：中国社会科学出版社，2000．

② 董志翘．《入唐求法巡礼行记》词汇研究 ［M］．北京：中国社会科学出版社，2000：246．

③ 关于古代应用文文体定名的研究，可以参看：赵逵夫．先秦文体分类与古代文章分类学 ［M］．合肥：安徽大学出版社，2001；罗宗强．我国古代文体定名的若干问题 ［J］．中山大学学报（社会科学版），2009：（3）．

　　决定文体生成、定名和发展的因素都不是单一的①，也经历了漫长的过程。唐以前虽然并无专称为"委曲"的这一文书文体，但是肯定存在有其他名称的、起着和"委曲"文书相同功能的书体。

　　第一，就官府内长官给下属官吏的这一类"委曲"文书来说，其文体渊源于秦汉时期。在秦汉时代，无论是从传世文献还是出土文献来看，我们经常可以看到体现地方长官行政命令的"公文"与体现政治教化的长官私人文书"私教"一并下达给下属官吏的现象②。这种地方长官的私人教令当是唐宋"委曲"文书的直接文体渊源之一。

　　秦代地方长官的行政文书尤以湖北云梦睡虎地 11 号墓出土的郡守文书最为重要。它是墓主人"喜"对郡守府下达给属县文书的抄录本，分前后二段抄录、分别编连。前段八支简是秦南郡郡守"腾"下发给郡内各县、道的正式公文，有公文的特殊格式及避讳制度：开头格式为"年月朔干支，南郡守腾谓县、道啬夫"，后有传递方式："以次传；别书江陵布，以邮行"。这表明第一件公文书在各县依次传阅，且另外抄送江陵公布，由驿站递送，是格式严谨的下行公文书。由后段的六支简牍构成的第二件文书，其简首编痕比前八支简位置略低，似乎反映的是在出土之前原来是分开编的③，"后篇（文书）书写方式系自第九简简端写起，（要高于前篇文书）自行起讫，不与第八简简末相连接，且每简容字在 35～38 字。较前八枚简容字在 41～44 字者为疏"④，说明两件文书是性质不同的文书。最关键的是，第二件文书在最后一支简牍背面明确地题署有标题《语书》，说明它正面的内容是郡守"腾"对属县诸曹官吏的教诫命令之文书。因此，睡虎地 11 号秦墓出土的两件文书的性质显然是不同的，前八支简上抄录了郡守府下达的正式公文，而后六支简上则抄录了郡守"腾"下达给所属县道官府内的文书吏等官吏的私

----

　　① 罗宗强. 我国古代文体定名的若干问题［J］. 中山大学学报（社会科学版），2009（3）：1.

　　② 王使臻. 睡虎地秦墓"语书"与汉代地方长官"教"令的关系新探［J］. 陕西理工学院学报（社会科学版），2014（4）：35.

　　③ 睡虎地秦墓竹简整理小组. 睡虎地秦墓竹简［M］. 北京：文物出版社，1978：12.

　　④ 吴福助. 睡虎地秦简论考［M］. 台北：文津出版社，1994：64.

人"命令"——"语书","语"是动词，有教诫之意；"语书"，意即为教诫的文书，当是晓谕官吏或民众的文告之意，在先秦时期的文献中有例证①。"语书"的格式不似前段下行公文书那样严谨，而是较为随意，无年月日期及发文单位。"语书"的内容通过对以良吏、恶吏的行政表现作对比，教化、劝诫属县诸曹属吏不可作恶吏，否则必有惩罚，体现的是将道德教化作为行政治理的基本原理之一。

秦代南郡郡守腾下达的《语书》与前段下行公文的程式区别很大，这种文告，与汉代地方太守下达的被称为"教"的文书格式非常类似：没有具体的发文机构的名称，没有发文者的署名，有较随意性的特点。二者内容性质上相似，是对下属的一种教诫，可以认为秦代地方郡守的"语书"经过发展、继承、演变，成为汉代地方太守的"教"令，二者实为同源而一体。笔者认为秦汉时代的这种"语书"和"教"文体就是唐宋"委曲"文书的文体渊源之一。唐宋时长官给属吏的"委曲"文书可能与汉代文书"记"或"教""檄书"有直接的渊源关系，它们在书写格式、应用范围上有许多相似之处，有文体继承性。日本学者大庭脩注意到出土汉简中的"檄书"在书写格式上有上级对下级发出公文时使用"告"语，内容有"教谕书"的性质②。汪桂海③、富谷至④认为以上达下的檄书的应用范围很广，并不一定局限在军事事务上，如汉时太守教谕、劝诫属吏的"记"也应当属于"檄书"中的一种。汪桂海还认为，汉代"凡是郡县长官下达的命令文书，无论是给县乡亭还是给府中属吏，都可以称'记'"⑤。"记"在起首表示行文关系的用语是"府告某官"，是"记"的格式特征。传世文献中如《汉书·朱

① 《说文解字》释"教"：上所施，下所效也。《淮南子》"行不言之教"，高诱注："教，令也"。《荀子》"以其教出毕行"，"教"谓"戒令"。可证"教"即戒，即令。

② [日] 大庭脩，著. 徐世虹，译. 汉简研究 [M]. 桂林：广西师范大学出版社，2001：94.

③ 汪桂海. 汉代官文书制度 [M]. 南宁：广西教育出版社，1999：61.

④ [日] 富谷至，著. 刘恒武，译. 黄留珠，校. 木简竹简述说的古代中国——书写材料的文化史 [M]. 北京：人民出版社，2007：52.

⑤ 汪桂海. 汉代官文书制度 [M]. 南宁：广西教育出版社，1999：51.

博传》中琅琊太守朱博口占檄文给辖下的姑幕县令、县丞发布捕盗的命令：
"府告姑幕令、丞：……檄到，令丞就职……"① 又如《汉书·薛宣传》中
记载高陵县令杨湛贪赃枉法，左冯翊薛宣暗自调查清楚后，亲自牒书杨湛之
罪状，一一列于简牒上，并手自牒书"记"，密封后下达给杨湛："吏民条言
君如牒……冯翊敬重令……不忍相暴章，故密以手书相晓，欲君自图进退，
可复伸眉于后。即无其事，复封还记，得为君分明之。"② 文中"手书"与
"记"同义对举，是指同一种尺牍文体。《汉书·薛宣传》中共记载薛宣的移
檄 5 条，都是给下属的私人书札，内容有劝谕、教诲、勉励的性质，但其名
或称"檄"或称"记"或称"教"，其实都是一回事③。除传世文献之外，
"记"在出土汉简中也有许多实物。日本学者鹰取祐司在对汉简实物中的
"记"类文书研究后认为，在内容上，"记"多是长官的口头指示，由长官以
外的书记官记录下来，然后向下送付给具体的当事人。鹰取祐司将汉代地方
长官的"记"理解成"长官的口头指示"，恐怕是以偏概全，似有误会，因
为在《汉书·薛宣传》中也有薛宣亲笔手书给下属的"记"。但鹰取祐司认
为"记"一般常用于发件者与收件者之间地位、官职差距较大的场合下，是
一种私人性质的下行文书④，却是独到的见解。唐宋时长官给属吏的"委
曲"特征和汉代的"记"颇多相似处，无论在格式上，还是在使用范围、内
容特征上，都有继承性，因此它应当是秦汉时代尺牍文体"语书""记"承
袭演变的结果。

　　综上所述，汉唐之际，官府之内的长官对下属官吏下达的一种训诫性质
的私人文书通称为"教"，包括官府内的长官给属吏或是给境内的少数民族
首领致书相劝诫，也均称"教"。如隋代有"手教"，《隋书》卷56《令狐熙

① （东汉）班固. 汉书·卷83 朱博传［M］. 北京：中华书局，1962：3401.
② （东汉）班固. 汉书·卷83 朱博传［M］. 北京：中华书局，1962：3388.
③ 汪桂海在《汉代官文书制度》中认为"记，又可称为教。记、教是同一种文书"，
　　就是上级官署给下属的命令文书，称"檄"是以书写材料称；称"记"是以书写
　　动作称；称"教"是以书写内容的性质称。
④ ［日］鹰取祐司. 汉简所见文书考：书、檄、记、符［M］//富谷至. 边境出土木
　　简の研究. 京都：朋友书店，2003：144－146.

传》记载：开皇年间，岭南夷越数为反乱，以令狐熙为桂州总管十七州诸军事，熙至部大弘恩信，其溪洞渠帅更相谓曰："前时总管皆以兵威相胁，今者乃以手教相谕，我辈其可违乎?"① 于是相率归附。但是到了唐代前期，在国家的律令中曾经严格规定将亲王、公主所下的文书专称为"教"令②，于是在官僚机构内日常生活中由长官给下属的这类以上达下的包含劝诫内容的私人性书札便不能再称为"教"，而专用另一种称谓，根据其内容委婉、语气委曲叮咛的特征而专称之为"委曲"体，时人在进行文体分类时，也将"委曲"视为"书"或"檄"类。

第二，唐宋时期日常生活中由父母长辈给子女晚辈的"委曲"体书札，也可能继承起源于汉代的尺牍文体"戒"书。《文心雕龙·诏策》中曾举"汉高祖之敕太子，东方朔之戒子…及马援以下，各贻家戒"③ 的例子，来说明汉代时长辈（如父母）给晚辈（如子女）的一类以委婉叮咛、劝诫为主的家书的大量存在。"家戒"之类教诫性书信在两汉盛行，如西汉刘向的《诫子歆书》、陈咸的《诫子孙》；东汉樊宏的《诫子》、马援的《诫兄子严、敦书》等。以刘向《诫子歆书》为例，戒书的格式开头便是"告歆"④ （与唐宋父母致子女"委曲"开头格式"告名"完全相同），告诫刘歆要思之无忽，言行谨慎。马援《诫兄子严、敦书》则是马援劝诫侄子马严、马敦不可"好论议人长短，妄是非正法"⑤。汉唐之际，也把父母长辈在临终时对子女的委婉劝诫书札（戒书）称作"教"，或者是"遗教"、"遗书"（身份地位高者也或称终制、终令等），如出土敦煌文献 S. 5647（2）《遗书》：

> 吾报男某甲：□以年侵浦柳，发白桑为榆，疾病衰羸，渐以沉重。
> 阳乌过隙，不容顷刻之间；司命追我，岂能暂驻。吾为汝父，爱念恩

---

① （唐）魏徵，等．隋书·卷56 令狐熙传［M］．北京：中华书局，1973：1386.
② 《旧唐书》卷43《职官志》"尚书都省"条：凡上之所以迨下，其制有六曰制、敕、册、令、教、符（原注：天子曰制、曰敕、曰册，皇太子曰令，亲王公主曰教）。
③ 周振甫．《文心雕龙》译注（修订本）［M］．南京：江苏教育出版社，2006：308.
④ （明）张溥．汉魏六朝百三家集·卷7 刘向集［M］//文渊阁四库全书（第1412册）．上海：上海古籍出版社，2003：163.
⑤ ［南朝宋］范晔．后汉书·卷24 马援传［M］．北京：中华书局，1964：844.

深。庭训立身，汝须莫忘：好心褊负，岂忘乳哺之恩回。今以汝别，痛亦何言，他劫来生，无因再□，汝当奉教。时某年某月某日慈父母某甲遗书

此遗书格式、内容性质完全与"委曲"文书相同，而遗书的起草人将之称为"教"，再联系到传世文献《高丽大觉国师文集·集外集》卷三中所记录的"大宋沙门净源遗书、委曲寄高丽法子僧统"，北宋和尚将临终遗书也称为"委曲"。可见，戒书也是"教"，也是"委曲"，它们的性质完全是一样的。前述在唐宋律令中虽然严格规定将亲王、公主所下达的公文书专称为"教"，但在普通民众的日常社会生活中，仍然固执地沿用传统称谓，把这一类长辈教诫子女的书札称为"教"，即使在今天的语境里，人们把尊长者（或是学识胜于己者）对自己的教诲、指教称为"受教"或是"赐教"，也应该是源于非常古老的习俗。总之，唐宋时期的家书"委曲"无论从格式、使用范围上，还是内容的劝戒特征上，皆与汉代的"戒书"（或"教"）很相似，当有文体渊源继承关系。

五、委曲文书与汉唐教戒文的关系

唐宋时期的"委曲"体书札与汉唐之际一类被称为"教"或"戒"的训诫文有密切的关系。唐宋时期的"委曲"仅是这些教诫文中属于尺牍体的一小类。汉唐之际，教诫文应用极广，既有施之于家族内部的家教、家训，也有应用于官僚社会长官与属史之间的教诫之文，更有南北朝之后，随着佛教中国化过程中在佛教僧团内师僧与弟子之间形成的类似世俗社会父子关系时的教诫之文。但为什么属于私人书札性质的"委曲"文书却在唐宋时期的官僚社会中有大规模的应用呢？为什么甚至有的时候，地方长官的"委曲"文书的权威性要高于一般公文呢？为什么私人关系在中国传统官僚政治体制中如此根深蒂固呢？要回答以上种种疑问，我们还得追溯私人关系在官僚政治中盛行的作用和影响。

如前述所论，在中国古代官僚制度奠基的初期阶段——秦汉时代，地方长官的私人教令，就发挥了重要的施政功能，更是一种特殊的教化手段。这

是因为，秦汉时代的地方长官具有二重性身份，一方面，他们作为地方长官，遵奉法令，保证地方行政的正常运作；另一方面，又要对境内的吏民进行教化，以保证政令在基层切实得到执行。这表明，在秦汉地方行政过程遵循着统治与教化合一的行政原则，稳定的朝廷法律和具有法律效力的地方长官私人的、临时性教令并行的行政现象，体现的是礼法合一的精神。"礼教、习惯和成例在调节官僚行为时具有重大意义，并贯穿在人事管理的各个方面"①，构成了中国古代官僚制度相互关联、影响深远的特点之一。秦汉时期，中国地方行政制度和官僚制度初步确立，郡为地方行政之重心，郡长官（太守）处于地方权力的中心，"郡（太）守掌治一郡，诸凡民、刑、财、军诸权，无不综揽，实为一典型之元首性地方长官，而于佐吏属县之控制，尤见权力之绝对性"②。地方长官通过文书施政实施其管理地方的绝对权力，但秦汉时期地方长官的文书较笼统而粗疏，远不像后世那样复杂而细密，地方长官下达的政令通常只限于最为重要的事务和最为紧迫的场合，许多法令不能涵盖的事务，需要地方长官用特殊的私人教令来处理和调解。这时确立的文书行政的一个基本原则是：政令与教化密不可分，地方长官将政令谨慎地传达到末端的同时，也要对官民、属吏进行教化，将法令的施政精神贯彻到基层末端，保证政令的公正程序和效率等③。睡虎地秦墓"语书"出现在秦始皇统一六国之前，表明大一统的中央集权国家形成之前，地方长官的绝对权力控制。汉承秦制，将秦代时期奠定的地方权力运行原则基本继承了下来，保持了其统治精神，在法令之外，仍要采取必要的、特殊的教化手段，是秦汉时期社会"儒法互用"思潮的体现。因为，法令文书是成文的规范形式，注重普遍和确定，本身具有工具性。但社会复杂，法令之外大量的特殊性的、差异性的行政事务，又必须要借助非成文的习惯和道德约束，以灵活性地实现社会统治的目的。这种"礼法交融，儒法互用"的统治原则或基本

---

① 楼劲，刘光华. 中国古代文官制度（修订本）[M]. 北京：中华书局，2009：111.

② 严耕望. 中国地方行政制度史 [M]. 上海：上海古籍出版社，2007：3.

③ [日] 富谷至. 木简竹简述说的古代中国——书写材料的文化史 [M]. 刘恒武，译. 北京：人民出版社，2007：82.

精神和整体特征一脉相承，并影响到后代的官僚政治制度，使百代皆沿袭秦代的官僚政治制度，尤其是在法令文书制度上表现更为明显。秦汉时代地方长官传下的公文和私教并行，使地方长官政令能够高效灵活地传达于行政末端。由于地方长官自辟属吏的权力，使掾属颇有"私属"的色彩，地方长官通过私人依附性关系，保证其施政的权力意志，地方长官私人的教令具有类比于国家律令的权威性。秦汉地方长官的私人"教"令却承担了许多公文所不能承担的行政功能，使秦汉时期的专制官僚政治更容易受到种种私人性关系，或说是非行政性、非法理性关系的侵蚀①，这也是秦汉时期官僚政治的一大特色。

经过魏晋南北朝官僚政治制度的发展，到了唐宋时代，即使官僚政治制度进一步发展完善，官僚政治中的私人性关系也仍然存在巨大的影响。当出现藩镇体制时，藩镇地方长官拥有了类似于秦汉时代地方长官的对地方事务的绝对控制权，因此藩镇地方长官传下的公文和私教并行，使地方长官政令能够高效灵活地传达于行政末端；藩镇地方长官自辟属吏的权力，使掾属颇有"私属"的色彩，藩镇地方长官通过私人依附性关系，牢牢地控制地方权力，从某种程度上来说是秦汉地方政治体制的"借尸还魂"。这也许就是私人性的"委曲"文书在唐宋官僚政治生活中出现、后在北宋中期消失的一个原因吧。

值得注意的是，汉唐这种教诫文在文体形式上，既有书牍体，也有诗歌体，如西汉东方朔诫子，即采取了诗歌的形式，南北朝以后甚至出现了将数十篇教诫文编集为专门的著作，如士大夫家训集大成之作的隋颜之推《颜氏家训》、唐柳玭训诫其子弟的《柳氏家训》等。汉唐之际教诫文的内容很庞杂，提倡道德修养、立身、对丧事节俭薄葬的安排、家庭的财政安排，甚至是人际交往的经验等，其核心内容是诫教，语重心长地令子孙遵守的某种行

---

① 阎步克. 帝国开端时期的官僚政治制度——秦汉 [M] // 吴宗国. 中国古代官僚政治制度研究. 北京：北京大学出版社，2004：84.

为规范，尤其是"对作为连接国家、家族上下阶层之中介的道德伦理"①。从汉迄唐宋，"教""诫"类书牍文体形式、语言风格与时代的政治思想等密切相关，有一个传承与演变的过程。教诫文形成了一些固定的结构模式，并被后世效仿。如"告""报""敕"本是公牍中上级对下级所用语，后承袭到私人教诫文中。在这些教诫文中，尊长者通称"吾"，对卑幼者或直呼其名，或称"汝"，或在书末或封题称"省"，从而形成了教诫文体一定的语言风格、用语礼仪。

因此，汉唐宋之际的训诫文的出现，有其历史原因，是长时段内传统政治、文化、社会观念积淀演变的结果。中国古代社会是一个"家国同构"的社会，家族与国家同为一体，将家庭观念施之于国家的政治社会生活中是一个非常引人注目的现象。日本学者守屋美都雄扩大了"家训"的内容，将家诫、戒子书、遗疏、与子侄书等内容都包含进"家训"的概念，认为"如果我们不是仅拘泥于'家训'两字，并且也不要过于在乎是否采取了著述的形式，如果我们把在训诫子孙这一目的下所说、所写的一切内容都包含在'家训'概念中的话，那么家训的源流就应该追溯到更早的时代，流传至今的具有家训意义的语言或读物数量也就会稍稍增加一些"②，因此将这些形式不一的训诫性质的尺牍或著述均视为同一性质，并追溯了其汉代的文体渊源。教诫之文，论其性质，都是家国同构化的结果，通过礼仪秩序的中介联结，将帝王（君父）与臣子之间的关系，类比于家庭内部的父子关系，官僚政治生活中长官与属吏之间形成的另一层"君臣关系"，使长官也可以"教诫"属吏，有"记"或"教"等尺牍文体出现，沿袭演变到唐宋，就有"委曲"文体的出现，不过是这种观念的变相反映而已，当然，其中的演变和传承是纷繁复杂的历史过程。

---

① ［日］守屋美都雄. 中国古代的家族与国家［M］. 钱杭，杨晓芬，译. 上海：上海古籍出版社，2010：361.
② ［日］守屋美都雄. 中国古代的家族与国家［M］. 钱杭，杨晓芬，译. 上海：上海古籍出版社，2010：349.

第七章　判文、批答和符号

第一节　判　文

唐宋时代的公文书上常见有长官的判文。判文是官员在接到公牒后，在公牒末尾批示的一种行政处理意见，或其他指令。判文书写的位置居于公文末尾偏中的位置，通常是大字楷书或行书，有时用红色的墨汁，以示与公文原文的区别。

敦煌出土公文上有长官判文者，一般是官府内保存的公文档案原件，如S. 6829V《戌年八月氾元光请施宅乾元寺牒》、P. 3613《申年正月九日百姓令狐子余请地牒》上有吐蕃占领敦煌时期汉人沙州都督"润"的判文，其判文字体明显与牒文字体不同。

　　宅内北房一口并檐次西空房地一口无屋　庑舍一口
　　右元光自生已来，不食薰茹，白衣□
　　道，向历卅余年。从　阴和上已来
　　乾元寺取缘听法，来往不恒，腾踏踏
　　常涕唾恶地及诸罪障，杂陈难尽。
　　从今年四月已来，染患，见加困岁，无
　　常将逼。谨将前件房舍施入乾元

佛殿，恐后无凭，请乞利命（本）请处分。

牒。件状如前。谨牒。

戊年八月　日氾元光牒

「**任施，仍为凭据。润示。**

廿七日」

浙敦 135（浙博 110）《敦煌乡百姓曹海员状》上有归义军节度使曹议金的大字判文，十分明显和醒目。官府长官的判文一般都会成为具有法律效力的官府文书，是地方官员处理具体政务的一种权力和体现。

敦煌乡百姓曹海员

伏以海员兄弟二人，父在之日，口分地卖与王都头兄弟

二人。都不见父，祇（只）田地先已年荒，在回鹘手内。后

因透到本府。去年乡司差充狱子，海员无处投

告，阿父曹君庆投先（告）　官中矜免狱子。今岁乡司

差充渠头，兄弟二人并躬役次，田地亦无，伏请　　处分。

正月　日

「**付乡官。别差一替者。十一日议金**」

P. 4974 + Дx8786 + Дx2264《唐天复年间沙州龙神力墓地诉讼状案卷》上有归义军节度使张承奉的亲笔判文，其实是一个官府诉讼案卷的档案，将具体的审判过程都粘连在一起，从中可以看到原告的诉状、官府官员勘问记录以及归义军最高长官的最终判示。

［押衙龙神力　　　状上］

右神力去前件回鹘贼来之时，不幸家兄阵上身亡。

缘是血腥之丧，其骨灰将入积代坟墓不得。伏且亡兄只有女三人，

更无腹生之男，遂则神力兼侄女依

故曹僧宜面上出价买得地半亩，安置亡兄骨灰。后

经二十余年，　故尚书阿郎再制户状之时，其曹僧

宜承户地被押衙郎神达请将，况此墓田之后亦无言语。

直至司空前任之时，曹僧宜死后，其郎神达便论前件半

亩坟地，当时依　衙陈状，蒙　判鞫寻三件，两件凭

由见在，稍似休停。后至京中　　尚书到来，又是浇却，再

亦争论。兼状申陈。判凭见在，不许挍扰，更无啾唧。昨

昨来甚事不知，其墓田被郎神达放水澜浇，连根耕

却。堂子骨灰，本末不残。如此欺死劫生，至甚受屈。凡为

破坏坟墓，亦有明条。况此不遵　判凭，便是白地（抵）　天子。

浇来五件，此度全耕，搅乱幽魂，拟害生众。伏望

司空仁恩照察，请检前后　凭由，特赐详理，兼

前状谨连　呈过，伏听　裁下　处分。

牒。件状如前，谨牒。

天复（后缺）‖ Дx8786 ［□年□月日押衙龙神力谨牒］

「付都虞□□（候阴）‖［英达勘寻］押衙郎神达□缘何专有浇损他墓
所者。］

［细与询问申上者。□□日承奉］」

‖ Дx2264 ［都虞候阴英达　　状］

［右奉　判："付英达勘寻］押衙郎神□达□缘何专有浇损他墓
所"者。

［问得押衙郎神达称：］"亡故　　尚书过点户口之□，神达遂请

（前缺）内半亩。先被押衙龙神力安置坟墓。当便

（前缺）龙神力云：此地先押衙曹良进佃种于他面，

（前缺）失却。后至

（前缺）龙神力争论此地，其龙神力便于

（前缺）龙神力设盟：曹良进男祇当墓田

（前缺）咒！曹良进亦不支与墓田价。后至汉

（前缺）龙神力论觅地替就神力于前经

（前缺）神达但据见在收，因何更有挍优？"

（前缺）内被龙神力充墓田。　官中

（前缺）浇却者实。今蒙　勘责，伏更

（前缺）处分。

牒，件状如前。谨牒。

[□年□月] 日右马步都虞候阴英达　牒

「‖（前缺）**前凭押衙朗神达帖，**

　　　　（前缺）**不合搅扰他龙 [神力]**

　　　　（前缺）**墓地半亩内趣。缘□**

　　　　（前缺）**是深灭他龙 [神力]**

　　　　（前缺）**甚惠神达，拜□□**

　　　　（前缺）**亡见单贫□□**

　　　　（前缺）**稳急总发□□**

　　　　　　　　廿日　承奉」

　　与之类似的案卷，是时间稍晚的五代后晋时期的官府档案卷，内容是关于土地纠纷诉讼的审理与判决的过程，即 P. 3257《后晋开运二年（945）寡妇阿龙等口分地案卷》，在寡妇阿龙的状文及都押衙王文通的牒文上都有时任归义军节度使曹元忠的亲笔判文和判示。通过对这一案卷内容的解读和审判过程的复原，可以清晰地看到，晚唐时期和五代时期的敦煌官府在处理与土地有关的一类财产归属案件时，其法律程序基本保持不变。先由原告人向地方长官提出诉讼请求，然后长官指示下属官员执行对原、被告双方的质询和勘问，其间被告也可以上状进行辩述，最终由下属执行官将验问结果上报长官，由长官做出最后的裁决，形成法律文书。这一系列的审问过程，都会把相关公文粘连成案卷，保存于官府之内，以备事后核查。

　　S. 8516D《丁丑年九月百姓马善住牒》上残有数行判文，唯残缺长官的署名，根据其特征，略考证如下。

（前缺）…望…

□□□　王特赐详察，伏请　处分（下缺）

丁丑年九月　　日百姓马善住牒

「（前缺）为主旨□，

（前缺）僧政如不办，悔作

（前缺）马善住、吉政子等累

（前缺）隐没即得回换，如不

（前缺）□各自使地为主

（前缺）相揽□如吉政子

（前缺）恐□善住者。其地换」

　　此件牒文是一件残片，原来粘贴在文献背面，后被揭出重新编号。丁丑年，最有可能是857年（唐大中十一年）、917年（后梁贞明三年）、977年（宋太平兴国二年）中的某一年。牒文中对"王"字行平阙礼，但前一字不像是"大"字或"令"字，有点像"金"字，很可能是上给某一位称王的藩镇节度使的牒文。如果这件牒文出自沙州本地，排除外地传入的可能性，则最有可能是曹氏归义军时期的牒文。唐大中十一年（857）时，归义军节度使张议潮未称王，977年曹延禄刚执政归义军时，也未曾称大王，均可以排除。S.8516同一编号的许多残片，如丙辰年（956）六月十日社司转帖等，都是粘裱在S.8516广顺年间（952—953）归义军节度使曹元忠下达的榜文、帖文背面，以作保护，因此残片的时间要早于后周广顺二年，只有917年符合这一条件。据敦煌文献，当时主政归义军者为曹议金，他在914年执掌归义军政权的初期内曾称过某王，也许就是金山王。将此判文与浙敦135（浙博110）《敦煌乡百姓曹海员状》上有归义军节度使曹议金的大字判文相对照，可以认为基本一致。

　　敦煌文献中提到"金王"时，一般是指唐灭亡前后自称"拓西金山王"的归义军节度使张承奉，如P.3718《张良真邈真赞》，张良真在"金山王时，光荣充紫亭镇主"；P.4654《罗通达邈真赞》记载"金山王西登九五"。张承奉在金山国时期，使用过【金山白／衣王印】，又称"金山白衣王"。S.1563《甲戌年五月十四日西汉敦煌国圣文神武王敕》及敕书上的【敦煌国／天王印】证实914年五月，张承奉称"西汉敦煌国圣文神武王"，又称"敦煌国天王"。P.3518《大唐河西归义军节度左马步都押衙张保山邈真赞并序》中称：张保山"侍历两政，谨专一途。金王会临，超先拔选。（中略）谯公秉节，头（倾）慕忠贞，军府杞材，仍藉有功之士，转迁右马步都押衙"，指张保山曾在"金王"张承奉时期入贡天庭。据 P. 4640V《己未至辛酉年归义军军资库司布纸破用历》记载，张承奉于 901 年已自称"金山王"。谯公秉节，当指曹议金于 914 年十月后掌握归义军权力，迁转张保山为右马步都押衙。综上线索，S. 8516D 牒文中的"金王"可能指曹议金。曹议金在后唐长兴年间曾称"托西大王"，去世后仍被称为大王，应是对张承奉"拓西金山王"称号的继承①，但这件写于 917 年的牒文中称作"□□□王"或"金王"的"大王"，肯定不是张承奉而是曹议金，可知曹议金在执掌归义军权力早期时，还可能继承了张承奉时期的"金山王"的称号，也许与甘州回鹘结亲之后的政治形势有关。

敦煌公文上的判文，也是研究唐宋时期地方长官行政权力的一个绝好对象，判文中往往透露出当时社会中行政权力如何运作的细节信息。长官的判文被称为"公凭""判凭"等，是有法律效力的官方证明，甚至在某种程度上，藩镇长官的判文，在其辖境内就是法律。归义军时期军资库内重要物资的使用，都要经过归义军长官在牒、状等公文上判示，作为支出或者收入的一种凭据。敦煌地区的僧官在处理寺院事务时，也像地方官府长官一样在公文上判示。P. 2838、P. 3100、P. 3101、S. 2575（3）、S. 6417、BD04351V、BD04698V、BD06359V 等牒文是敦煌寺院内的僧人上呈给都僧统等僧官的牒文原件，上面清楚地有都僧统等僧官的亲笔判文，从中可以窥见唐宋时期僧官处理僧界事务时权力的运行。

根据敦煌公牍上的判文，还可以判断文书的文本形态。公牍上有判文者一般是原件，但如果判文字体与公牍一致，肯定是抄件。如 S. 2472V（6）《辛巳年（981）十月三日算会州司仓公廨斛斗牒》第 12—14 行有三行书写在偏右下方的判文：

---

① 冯培红. 敦煌归义军职官制度——唐五代藩镇官制个案研究 [D]. 兰州：兰州大学，2004：29.

「迎候及劝孝破除细供一分并钉盘诸杂小饭食子□

饼等每分用麦三升，油两合，零胡饼二十破面一斗，

羊肠一副破面三升，自后长定者。」

其字体与牒文一致，应是归义军节度使曹延禄的判文，但却无曹延禄特有的鸟形押，应是抄件，不是正本。

P. 3223《老宿绍建与僧法律原庆相诤根由责勘状》在原庆诉状之后偏右方书写的一大段文字也是一位僧官的判文，但状文与判文书写字体一致，肯定是同一人抄写的抄件，而不是原件。但寺院内僧人之间发生的诉讼、勘问过程和官府内的法律诉讼基本相同，在文书上并没有什么差异，在一定程度上也反映了晚唐五代时期敦煌地区寺院组织的官僚化。

（前缺）

一车，见折麦粟肆硕；原庆□（手）下柽一车，恰折豆粟伍硕，柽则共法德一般折，傥中间上人面孔不等，因兹原庆向老宿说此偏併之事，便乃老宿掉杖打棒原庆，不是四面人捉却，打死原庆，一赏万了。并是实理，因兹陈告者。

〈法律原庆。（中指印））

「问老宿绍建：“既登年侵蒲柳，岁逼桑榆，足合积见如山，添闻似海，何用不勘寸土，不酌牛津，随今时□駸之徒，逐后生猖强之辈？官人百姓，贵贱而息明，知将肘宣，捧而皆了，觉幻化何期？倚仗年老，自不由息忿，嗔掉棒打他僧官，临老却生小想，有何词理”？仰具分析者。」

责得老宿绍建口云：年逾耳顺，智定荒愚，发白年尊，齿黄耆旧。数年永安寺内不曾押弱扶强。绍建取僧政指挥，是事方能行下。今年差遣次着执仓，当初以僧政商量：仓内谷麦渐渐不多，年年被徒众便，将还时，折入干货，因兹仓库减没，顿见周转不丰。　官中税麦之时，过在仓司身上。昨有法律智光依仓便麦子来，绍建说其上事，不与法律麦子。邓法律特地出来：“没时则大家化觅，有则寄□须容。若僧政共

老宿独用招提，余者例皆无分。阿你老宿是当尖佛赤子，作此偏□桎
□"！老人死当不兑，实乃绍建掉杖打僧官。［罪］过重岳，僭深沧海，
更无余诉者！

〈**老宿绍建。(中指印)**〉

　　右谨奉勘寻法律原庆以老宿绍建相诤根由兼及寺徒责勘，一一
(后缺)

以上两例虽然不是公文的原件，但是公文书抄件的存在也可以说明，唐
宋时期的敦煌地区，归义军官府、寺院内的一些诉讼公牍案卷，在保存一段
时间后，必然会被毁弃。作为废弃的纸张，可能会被重新利用。因此，一些
毁弃后残破的原件可能被装裱在佛教文献背后，一些案卷也可能会被重新抄
录以作为文书档案，以上情况皆合理地出现在敦煌文献中。

第二节　批　答

一、批答的渊源与演变

唐宋时期公私之间往来的文书上有时也会出现批答的情形。文书上有批
答，由来已久①。批，《说文解字》释为"反手击也"，引申为"返还"。在
尺牍上，批有"答复"之义。汉代的简牍文书上即有批答，是地方长官对上
呈公文的随文批示。如《居延新简》EPT. 22. 81AB 是隧长党史的请假病书，
由守候长匡转抄上报上官。研究者发现前二书皆为隶书，唯有"今言府请令
就医"一行是草书，当是上级在守候长的公文上所做的批复②。魏晋时期，

---

① 许同莘认为，公文中出现批示直到唐代才出现。参：许同莘《公牍学史》卷 4 "公
牍有批始于唐"，档案出版社，1989：102. 但出土资料证实，公文中有批示，在汉
代简牍时代就已经出现了。

② 彭砺志. 尺牍形制：从形制到艺术 ［D］. 长春：吉林大学，2006：126.

尺牍上的批答成为一时之风气。《文选》卷42《书中·答东阿王书》①，是朝歌县令吴质回复曹植《与吴季重书》的书札。曹植原书有"墨翟自不好伎，何为过朝歌而回车乎"一段，唐李善注《文选》时谓此节乃"别题"，是昭明太子"移入"本文，以与质答书"相应"。钱锺书则怀疑是曹植得吴质《答书》，遂于原书后作了批答②，很有道理。楼兰出土的汉晋简纸文献中，研究者发现在尺牍末尾或者背面有收件人的批答书迹③。唐张彦远《法书要录》卷十载王羲之《敬伦帖》："九月三日，羲之报敬伦、遮诸人：去晦祥禫，情以酸隔，念卿伤切诸人，岂可堪处，奈何！奈何！及书不既。羲之批。"④ 许同莘《公牍学史》指出敬伦（王导之子王劭，字敬伦）、遮皆是王羲之子侄辈，此书札大概是王羲之在王劭等人书札末尾作了回复，不另外作书札，故称"及书不既，羲之批"，表明"批答"必是指在原文之末"批其后而反之"⑤。唐宋时期，公私书牍中的批答受公牍上判文的影响，"批答"成为尊长者在卑幼者书札末尾回复的一种习惯。宋沈括《梦溪笔谈·补笔谈》卷下记载：

　　　　前世风俗，卑者致书于所尊，尊者但批纸尾答之曰反，故人谓之批反，如官司批状、诏书批答之类。故书批多作敬空字，自谓不敢抗敌，但空纸尾以待批反耳。尊者亦自处不疑，不务过敬。前世书启甚简，亦

①　(梁) 萧统，编. (唐) 李善，注. 文选·卷42 [M]. 上海：上海古籍出版社，1986：1911.

②　钱锺书. 管锥编（第2册）[M]. 北京：中华书局，1979：1074. 钱锺书批驳唐人李善注文的意见，认为：吴质因借曹植书中"训以政事"，故言己治朝歌之政，曹植因撮合质所治与质所志，发在弦之矢焉；以"别题"补入原书，则无的放矢矣。

③　陈槃据《马羌尺牍》"仓促复致消息，不能另有书裁，因数字值信复表"，认定是在收到尺牍后在其纸后回复数字。《楼兰简纸文书》沙纸935号尺牍正反二面笔迹不同，正面提到"诸将为乱……复别表"，反面有"具知款情"，当是对正面书札的回复。参：陈槃. 汉晋遗简识小七种 [J]. "中央研究院"历史语言研究所专刊，1975（63）. 孟凡人. 楼兰鄯善简牍年代学研究 [M]. 乌鲁木齐：新疆人民出版社，1995：28.

④　(唐) 张彦远，撰. 刘石，校点. 法书要录 [M]. 沈阳：辽宁教育出版社，1998：168.

⑤　许同莘. 公牍学史 [M]. 北京：档案出版社，1989：102.

少用联幅者，后世虚文寖繁，无古人款款之情，此风极可惜也。①

需要说明的是，"批答"是一种答复，不仅卑者致尊者书札末尾尊者可以批答，下级对上级下行的文书也有批答的情形。唐代门下省给事中掌封驳诏敕之职，凡皇帝的诏敕有不便施行者，可以涂窜而奏还之，谓之涂归、批敕。《旧唐书·李藩传》记载：唐宪宗元和三年（808），李藩为给事中，"制敕有不可，遂于黄敕后批之，吏曰'宜别连白纸'，藩曰'别以白纸是文状，岂曰批敕耶？'"② 可见，对于行下的敕书，给事中可以批答回复。长官下行的牒文也有下级批答的情形，《唐国史补》记载唐德宗贞元年间渭南县尉张造批答度支使牒文的故事：

> 贞元中，度支欲砍取两京道中槐树造车，更栽小树。先符牒渭南县尉张造，造批其牒曰："近奉文牒，令伐官槐，若欲造车，岂无良木？恭惟此树，其来久远。东西列植，南北成行。辉映秦中，光临关外。不惟用资行者，抑亦曾荫学徒。拔本塞源，虽有一时之利；深根固蒂，须存百代之规。况神尧入关，先驻此树；玄宗幸岳，见立丰碑。山川宛然，原野未改。且召伯所憩，尚自保全；先皇旧游，宁宜翦伐！思人爱树，《诗》有薄言；运斧操斤，情所未忍。付司具状。"牒上，度支使仍具奏闻，遂罢。造寻入台。③

由于在文书上批答必在书牍原文之末尾"批其后而反之"，五代宋初又称"批示"，简称"批"，不仅指在书札末尾的批答回复，有时也指书牍末尾所附之言，批答与附言由于在书札末尾相似的位置，二者几乎被混淆。宋代尺牍上的"批"，除了指批答之外，实际上将书札末尾的附言也称为批示。如南宋岳珂《宝真斋法书赞》卷22宗泽《家书帖》《吾友帖》二帖，是宗泽给其子、侄的书札，在书札末尾偏下左方有一行文字"会呼延郎中为致

---

① （宋）沈括，撰. 梦溪笔谈·补笔谈·卷下"补第二十八卷后八事"条［M］//《文渊阁四库全书》（第862册）. 上海：上海古籍出版社，2003：882.

② （后晋）刘昫，等. 旧唐书·卷148 李藩传［M］. 北京：中华书局，1975：3999.

③ （唐）李肇. 唐国史补·卷上［M］. 沈阳：辽宁教育出版社，1998：112.

意，以事多且懒，不果作书。泽批"和"七二侄、五一哥更不别书，好看孩儿。泽批"。显然，上二例是书札末尾的附言，是告诉其子、侄，请转达呼延郎中和其他子侄辈，其书札已收到，不再另作回书，即是宋代时将"附言"也称为"批"的例子。

二、敦煌文书上的批答

1. 状文上的批答

S.5810《某年六月僧智弁乞请支给春衣布状》末尾，即有归义军节度使张承奉的亲笔批答"待打断天使了。廿四日　承奉"，根据判文中出现的"天使"二字，可以判断是天复元年（901）年二月十五日唐朝派出使者到沙州授予张承奉节度使旌节时的"天使"。由此可知，唐朝使者大约在901年六月下旬仍在沙州，即将返回。P.4640V《归义军军资库司己未年至辛酉年布纸破用历》上记载辛酉年（901）四月十一日"支与天使修文字细纸二帖"，证实至少在四月，天使仍在沙州，S.5810状尾批答的历史文献价值在于保存了天使在沙州逗留的时间信息。S.9227《某年六月永安寺僧绍进上表》是西汉金山国时期（910-911）僧绍进所上"表"，在状尾有"割与绍智舍"等批示语，将其书法与 S.5810、P.4974 + Дx8786 + Дx2264、S.1604等文书上张承奉的亲笔字迹进行对比，可知是张承奉的亲笔批答。

门状上也有批答。S.76V（7）《乡贡进士刘某谒尊师门状》上有其尊师的批答"知。十八日，骞"，并将此门状返还给刘某。

　　乡贡进士刘　某
　　右。谨祗候，顶
　　谒
　　尊师，谨状。
　　　　　「知。十八日，骞。」
　　闰正月　日乡贡进士刘　某

书札附言上有批答。P.4707《归真上刘大师借经书札》，是曹氏归义军时期沙州某寺院内僧人归真给某和尚的便札，请求允借经书以转读，札末尾有"七月日新夏□□归真批上"，与上图 17（812388）藏敦煌书札《家兄长美致弟阇梨书》末尾附言"随状起居王押衙判官，不及，别有状上。美批上"相似，可知"批上"为五代宋初时期书札中的习惯用语，实质上已经演变成书札附言的一类，并不一定是在书札原文之末尾批其后而反之之意，已经与晚唐时期的习俗有所差异。

2. 表状上的批答

朝廷大臣上给皇帝的表或奏状上，有时也有皇帝关于所奏事务的批答意见，被称为敕批。如 S. 6342《咸通年间张议潮奏状及唐懿宗敕批答》，是唐懿宗于咸通年间在张议潮关于凉州防备奏状上的批答。

张议潮奏："咸通二年收凉州，今不知却废，又杂蕃浑。近传嗢末隔勒往来，累询北人，皆云不谬。伏以凉州是 国家边界，嗢末百姓本是河西、陇右陷没子将。国家弃掷不收，变成部落。昨方解辨（辨），只得抚柔，[岂可摈狐兔稻粮]，使为豺狼荆棘，若 [国家以边陲路远]，馈运不给，比于赘疣。[置之度外，彼或冲其]，弃掷于犷俗，连耕相牵状，竟犯阙为寇，国家又需诛翦，不可任彼来侵。若征举兵戈，还挠州县。今若废凉州一境，则自灵武西去，[全] 为羶幕所居，比年使州县辛勤，却是为羯胡修造，言之可为痛惜。今凉州之界，咫尺帝乡，有兵为藩垣，有地为襟带。扼西戎冲要，为东夏关防，捉守则内有金汤之安，废指则外无墙壍之固。披图可羍，指事足明，不得不言，希留圣鉴。今岂得患其盗给，放为寇雠，臣恐边士之人，坐见劳弊，臣不可伏匿所知，臣不敢偷安爵位，俾国家劳侵，忍宵旰忧勤。臣不言于国言而不用，死亦甘心。噬齐脐虽□，□祭庙亦（以）彰于唐典。"「敕：凉州，朝廷旧地，收复亦甚辛勤，藩屏□□，固不抛弃，但以麴长申奏，粮料欠□途，暂见权宜，亦非久制。近知蕃□状，不便改移，今已允一切仍旧。张议潮 推心许国，遽有奏论，念其恳□，深可嘉奖。宜令中书门下宣示。」

十月三日召　　　　张 议潮

仆射相公中书门下□□□［平章事］（下缺）

此篇奏状及敕批，由于有关唐对凉州的经营，历来被学者们所研究并重视。罗振玉曾以此篇文献补写了《唐书·张议潮传》。郑炳林首先发现了此件残片的拼合关系，在读书札记中首次揭示①。后又撰文进行了进一步的综合研究，探讨了晚唐时期归义军政权对凉州的有效管理②。笔者从奏状公文的行政处理程序上，认为这件奏状是张议潮于咸通八年（867）二月从沙州进入京师长安之后的时间段内（867—872）亲自上奏给唐懿宗的，不会早于咸通八年二月之前。敕批之后，在某年的十月三日，中书门下政事堂宰相们曾经召张议潮亲自到政事堂宣听懿宗敕旨，所以张议潮才会抄录了敕批及当时宣示敕旨的中书门下宰相的姓名。至于张议潮的奏状及唐懿宗的敕批被传播到敦煌，并再次抄录，笔者认为其抄录时间应该晚于咸通年间。推测可能与唐中和、光启年间原居住于长安的张议潮子侄辈张淮鼎、张淮铨等人从长安返回沙州时带来的与张议潮相关的文件有关，从抄写书法上判断其抄写人，与中和、光启年间任归义军节度掌书记的张球的书法笔迹非常相似，因此推测它可能是张球所抄写的。

第三节　敦煌公文上的几种特殊标识符号

张涌泉在《敦煌写本文献学》一书中指出：符号之学在我国有悠久系统，最早可以追溯到先秦的甲骨金文。敦煌写本抄写时间前后跨越 600 多年，抄手包括各色人等，也使用了各种各样的标识符号③。在敦煌公文上，也有

---

① 郑炳林，徐晓丽．读《俄藏敦煌文献》第 12 册几件非佛经文献札记［J］．敦煌研究，2003（4）：88．

② 郑炳林．敦煌写本《张议潮处置凉州进表》拼接缀合与归义军对凉州的管理［J］．敦煌吐鲁番研究，2004（7）：381 – 389．

③ 张涌泉．敦煌写本文献学［M］．兰州：甘肃教育出版社，2013：452．

一些因为公文本身的特性而在草拟过程中出现的一些较为特殊的标识符号，主要有绝止符号、界隔符号、公文分层符号、勘验符号、朱笔表示的标识符号。根据符号的产生过程，界隔符号是草拟公文书时产生的，公文分层符号本身即是公文起草的一部分固有内容，绝止符号、勘验符号和朱笔标识，则是在公文书已经完成后，发生在对公文书的判决、处理环节。

一、绝止符号"┐"

主要见于牒、状起首所申请事由、人名之后，也见于契约、账目之末尾，表示内容的绝止，起到防止添加文字内容的作用，目的是"为了避免有人在契约文末尾冒添不利于执行原条款之文字，故须在文末画以绝止号"①。公文中出现绝止符号，类似于今日法律文书上"以下内容空白"的作用。如P.3730唐沙州寺院牒状上，在申请人名、物品后，均画有绝止号符。这些符号在公文书起草完成时肯定不存在，而是在处理公文的过程中才新添加形成的。

二、界隔符号"┐"

用在正文中。尤其在起草文书时，要符合当时社会礼仪规范——平阙式，在一些需要特别礼敬的字右上侧标"┐"符号以界隔，以便于书手在正式誊抄时留空以示敬。如P.3151文书草稿上有许多界隔符号以表示平阙礼。界隔符号在公文起草中主要起标识文书平阙礼仪的作用，发生在公文起草环节。公文书一旦起草、誊清、传递完成，草稿上的界隔符号均会消失，而以平阙式存在。

三、公文分层符号"—"

若一份公文中奏报事项较多时，则往往有公文分层符号"—"标记于每一项之前，实是源自简牍公文时代的在每一事项之前加墨圆点来区分层次，

---

① 李正宇. 敦煌遗书中的标点符号 [J]. 文史知识，1988 (8)：100.

包山楚简用"—"标记于每一事类之首。如 P. 3547 牒状上，奏报五项不同事项，在每一项前用分层符号以作区分。公文分层符号是公文本身的一部分，紧密附属在公文上。

四、勘验符号"⌐""●""○"

常见于公文、账册、转帖、契约等文书中，用于勘验人员知悉、参加与否或物品交纳、存缺情况①。勘验符号出现在公文的处理阶段，与判文等是行政处理程式环节的一部分。如 S. 4453 帖文中在"酒"字上有一勘验符号。

五、朱笔标识符号

有时，在公文书上会将前述一些标识符号用朱笔表示，多见于公文判文中。用朱笔表示，应该起重点提示或区别的作用。如 P. 3730《寅年九月尼真济牒》，纸尾有吴洪辩和尚九月十五日判文，并用朱笔继续记录了物品的支给情况"支金（光明寺）净太下取"，在领取人沙弥尼"普真"名右上用朱笔画"⌐"符号。

---

① 张涌泉. 敦煌写本文献学 ［M］. 兰州：甘肃教育出版社，2013：478.

第八章　印章、传递与保存

我国在商代时就出现了阳文的青铜印章①。简牍时代公文文书上的印章起着政治权力和信用凭证的作用，标志着该文书有法定的效力。只是这时的印章必须与封检、封泥配合使用，钤于封检上的封泥槽内，不能直接钤于公文之上。当书写载体转变为纸之后，公文上的印鉴随纸的特性而发生多样化的演变，脱离封检、封泥槽而直接钤于纸张之上，印泥从用墨色②、紫色③而固定为统一用红色，除单一的表示征信的功能之外，还有表示存档、收藏等功用。私人的印章虽然比官印出现得晚，但一般也主要起着征信、防伪的作用。到南北朝时期，印章的制度发生了较大的变化：印色以朱色为主，以朱文印居多；印面尺寸变大；改印纽为印柄，始在印背出现铸印的官府机构和年月日期。

官印均是由官府所铸赐，是一种政治权力的象征，因此具有严格的各种规章制度。唐宋时期官印的铸造方法沿袭于隋代的官印铸造制度，以铜条焊

---

① 钱存训. 书于竹帛：中国古代的文字记录 [M]. 上海：上海书店出版社，2006：39.

② 早期的印文可能是黑色的，如敦煌发现的汉代帛上有一枚黑色的印文。参：钱存训. 书于竹帛：中国古代的文字记录 [M]. 上海：上海书店出版社，2006：39；王廷洽. 中国古代印章史 [M]. 上海：上海人民出版社，2006.

③ 传世文献记载汉代皇帝的六种印玺"皆以武都紫泥封"。汉代卫宏撰《汉官旧仪》卷上："皇帝六玺皆白玉螭虎纽，文曰（下略），皆以武都紫泥封"。

接，也称"蟠条印"①。但是也有铸刻的官印存在，官印的材质以铜为主，《宋史·舆服志》记载"唐制，诸司皆用铜印"。官印施用于公文之上，唐代对公文施行钤印有严格的规定②，监守符印者一般是主管钩稽文书的官吏，地方上一般是州府录事参军、州县主簿。公文上一般需要在日期、数字、姓名、官职、纸缝处钤以官印，以防伪造。唐宋文书中的官印在钤盖位置上也有基本规范和要求，即一般将官印钤于卷首、卷尾及两纸背面接缝等三处，从而形成固定的格式。官府在每一次使用官印之后皆有记录，专门制成印记簿，以备将来核查。在《唐六典》卷一、《唐律疏议》卷二五等唐代法典中，明确记载了公文用印的严格制度："凡施行公文应印者，监印之官考其事目，无或差谬，然后印之；必书于历，每月终纳诸库。"对于"伪写官文书印、诈为官文书及增减者"则进行严厉惩处，以保证公文用印的权威性。唐前期颁布的《神龙散颁刑部格》中对假造官文书印有严厉的刑法处置措施。P. 3078 抄本记载："伪造官文书印若转将用行，并盗用官文书印，及亡印而行用，并伪造前代官文书印若将行用，因得成官，假与人官，情受假：各先决杖一百，头首配流岭南远恶处，从配缘处有军府小州，并不在会赦之限。其同情受用伪文书之人，亦准此"。可见，不论是伪造官印，或是盗用官印，还是在文书上必须钤印时却没有用印，或是明知是伪造的官印却不检举，甚至是伪造前代的官印而造成重大失误者，都将会受到法令的严厉制裁而且不得赦免。由上引文献可知，唐代对公文上钤盖官印有一套严格的制度。

　　敦煌文书上钤有的各种公私印章，历来受到中外学者的重视，学者围绕这一内容展开了研究，取得了许多研究成果。如仁井田陞、森安孝夫、赤木崇敏、丘古耶夫斯基、陈祚龙、王永兴、钱墨君、李正宇、沙知、冯培红等先生皆对之进行了相关辑录和研究。研究主要集中在唐前期的官文书及归义军时期的公文上的印章，以官印为关注的焦点。其中尤以森安孝夫《河西归

---

① 沙孟海. 印学史［M］. 杭州：西泠印社出版社，1987：23.
② 《旧唐书》卷 43《职官志》：凡施行文、公文应印者，监印之官审其事，目无差，然后印之。

义军节度使の朱印とその编年》① 对敦煌归义军节度使、观察使、河西都防御使所使用的官印，测量其尺寸大小、摹写其印文，并对其使用时间进行了编年排序，为认识归义军节度使的权力特性、文书的断代问题提供了良好的参照物或参照坐标，是研究敦煌文书上印章的重要参考资料。沈乐平从古代印章风格史和印章制度史着眼，按照时代顺序从书法艺术和文本关系角度对敦煌遗书上的官私印鉴进行了分类搜集、摹写拓印，进而论述和考证②，是对敦煌文书上印章研究的一大推进。官印的研究方法上，由于印章实物往往难以见到，故以印迹或印迹的摹写为主要研究手段。唐代官印印迹很早就引起罗振玉的重视，在罗氏《隋唐以来官印集存》中，他首先摹录了收藏于日本正仓院的三件唐代文书上所钤的官印。这种摹录印文的研究方法为后来学者的研究提供了借鉴。罗慕鸿《谈隋唐官印之鉴别》③ 一文中，也遵循这种研究方法将几件唐代文书上的印迹作为鉴别的证据。这一视角显然是正确的、行之有效的研究唐代公私印章的方法④。笔者将在前人工作基础上，结合古代文书学的理论与实践，就敦煌文书中印章的几种功能和作用，公文中使用私人印章的特殊情况略作补充和讨论。

第一节　敦煌公文印章的几种功能

官府的印鉴是权力的象征，在公牍文案完成后钤盖上官印，一般是标识权力的存在。据宋代文献记载，藩镇节度使印随本使，凡掌书记等起草节度

---

① ［日］森安孝夫. 河西归义军节度使の朱印とその编年 ［J］. 内陆アジア言语アの研究，2000 （15）：1 – 122. 梁晓鹏，译. 河西归义军节度使官印及其编年 ［J］. 敦煌学辑刊，2003 （1）：136 – 147.

② 沈乐平. 敦煌遗书印鉴丛考 ［J］. 诗书画，2015 （3）：186 – 197.

③ 罗慕鸿. 谈隋唐官印之鉴别 ［J］. 博物馆研究，1984 （1）：32.

④ 孙尉祖. 隋唐官印体制的形成与主要表现 ［J］. 东方艺术，2015 （4）：8.

使书状时使用，节度使罢任则印随本人，或交给军资库收藏①；观察使印，州长吏用之，一般用于授官时所用；军州印，则昼付录事（书记官）用，暮纳于长吏②。因此，从中央到地方的各级官府，钤盖在牒、帖、榜、公验上等公文上的印章，皆属公文印，代表着政治权力的行使。官印的材质一般是铜质，印文一般是篆书。P. 4518（9）bis 敕牒，授予沙州金光明寺法律沙门惠清赐紫僧政，在首行上有五枚【中书门／下之印】，P. 3298*p*1《唐咸通年间朔方军节度使改补索力力为兵马使牒》首尾盖有多枚官印，印文是【朔方军节／度使之印】。它们都是公文印，是公文形成过程中必需的一个环节，只有有了这个环节，公文才能称之为公文。P. 3547《唐乾符四年（877）归义军上都进奏院上归义军节度使牒》，在牒尾日期上残有半个朱印【沙州院】，背面在纸缝间钤有三枚朱印，其印文是【沙州院／之朱记】，是沙州上都进奏院的公文印，印文用隶书，"朱记"要比官方铸赐的正规官"印"权威要低③。

一、旧印章的功能

敦煌公文上的归义军官印具有代表政治权力和个人征信的双重作用。唐宋归义军由于朝贡道路经常被阻断，归义军节度使在未获得中央铸赐新印的情况下，使用先前的旧印在归义军辖境内行使权力；但在获得中央朝廷新赐官印后，便以新印处理政务、行使权力，同时不再具有合法官方权力的旧印并未被废弃或销毁，而是转而用于私人公文上，仍然起着征信作用。

【沙州节／度使印】【沙州观／察处置／使之印】铸赐于唐末，使用的时间经历了晚唐五代归义军至少七任节度使。这两枚官印一直被沿用的原因在于官印所拥有的合法性权力，尤其是在归义军节度使未获得正式的中央任命

---

① （宋）陆游，撰．李剑雄，刘德权，点校．老学庵笔记［M］．北京：中华书局，1979：44.

② （元）脱脱，等．宋史·卷154舆服志［M］．北京：中华书局，2013：3591.

③ 据《宋史》卷154《舆服志·印》记载，"朱记"原本是给京城及外处职司及诸军将校所赐之印，其印尺寸要小。一般用木雕刻而成。宋代后期时，朱记与印区别渐变小，亲王府、户部大军库等也用朱记，"凡内外官有请于朝，便铸赐焉，用木者，易之以铜"。

时，以留后等身份行使权力、处理政务时，更是如此。唐文德元年（888）由唐中央政府所赐、沿用至五代曹氏归义军时期的【沙州节/度使印】，出现在Дx1435《唐乾宁二年（895）十月十日归义军节度副使李弘愿牒》、S.1604《唐天复二年（902）使帖》、S.8516A《后周广顺三年（953）曹元忠牓》等牒、帖、牓等公文上，体现的是公文的权威性。【沙州观/察处置/使之印】在曹议金、曹元深权知归义军节度兵马留后时，用于境内补授官职，钤盖在P.3239《甲戌年（914）十月十八日敕归义军节度兵马留后使授官牒》、S.4363《天福七年（942）七月二十一日敕归义军节度使牒》上。

但在归义军节度使的私人事务上，也可以使用【沙州节/度使印】【沙州观/察处置/使之印】，作为个人的征信，使用在私人之间的公文、疏问往来中。如P.2704《后唐清泰二年曹议金回向疏》、P.4046《天福七年（942）曹元深施舍疏》、P.3388《天福十二年（947）曹元忠请僧疏》上所钤该印，就是表示一种征信。

二、档案收藏功能

一些敦煌公文在传递之前并没有钤盖印章，而是在传送之后被作为档案保存时才被钤上了印章，它的作用可被称作"档案印"（或收藏印）。这些档案印所钤的位置常见在纸缝之间（骑缝印）、公文的背面。S.1156《唐光启三年（887）上都进奏院牒》在背面的纸缝上钤盖四枚印章，系九字印文【河□□/□□□/铸之印】，与P.3547《沙州进奏院牒》上所钤【沙州院/之朱记】不同，当是档案印。推断S.1156牒文当是一件抄件或副本，而不是原件，后作为档案保存时在背面盖上了印章。P.3384《唐大顺二年（891）正月一日百姓翟明明请授田残状》正面、背面、骑缝钤【沙州观/察处置/使之印】，依常情推理，请田人户肯定无此印，只有请田状被送达到归义军节度使府衙之后，才会被当作重要的田籍资料而被钤上官印，作为官方档案保存起来，以便查证。

P.3379《后周显德五年（958）二月都头阴保山牒》是一张残损的归义

军境内实行社人团保连座并画指签押的簿记资料，发件人是都头阴保山，原
牒文上并无印章。当这份牒文被传送到归义军节度使府后，为了作为日后查
证的档案，才在纸缝上钤盖了两枚骑缝印，在年月日期上也钤盖上了一枚相
同的官印：【瓜沙等／州观察／使新印】，作为官方的档案保存，以防人为篡
改。P.3878《己卯年（979）八月至十二月都头知军资库官张福高状》是个
被粘连起来的长卷子，正面残存有十五件张福高在不同时间上给归义军节度
使曹延禄的请判公凭状，后有曹延禄的当时判凭及鸟形押，背面在两纸接缝
处钤有【归义军／节度使／新铸印】骑缝印共十三枚。这些特征证明原来的状
文上并没有钤印，而是在一定的时间点（可能是某年年底）将这十五件判凭
粘连起来，作为档案保存，因此被钤上了印章。

　　总之，这种由发件人所上的状、牒上原本无印章，只是后来作为官方档
案保存时才钤上印章，与一些官籍算会簿历（P.3379、S.5590、P.2484、
S.6998A）酒历（敦研1号、敦研369号、P.2629）上所钤的印章类似，均
是后来钤盖上的，多见于年终的物资算会时，将一年来的收支判凭收集起
来，作为档案保存，才被钤上官印的。如S.5590＋S.5571《状》、P.2737
《癸巳年（993）四月、八月、九月驼官马善昌状》，都是将判凭粘连后钤盖
上官印，作为官方档案文书保存。

　　敦煌所出的归义军节度使的一些重要的公文常常见到录为副本而保存的
现象。副本，是指在公文定稿之后，重新抄录的一个文件，以留作档案，作
为以后查对的依据。副本与原件不同，原件经过了时空关系的传递，副本则
没有经过时空关系的传递。一般而言，公文上有印章者多数是原件，但也不
尽然，一些副本上也会钤盖印章，但这印章与原件上所钤印章的位置不一
样，原件上钤在正面（日期、纸缝等），而副本中的印章则钤在背面，作为
档案印。如P.4638V（5）、（6）是权知归义军节度兵马留后曹仁贵（议金）
在后梁时期上给某官的起居状和献物状，正面在日期上钤有【沙州节／度使
印】，背面封口处钤半个残印。当是【归义／军印】的"军印"二字，将其
与P.3556《清泰二年（936）正月廿一日曹元德疏》正面日期上所钤的【归
义／军印】比较，证实就是此印。在P.2985《丁守勋状》背面的封口处也钤

有半个印文，推测可能是【归义/军印】，表明 P. 2985 状是作为档案而保存的，后被废弃，重新利用，作公文草稿纸。

S. 4398《天福十四年（949）五月新授归义军节度观察留后曹元忠献碉砂牒》，是曹元忠上给某官的牒文的副本，在背面钤有【归义军节度观察留后印】，此印就是天福十三（948）后汉朝廷所铸赐，在此件上作为档案印钤在背面。直到后周显德二年（955），曹元忠被后周朝廷正授节度使，并赐铸【归义军/节度使/新铸印】【瓜沙等/州观察/使新印】后，这些传入沙州的新赐印章也出现在曹元忠的一些公文的副本上，属档案印。P. 2968《某年曹元忠状》"其当道进奉一行，切望偏垂管领"的口气，似给灵州节度使等藩镇大官所上的状文，背面在二纸之间钤有一骑缝印【瓜沙等/州观察/使新印】，当是档案印，表明状文是副本。

敦煌公文中还有一种情况是：在书写工整的公文正面上也钤有印章，但是根据发件人与收件人所处的地域、时空关系，显然不是经过了实际传递的原件，却又与副本有差异。副本上的印章，一般都盖在背面，而不是正面。这可能有两种情形：第一，公文完成后，也盖上印章，进行了封缄，但因某种原因未能发出，但这种情况应该极少出现；第二，公文定稿后，准备封缄发出时，又发现了问题，故将其废弃掉，重新书写①。无论哪一种情况，都可以作为档案被保存起来。上面所钤盖的印章，也就有了档案印的性质。如 P. 3260《归义军节度留后曹元德献物状》，在正面的"十二月三日"上钤有【归义/军印】，曹元德时期往东的道路不通，此状很可能在写好后未能传递出去。P. 3835V（6）《戊寅年（978）曹延禄帖》是曹延禄权知归义军节度留后时给紫亭镇副使等人的帖文，命令他们把牢城池，防备南山贼人的劫掠，在帖末有曹延禄的亲笔押署，且在正文纸缝、日期等处钤盖有三枚【归义军节/度观察/留后印】。按常理推测，它很可能是公文原件，但收件人在紫亭镇（在沙州西南）、发件人在沙州、出土地点在沙州的地域关系证实它

---

① 宋代陆游《老学庵笔记》卷 12 "许承杰过骄"条记载：许曾作都头，大讲排场，每修书题，印章微有浸渍，即必改换，书吏苦之。可见，古人书札礼仪极严格，经常会出现重新书写的情况。

又不可能是原件。仔细观察原帖文，在第五行行间添加了"内""羊三百"等文字，显然是曹延禄在帖文草拟好后审查时亲笔添加的文字。为保证公文的权威性，必须要书吏重新书写后发出。故这件帖文被废弃后，作为档案保存。类似的还有 S.4453《宋淳化二年（991）归义军节度使曹延禄帖寿昌都头张萨罗赞、副使翟哈丹等》，此件上有三枚【归义军节/度使之印】，在第8 行"酒一瓮"上有一个点检符号"┐"。收件人在寿昌，发件人在沙州，不可能是经过了传递的帖文原件，而只能是因某种原因被废弃的草稿，或是存档的公文。

三、封缄功能

一些印章出现在公文上作为封缄印，起着封缄的功能。敦煌公文的"款缝"，指在两纸相连接的接缝处，署名或盖印，以防止改动者①。S.11345《唐宣宗赐张议潮敕书》长 32.1 厘米，高 28 厘米，残八行，每行八字，书法精美，可能是原件，与唐大中五年（851）张议潮遣使入唐后宣宗赐张议潮有关。在纸背面两端各有一半印章，拼合起来是【尚书□部/□□之印】②，当是将敕书折叠后，在纸缝之间所钤盖的封缄印。但是该印文极其模糊不清，笔者虽不能辨识，但从书写笔画上，判断也有可能是【河西道节/度使之印】。如此判断不误，则是张议潮在收到诏敕后所钤的档案印，作为档案文书收藏、保存。因为如果如方广锠先生所言是尚书省吏部所下的告身用印的话，印文应该出现在告身正文之中，而不可能出现在背面。笔者判断，这似乎是张议潮在得到唐宣宗所赐敕书之后，根据诏敕内容，重新抄录的一件文书副本，因而在背面钤盖上了河西道节度使之印，以作为收藏、档案所用。

P.4516 正面为归义军节度使曹元忠时期雕印的《金刚经》中的一页，背面（P.4516V）粘贴有一件封皮纸实物，在纸缝上封题"天皇后　书封"，

---

① 林聪明. 敦煌文书学 [M]. 台北：新文丰出版公司，1991：83.
② 方广锠. 宣宗关于归义军的诏敕 [J]. 敦煌研究，2000（3）：56.

并有一枚封缄印章盖在"书封"二字之上，根据其特征，可以复原此封皮纸：将信札从左边往右边卷，卷成圆柱体形状后，在中间用线系紧之后，再在纸缝中间写上封题及盖印。从封皮纸上的印文【萬□天／皇后新／铸之印】可知发件人是于阗天皇后，是归义军节度使曹元忠的姐姐。此封皮纸所封缄的书札必是从于阗传入敦煌，后来封皮纸与书札正文分离开来，废弃后的封皮纸被用于装裱佛经。刘子凡在《唐代书信缄封考——中国人民大学藏和田出土书信文书为中心》一文中，发现无论是在敦煌吐鲁番出土的书信文献，还是在中国人民大学博物馆所收藏的新疆和田出土的书信文书中，直封皮纸的封题呈"纵向单行书写的，且都押着缄封线题写，展开后一行完整的封题会分作两行残字"①，并指出 P. 4516V 文书本来是裱糊在《金刚经》背面，"被人裁剪过，不能看出是题写在书信背面的封题。但从其文字分作两行的特点十分明显，这是明显的直封封皮纸特征"②，纠正了笔者在早期的研究中将 P. 4516V 视为"随纸卷封"③ 的错误。在封皮上有封缄印的不仅仅是书札，BD10844《大社条封印》是将"社条"用封皮纸封存起来作为档案保存，下有亲笔签名□□□及印章。

另外，在唐宋时期，已经出现了专门用于封缄公文或者物品的"封"字印、"全"字印、"封全"④ 等印章，以防止别人擅自开拆，且有出土宋代的

---

① 刘子凡. 唐代书信缄封考——以中国人民大学藏和田出土书信文书为中心 [J]. 文献，2015 (5)：49.

② 刘子凡. 唐代书信缄封考——以中国人民大学藏和田出土书信文书为中心 [J]. 文献，2015 (5)：55.

③ 王使臻. 敦煌所出唐宋书札封缄方法的复原 [J]. 文献，2011 (3)：46.

④ 清人朱象贤著《印典》引用明人朱存理的笔记小说《鹤岑随笔》（今已亡佚无存）称，朱存理曾见一枚古铜印，印文为阴文二十字"伊宽私记，宜身至前，迫事毋闲，愿君自发，封完印信"，实质就是一枚封缄印，用于封缄公文或物品。与朵云轩收藏的类似有"封完印信"印文的汉代私印相比，当是汉代印章。文献与印章实物证实，自汉代以来，专用于封缄的"封缄印"就已经出现了，沿袭至唐宋而有变异。参：（清）朱象贤. 印典 [M]. 北京：中华书局，2011：186 – 187.

文物实物①为证。敦煌公文中也记录了发件人在寄送物品时，在盛物品的器具外面有封缄印。P.2770*p*《致某僧人状》"开元寺弟子僧孟员庆（中缺）[写]经上好细纸一帖，以此书纸（中缺）一袋上呈，'封'印全"，P.3750《肃州某官委曲》中"王敬翼般次到，此度恩赐并全，于左诚珍边发遣，待到日，于（取）衣物一角、□银椀一枚，'封'印全"，P.3547《唐乾符四年（877）四月十一日上都进奏院上归义军节度使状》"已上赐物，十一月十六日于客省请领到院，元（原）有皮袋盛，内记木牌子，兼有司徒重印记，'全'"。以上三例均表明唐宋时期在物品外上有封印，其印文或是"封"字，或是"封全"，封印的完好程度，证明物品是否被拆开。S.376《尚书曹元忠与邓法律书》尚书要求僧人将所修经论、文字、钵落"并总封印送"，也是出于防止他人擅自开拆的目的，为了保持所封缄书札、物品的完好。

四、印色区别

除了以上三种不同功能之外，有学者已经研究出不同印色的印章，也有功能上的区别②。唐宋时期绝大多数的公私印章使用的是朱色印痕，但还有少部分墨色印痕，如 BD15387 之"净土寺藏经"、P.2179 之"敦煌镇印"等，黑色"印色"，文献记载极少，有墨印一例：《旧唐书·职官志》载："凡天下赋调，先于输场简其合尺度觔两者，卿及卿史监阅，然后纳于库藏，皆题以州县年月，所以别粗粮、辨旧新。凡出给，先勘木契，然后录其名数、请人姓名，署印送监门，乃听出，若外给者，以墨印印之"。考古发掘

---

① 《金史》卷31《礼制·宝玉》记载金人攻破北宋首都后，所获宋印中有"封"字玉印四方。《辽史》卷51《礼制》记载宋辽之间贺正旦、贺生辰、祭奠、吊慰一切礼仪书匣，包括致皇太后、皇帝者，均需加"封全"印记，在抵达对方后，对方也要按照一定的礼仪，验讫奏闻，始由枢密开封，宰相读文。在黑龙江上京会宁府出土的两方"封全"铜印、《乐氏藏古玺印选》中收白玉"封"字印，史树青认为这种玉印或铜印，都是礼仪用印，在宋代时被称为"礼信之宝"，是在岁赐礼物或封缄文书时所用的封缄印。上参：史树青. 宋白玉"封"字印印考［M］//张政烺先生九十华诞纪念文集编委会. 揖芬集——张政烺先生九十华诞纪念文集. 北京：社会科学文献出版社，2002：367－368.

② 沈乐平. 敦煌遗书印鉴丛考［J］. 诗书画，2015（3）：186－197.

中也有类似的情况。据新疆吐鲁番出土的唐代庸调布上有几件留有朱印或墨印，其中朱印是庸调布缴纳人所在的州县政府勘检所印，而墨印则是上级主管机构左藏署允许出库的印鉴，所以在功用上有区别。沈乐平认为，敦煌遗书中明载延昌元年（512）的 S.1547《成实论卷十四》末之题记上的墨色印章和延昌三年的 P.2179《成实论卷第八》末之题记上的墨色印章，是目前所知实物资料里年代较早的钤于写卷之墨印。钤盖墨印的下限应该不晚于 6 世纪早期，因这两卷为官造写经，都见典经师令狐崇哲名，所以，使用黑色印泥，在当时大概也是较为普遍的情况。但同时我们也注意到一个情况：藏经印中，如"报恩寺藏经印"等印章多钤以红色，而净土寺藏经、三界寺藏经等楷书印章皆钤以黑色，这种差别始于吐蕃统治敦煌时期，有学者认为似乎是 830—848 年开始通行起来的一种"规则"，但具体的情况仍然需要结合传世文献并期待新出土的文书深入探究。

第二节　敦煌公文的传递

文书最初之产生，最主要的功能就是沟通信息、传递信息，使信息处于流动之中。公文是人与人之间通过书写载体而传递信息的一种基本而重要的手段，唐宋时期的文书在社会生活中主要发挥沟通信息的作用。现代传播学认为，信息的传播包括五个环节①：信息的发送者→通过信道（信息载体和传递方式）→传送信息→信息的接受者→接受者反馈信息于发送者，形成新一轮的信息传播过程。即信息从发送者传送到接受者，并经过了接受者的信息反馈，信息的互动传播才最终完成。信息传递的过程，是将传播者、受传者、信息、渠道、反馈五个要素，串联成了一张信息的网络。在信息的传播过程的五个环节中，尤以信道最为关键和重要。信道，是连接传播者和接受者的中介，它是信息传播的物质载体。就唐宋时期的文书而言，信道指文书

---

① 郭庆光．传播学教程［M］．北京：中国人民大学出版社，1999：32．

的书写载体（简帛、纸张）和传递的方式。唐宋时期的文书绝大多数书写载体是纸张，极少数特别的情况用简牍与布帛。因此，文书的传递方式决定了信息传递的成功与否，是信息传播的核心环节，包括传递途径与传递者。

一、文书传递的途径与交通路线：以河陇蜀道为例

唐前期，唐帝国通过完善而庞大的驿传系统构建了全国的交通网络，信息的传递主要借助驿传系统而进行。由中央控制的驿设置于交通要道，每三十里置一驿，驿内有驿马等交通工具；各州县则设传马坊，有传马、传驴。驿马与传马，尽管有许多差别，但用于国家政令和军事情报的传递则是它们的主要功能，是唐前期最重要的交通工具①，在维持唐前期西北地区安定的政治形势、保证唐中央与西域地区之间政令信息的传递及人员的往来方面，发挥了巨大的作用。

"安史之乱"后，吐蕃占陇右，唐代驿马、传马的补充能力大减，中原地区"馆递匮乏，鞍马多阙"，驿馆系统较唐前期衰败了，加之藩镇兴起，中央控制力不及，驿馆系统被各地方藩镇控制，传递文书的功能大大减弱，仅剩下供给食宿的作用。唐代宗以后，在中原、江南等主要经济区创立了由度支使控制的巡院制度，成为中央与地方之间信息传递的一个重要渠道②，一度成为邮驿系统的替代品。唐穆宗长庆年间时，除事关急切、须遣专使的事务外，其余书诏文牒等公文书、一切付度支入递、证明驿馆系统传递政令信息的功能早已败坏。有研究者指出："唐末五代宋初西北地区交通往来的特色是依靠不定期的般次"，"这一情况与拥有发达的馆驿和长行马、长行坊系统的唐代盛世的交通方式已迥然不同了"③。敦煌文书表明，藩镇与中央之间的信息传递，主要通过来往于藩镇与中央之间的般次而进行的。般次内

---

① 孟彦弘. 唐代的驿、传送与转运——以交通与运输之关系为中心 [J]. 唐研究，2006 (13)：27 – 52.

② 谢元鲁. 唐代中央政权决策研究 [M]. 台北：文津出版社，1992：138.

③ 张广达. 唐末五代宋初西北地区的般次和使次 [M] // 张广达. 西域史地丛稿初编. 上海：上海古籍出版社，1995：335.

各种名目的使者，在沟通地方藩镇与中央朝廷之间的密切联系上，发挥了极其重要的作用。

从敦煌文书来看，使人、使团、般次等代替驿传而频繁出现于唐五代宋初时期，表明在唐后期的西北边疆地区是否存在系统而完整的驿传系统，是值得质疑的。唐末、五代、宋初西北地区交通往来的不定期的般次，既有商业往来的性质，也有使者往来、沟通信息的性质，甚至二者合一的性质。敦煌文献中多见的"般次"多数是使臣、官员往来的使团，已被前辈学者张广达列举细论，兹不赘述。因此，唐后期西北地区信息传递的通道，主要是借助专使通过一个个节点而传送的，这些节点就是西北地方区域内的政治军事经济文化信息的集中地：边州和军事防戍都。在这里，信息汇聚、交流，但有时也会中断，被隔断、隔勒。

唐宋时期，秦巴蜀川与关中地区、河西陇右之间的交通道路经过不同历史时期的发展、完善，形成了三条主要的道路，即沟通巴蜀与关中的秦巴蜀道，连接秦巴蜀川与河西陇右的陇蜀道（又称河陇蜀道），还有一条经由松潘、甘南草原，或者逆白龙江溯流而上经甘肃南部而到达青海河湟地区的河南道。这三条向北出蜀的道路皆从益州（成都）出发，其中的秦巴蜀道和河陇蜀道在唐宋时期则显得更为重要，是当时沟通巴蜀与关中、河陇三大地域的最主要的通道之一。沟通秦巴蜀川的交通道路以穿越秦岭、大巴山的栈道更为闻名遐迩，几乎独擅学术界狭义上的"蜀道"之名，将历史时期出秦入蜀的金牛道、米仓道、故道、褒斜道（包括秦汉褒斜道和唐宋褒斜道的发展、变化）、文川道、傥骆道、子午道、太白山路等大大小小的交通道路统统归为"蜀道"。

敦煌文献作为出土文献，其出土地点虽然在遥远的丝绸之路河西走廊最西端的敦煌藏经洞，但其原始来源却并不限于敦煌一地，有大量的文献出自敦煌以外的地区，尤其是中原、西南、江南地区的文献，且多是第一手的原始资料，有很强的地域性和研究价值。文书是社会生活中人与人之间通过书写载体传递信息、表达情感的一种基本而重要的手段，唐宋时期的文书在社会生活中主要发挥了沟通信息的作用。不同地域之间的人们，将文书作为载体，方便沟通信息、传递信息，使信息、情感处于流动和传播之中。在敦煌文献中有数件文献有地处河西走廊西端的敦煌归义军使人于唐代末年在关中地区因黄巢农民起义军而混乱的情形下，历经千难万险从河西走廊地区到达四川平原，完成使命后又从四川经剑阁、汉中、宝鸡一线，辗转返回河西地区的记录。研究这些出土历史文献中所透露出来的重要信息，有助于对晚唐时期河陇蜀道、秦巴蜀道的实际状况及唐代末年信息传递的速度等历史细节的认识。

历史时期的河陇蜀道主要因军事而兴起，但也往往因为途经羌、氐等少数民族聚居区域，随着中原王朝军事控御力的强弱而发生兴废的变化，其具体路线、历史时期的变化、具体的行走细节等，需要结合史实及新的材料进行精细研究。

秦汉时期，河陇蜀道中的祁山道等道路是沟通巴蜀、河陇、关中地区的军事要道，这段历史时期所发生的重要的军事征伐与战争路线，大多都走这条出其不意的交通路线。出其不意也往往意味着此条道路艰险难行，常常会因为自然地理、政治军事斗争的局势变化而时通时断。如东汉时期，沟通凉州与益州的河陇蜀道因为要横渡穿越汹涌的嘉陵江而异常艰险，如《析里桥郙阁颂》所载：

> 惟斯析里，处汉之右，溪源漂疾，横柱于道，涉秋霖潦，盆溢滔涌，涛波滂沛，激扬绝道。汉水逆让，稽滞商旅，路当二州，经用伫阻。沮县士民，或给州府，休谒往还，桓失日暮。行理咨嗟，郡县所苦。斯溪既然，郙阁尤甚。缘崖凿石，处隐定柱，临深长渊，三百余丈。接木相连，号为万柱。过者慄慄，载乘为下。常车迎布，岁数千两。遭遇隤纳，人物俱陨，沉没洪渊。酷烈为祸，自古迄今，莫不创楚①。

《析里桥郙阁颂》中所称"路当二州"，即表明东汉武都太守李翕所修之桥阁就是《后汉书·郡国志》中所记沟通武都郡（属凉州）与汉中郡（属

---

① 成县风物英华编委会. 成县风物英华 [M]. 西安：世界图书出版西安公司，1997：2.

益州）二州之间的陇蜀道路。由颂文也可知东汉末年武都太守李翕有重修桥阁使河陇与巴蜀之间的交通便捷之功，故河陇蜀道在东汉末年仍然发挥着重要的商旅往来、公文输送的信息传递的作用。

南北朝分裂时期，羌氏部族独占陇蜀道陇南段，南北对立的政治、军事形势，使沟通南北的主要交通道路往往中断并被阻绝。但是在文献里中仍见有河西凉州的大批僧人经过陇蜀道到达汉中而逃难至荆州的记载，表明河陇蜀道仍然具备通行的条件与功用。

唐代自从"安史之乱"后形成的吐蕃诸族对陇蜀道路的完全控制局面，使秦蜀道路成为唐中叶以后沟通巴蜀、河陇、关中地区最主要的、也是唯一能被中原王朝所能控制的交通大路，尤其是晚唐、五代、宋初已来，基本形成了以秦蜀栈道为沟通南北三地区之间主要的交通路线、其他路线为辅助路线的交通道路格局。即便如此，无论是在传世文献，还是在出土文献中，皆有河陇蜀道仍然在发挥重要交通功能的历史记录。如在法藏敦煌文献 P. 3718《张清通写真赞并序》中明确记载：

> 府君讳清通，字文信，裔派临池，敦煌人也。年初别俊异杰，天聪神童。智效先成，龆龀早能立事。龄犹二八，辩对响应无穷。大中赤县沸腾，驾行西川蜀郡。使人阻绝不通，律星有余。累奉表疏，难透秦关数险。公乃独擅，不惮劬劳。率先启行，果达圣泽。五回面对，披陈西夏之艰危。六度亲宣诏谕，而丁宁颇切。奏论边恩，申元戎忧国之心。向化伏勤，万里报平安之火。回临剑阁，登千山，望岳占星。骆驿传镳，涉长溪，来还本府。使司酬奖，牒举节度押衙。以念清慎公忠兼委左厢虞候。一从要务，俄历数十年间。① （下略）

上引敦煌文献《张清通邈真赞》文中称唐代敦煌人张清通"英雄辅国，捷达荣边。大中之载，驾行西川。公能尽节，面对龙颜。诏宣西夏，溥洽遐藩"。文中的"大中"都是"中和"传抄所误。唐史明载广明元年（880）十二月黄巢起义军攻陷京师长安，占据关中地区，逼迫唐僖宗经秦岭栈道向南逃往

---

① 郑炳林. 敦煌碑铭赞研究 ［M］. 兰州：甘肃教育出版社，1992：441.

兴元府，于中和元年（881）再次出逃到西川成都府。文中所谓"大中（中和）赤县沸腾，驾行西川蜀郡""大中（中和）之载，驾行西川"即指此历史事件。中和三年（883）唐军收复长安，次年黄巢兵败被杀，光启元年（884）唐僖宗回到长安，因此敦煌归义军使人张清通奉使西川、面见唐僖宗的时间当在公元 881～884 年。从文中"使人阻绝不通，律星有余。累奉表疏，难透秦关数险"句可知，在唐僖宗中和元年行幸成都府期间，由于战乱的阻隔，从河西陇右、关中地区通往巴蜀地区的交通路线经常被阻断不通，唐朝主要的物资供给与政令的传布等，往往也要依赖于江南诸藩镇向西通过长江之漕运。远处河西走廊西端的归义军虽然曾数次派出专门的使团前往唐行在朝廷所在地成都府，但是只有一次出使成功，其他数次使团都被阻止在秦岭蜀道路线上。

由此可见，在黄巢农民起义军占领关中地区的严重政治形势下，从关中地区通往四川成都的蜀道驿路，作为唐政权最重要的军事要道，被地方官府严格地控制、管理起来，在战争时期，普通的商旅行人甚至一般的官方使团都不得随意通行，甚至有官方的使团被扣留、勒令滞留的记载。这符合传世文献中的记载。据《新唐书·黄巢传》中记载，为了防止占据关中的黄巢军向河陇、巴蜀地区进攻，唐朝任命宰相王铎为都统，统率各路藩镇和中央禁军，抵抗黄巢军，特"（设）置关（戍）于沮水、七盘、三溪、木皮岭"①等河陇秦蜀要路上，以"遮秦陇"，作为河陇和巴蜀大后方的重要的军事屏障。因此，在这种战时管制交通道路的情况下，敦煌归义军的使团只能舍弃被严格控制的秦蜀路而辗转迂回行走在道路交通条件更加艰苦、辛劳的河陇蜀道上，这就是《赞》文中所言"不惮勤劳""透秦关数险"的真实写照，表明敦煌使团是经由陇蜀道绕开了被官军严格控制的秦蜀道的秦岭以北的战略线路而进入蜀川的。

而敦煌归义军张清通使团在四川成都府成功地完成其通使使命后，"回临剑阁，登千山，望岳占星。骆驿传镳，涉长溪"而返回河西走廊地区的敦

---

① 欧阳修，等. 新唐书·卷255黄巢传［M］. 北京：中华书局，1975：6461.

煌时，说明敦煌使团回程的交通路线或者是从成都府西北出至剑门关（今四川广元），途经兴元府，沿着当时从兴元府前往关中地区的最主要的交通大道"褒城—散关"栈道到达宝鸡、凤翔，然后经由连接关中地区和河陇黄河高原的交通要道丝绸之路，经由陇关、萧关折向西北到达河西走廊最东端的凉州而抵达敦煌地区的；或者是从成都至剑门关、经兴元府后再沿河陇蜀道的略阳—祁山道而至天水，再沿丝绸之路东段而进入河西走廊至敦煌。由于《赞》文过于简略，不能详细得知其回程路线，但是文中所描述的"登千山""涉长溪""骆驿传镳"，当是对行进在秦蜀道上或陇蜀道上的艰辛路途的真实写照。

正因为有大量的河陇地区的使团多次频繁地经由河陇蜀道、秦巴蜀栈道出入于巴蜀地区，所以在唐宋时期敦煌莫高窟的山水壁画里面才出现了描绘秦蜀栈道的几幅画面，画面中栈道曲曲折折地修建于山崖之间，行人、商旅艰难地穿行其间，有的赶着驮马，有的正与亲友挥手告别。这些壁画应当就是唐宋时期河陇蜀道、秦蜀道路，尤其是栈道实际情形的写实反映。

二、唐末河陇与关中、巴蜀地区之间的道路与文书传递

传世文献与敦煌文献结合显示，唐宣宗大中二年（848）敦煌人张议潮率部在沙州进行了反吐蕃归唐的起义之后，旋即收复了瓜州、肃州和甘州，但是河西走廊东端的凉州仍在吐蕃控制之中。由于通过河西走廊东段前往关中地区尤其是京师长安的道路被阻断了，张议潮派出的两个使团前往长安必须要绕过凉州，从肃州（今甘肃酒泉）往北，经所谓的"回鹘路"（今内蒙古额济纳旗前往宁夏银川的道路，当时被控制在回鹘部族手中）而抵达黄河河套地区，再南下，经"灵州路"（从今宁夏银川经固原、彬县）到达京师①。李盛铎旧藏敦煌写本残片《驿程记》②第4行记载："发至天德军城南馆宿。天德打毬设。沙州专使至。"沙州专使，当是指归义军所派出的前往

---

① 赵贞. 归义军史事考论 [M]. 北京：北京师范大学出版社，2010：140 – 175.
② [日] 高田时雄. 李盛铎旧藏写本《驿程记》初探 [J]. 敦煌写本研究年报，2011（5）：2 – 3.

长安的特殊使团。研究者认为敦煌文献《驿程记》记录的行程"谷南口→西受降城→西城→四曲堡→吴怀堡→天德军→（下略）"，大体上呈"南→北→西→东"的路线，文中的一些地名记录，多属9世纪中叶时期唐边境的情况。谷南口，可能是今宁夏贺兰山某处的南北方向的山谷。日本学者高田时雄推测《驿程记》可能是记录了某位巡礼五台山的僧人经肃州沿弱水河向北至居延泽，后折向东，沿回鹘路到天德军境内①。这条交通路线，也是咸通二年（861）之前，敦煌归义军与唐中央主要往来的交通道路。据敦煌文献显示，行走在这条河西地区与关中地区的交通大路上平均用时需要3个月，若遇到特殊的情况，甚至要用时6个月。

唐懿宗咸通二年，归义军与唐朝军队共同收复河西走廊东端的军事、交通重镇凉州之后，归义军使团到达唐京师长安的路线也就发生了变化，不再迂回远绕，沿回鹘路迂回到达灵州，而是沿河西走廊（沙州→瓜州→肃州→甘州→凉州）到达最东端的凉州，渡黄河，抵达灵州，再沿灵州路直达京师。在此道路的基础上，还有一些支线。如中和年间，唐中央迁往西川时，归义军入朝使张清通、宋输略等人就是沿凉州→会州→兰州→河州→渭州→凤翔→兴元→剑阁→成都路线到达西川，返回时走兴元→凤翔→邠州→泾州→原州→会州→凉州路线。行走在这些道路上的使团平均用时大约需要2个月。

英藏敦煌文献S.2589《中和四年肃州防戍都状》中提到晚唐中和年间敦煌归义军另外的一批使团（宋输略使团）从"凉州入蜀川"的道路，这件文书中对晚唐时期河陇地区与关中地区的交通路线记录较为详细，还列出了一些非主要的支线路线，对于研究河陇地区与关中地区的信息传递的效率问题非常有价值，现予以录文并揭示如下。

> 凉州入川（下缺）李行思等（下缺）邠宁道兵马牙（互）相（下缺）□（邠）州节度使遂于灵州请兵马（下缺）救接，其灵州不与助

---

① ［日］高田时雄. 李盛铎旧藏写本《驿程记》初探［J］. 敦煌写本研究年报，2011（5）：11.

兵，因兹邠州共灵州亦为酬（仇）恶，中间兼有党项抄劫，使全过不得。宋输略七人从邠州出于河州路过到凉州，其同行回鹘使并在邠州。先淮诠郎君路上遭贼，落在党项，亦邠州节度使赎在邠州。郎君二人及娘子、家累、军将、常住等廿人，输略等亲自见面，并在邠州。淮诠郎君拟从嗢末使发来。缘装束不办，发赴不得。其草贼黄巢，被尚让共黄巢弟二人煞却，于西川进头。　皇帝回驾，取今年十月七日的入长安。游奕使白永吉、押衙阴清儿等，十月十八日平善已达嘉麟。缘凉州闹乱，郑尚书共□□诤位之次，不敢东行。宋润盈一行，□□凉州未发。其甘州共回鹘和断未定，二百回鹘常在甘州左右捉道劫掠。甘州自胡进达去后，更无人来往。白永吉、宋润盈、阴清儿各有状一封，并同封角内，专差官健康清奴驰状通报。——谨具如前，谨录状上。牒件状如前，谨牒。

中和四年十一月一日，肃州防戍都营田索汉君

县丞张胜君等状

细读此唐代文书文献，可知唐中和四年（884）某月，敦煌归义军派出的宋输略等一行使者沿河西走廊西行，经过最东端的凉州后进入关中，再从关中地区翻越秦岭蜀道而到达西川成都府，朝见当时避难于蜀的唐僖宗行在朝廷，完成使团的相关使命后便从西川返回，仍然经由秦蜀道而到达关中地区的邠州。由于当时邠州节度使朱玫与灵州节度使争斗不和，从关中通往河陇地区的军事经济重镇灵州的最主要道路灵州道南段，即灵庆道，或称环庆路，"从长安西北行三百里至邠州，循泾水之北源马岭水西行一百四十里至宁州，又一百三十里至庆州，又西北尽马岭水之源，六百四十里至灵州"①。这条道路在中和年间既因藩镇军阀之间的争战而不通畅，也不安全（由于沿途经过环庆区域，经常有党项等少数民族部落常常阻断道路，抢劫杀害来往的使团成员、商贸行人），因此，使团不得不从邠州先折向西行，经泾州、

---

① 严耕望. 唐代交通图考·卷1京都关内区［M］. 台北："中央研究院"历史语言研究所专刊之八十三，1985：181.

原州、绕道河州，再向北行，一路辗转到达凉州。这条道路大致与后世被称为"丝绸之路"中路的路线有重合，即经由邠州、原州，到达秦州（天水）地区，过狄道（今甘肃临洮）、河州枹罕（今甘肃临夏），从永靖渡过黄河至金城郡（今甘肃兰州地区），溯庄浪河翻越祁连山东端的乌梢岭至凉州（今甘肃武威）。这当然是在非常时期下的一条并不主要的交通路线，因为与环庆路相比，这条路线不仅迂回、绕远，而且路途艰辛，翻山越川，沿路的补给也较为困难。

这件唐代文书还反映了晚唐时期走马使传递公文文书的效率情况。文书中报告说，归义军的使团在到达凉州之后，由于凉州战乱，前往河西走廊的道路不通，故暂时停留在凉州未出发，故而向其长官报告此次出使完成使命的详细情况，并派出专门的走马使人送达。值得注意的是，敦煌宋输略使团入川以后，不仅在成都府内打探到了黄巢被斩首、地方官员向朝廷进献黄巢首级的信息，还有唐僖宗将会于十月七日从成都府回驾长安的秘密消息，于第一时间向其归义军长官报告，将十月发生的重要政治事件与机密的军事情报信息，在不到一个月之内，便传递到了几千公里之外的肃州（今甘肃酒泉），其间经过了重重道路屈折和艰险。可见在晚唐时期，这种由地方藩镇军事机构管理的、专门传递消息的信使的行进速度是非常迅速和有效的。

从关中地区经由邠宁路、环庆路而至灵州的河陇路实际上也是晚唐五代宋初时期连接关中地区和河陇地区，进而沟通西域、遣使贸易往来的最重要的一条交通大道。在法藏敦煌文献中保存的可能是抄自来往公文书函中用语的 P. 3644《学童识字杂抄》中就有"入京般次、朔方使、邠州"，以及"凤翔使、灵州"等地名、人名记载，反映了在这条道路上河西与中原的使节往来的频繁程度，以至于已经成为敦煌民众甚至一般孩童的一般常识①。反映河陇地区的使团前往关中地区的还有 P. 4610，它是一封晚唐时期河陇某地的丈人刘某写给其女婿李郎的文书，文书中说，得知李郎"昨知差使邠州"，即经由灵州道出使邠州，因沿途路远而送给其出使所需的装束，并殷切叮

---

① 赵贞. 归义军史事考论［M］. 北京：北京师范大学出版社，2010：7.

吟。由此可知，唐末河西与关中地区之间的这条道路已成交通要路。

在中国古代的星占分野理论中，"秦"地与天文二十八宿中的"东井、舆鬼"相对应，是这星象的分野之地，在先秦古代文献中称为"雍州"，其地域则与春秋战国时期的秦国地域大体上相似，又被称为秦地。秦地之天象分野表现在地理上，则对应于关中、河陇、巴蜀川汉等广大地域，《汉书·地理志》进一步详细记载说"秦地，于天官东井、舆鬼之分野也。其界自弘农故关以西，京兆、扶风、冯翊、北地、上郡、西河、安定、天水、陇西；南有巴、蜀、广汉、犍为、武都；西有金城、武威、张掖、酒泉、敦煌，又西南有牂柯、越嶲、益州，皆属焉"①。古人从"天人合一"的哲学理论出发，说明了关中、河陇、巴蜀地区三大区域之间有密切的联系，实质上也反映了这三大区域之间的先人们自古远以来就已经存在着密切的交流关系，彼此之间形成的沟通往来的重要交通道路，既是文化传播的通道，也是民族迁徙的走廊，亦是丝绸、茶叶、马匹、玉石等贸易之路，还是历史上重要的军事通道。

综上以敦煌文书为中心的考察所述，唐五代宋初时期，沟通河陇、关中、巴蜀三大区域内信息传递的"通道"，主要是借助于专使使团而完成的，通过区域地方上的一个个节点而传送的，这些节点就是河西陇右、秦巴蜀道、关中区域内的政治军事经济文化信息的集中地：州府和相关军事机构。在这里，信息在汇聚、被交流，但有时也会中断，会被隔断、割裂。探研信息在这些节点上的动态的交汇与传递、隔断与留滞，无疑是研究唐宋时期河陇、关中、巴蜀三大区域内交通道路上的社会生活历史细节的重要课题之一。

三、文书传递速度：以汉中往关中地区的交通日程为例

敦煌藏经洞所出文献十分丰富，其中许多文献记录了晚唐五代宋初时期关中、陕南、四川地区的历史事件、社会生活风俗。英藏敦煌文献 S. 1156

---

① （东汉）班固. 汉书·卷28 地理志第八［M］. 北京：中华书局，1962：1641.

《唐光启三年（887）沙州进奏院上归义军节度使状》就是其中的一件，记录了唐代末年敦煌归义军六十余人使团从兴元府（今陕西汉中）前往凤翔府（今宝鸡凤翔）所用的行程时间。从中既可以推断当时所行走的汉中通往关中地区的驿路情况，也可以据之以考证出光启三年避难于汉中的唐僖宗行在朝廷究竟是沿着哪一条通往关中地区的交通路线返回关中的，是与唐宋时期秦岭蜀道研究相关的一条重要的出土新材料，却从未见被相关研究者引用、研究。这件珍贵的唐代历史文献，有许多值得进一步挖掘的价值，其历史文献价值和意义尚未被唐史研究学者们充分地发掘出来。现予以录文如下。

　　　进奏院状上。

　　　当道三般专使，所论旌节次弟（第）逐件具录如后。右伏自光启三年二月十七日专使押衙宋闰盈、高再盛、张文彻等三般同到兴元驾前。十八日使进奉，十九日对，廿日参见四宰相、两军容及长官，兼送状启信物。其日面见军容、长官、宰相之时，张文彻、高再盛、史文信、宋闰盈、李伯盈同行，□定，宋闰盈出班，祇对叩击。具说本使一门拓边效顺，训袭（习）义兵，朝朝战敌，为国输忠，请准旧例建节。廿余年，朝廷不以指撝（挥），今固遣闰盈等三般六十余人论节来者，如此件不□（赐）获，绝商量，即恐边塞难安，专使实无归路。军容、宰相处分："缘　驾迥（回）日近，专使但先发于凤翔祇候，待銮驾到，即与指撝（挥）者。"至廿二日，夷则以专使同行发来。三月一日却到凤翔。四日驾入。五日遇寒食，至八日假开，遣参宰相、长官、军容。

　　　（以下文字略）

从上件写于唐代末年的文书可知，光启三年（887）二月十七日敦煌归义军使者到达山南西道节度使治所兴元府，在兴元府停留三天，二十日参见了当时因避乱而暂驻跸于汉中的唐行在朝廷的头面人物政事堂四宰相及握有军事实权的监管唐中央政府禁军神策军的宦官。由于光启二年末，邠州节度使朱玫之乱已经被其部将王行瑜联合其他藩镇势力所平定，唐行在朝廷正要准备迁回京师长安，结束因光启二年朱玫之乱造成的国家政局混乱的局面，使得唐政府没有时间来处理与地方藩镇敦煌归义军相关的政务。敦煌归义军使团又停留两天后，于二月二十二日便从汉中启程，前往关中，使团于三月一日到凤翔府，整整用去了9天时间①。据此行进的时间估计，唐政府行在朝廷的各级机构的前行速度显然也差不多（虽然唐行在朝廷从汉中出发的时间显然要比敦煌归义军使团要晚，到达凤翔的时间也比归义军使团晚3天，三月四日銮驾进入凤翔，与史书所记录的时间相吻合），则由此推断，不论是政府机构，还是负有重要使命的使团般次，或是普通的商旅平民，从汉中出发往凤翔，经褒斜栈道翻越秦岭的路途平均需要9～10天。由于上件敦煌文书中所记载的晚唐汉中到凤翔的交通道路过于简略，现结合历史文献、前人研究成果等，进一步进行解读与挖掘。

前引敦煌文书文献中虽然没有记载当时使团所行走的道路情况，但唐宋时期从汉中前往长安的路线，据历史文献记载主要是走褒斜道。但无论是唐宋史书中，还是地理方志书中所记录的"褒斜道"（或称斜谷道），与历史上赫赫有名的汉魏褒斜道有很大的区别，经常使人产生误会或误解。著名历史学家严耕望先生经过考辨后指出，"唐代所谓褒斜道绝大多数指褒城（今陕西汉中褒河）至凤州（今甘肃凤县）道而言"，只是借用了汉魏褒斜古道的名称罢了②。汉魏古褒斜道，在唐宋时期则基本上废弃不通，即使偶而修治之（唐宝历二年、唐大中三年都曾重修），但也很快便因为路途险峻、不便于行人、山洪冲毁等原因而惨遭废弃的命运了。从唐人孙樵所作的《兴元新路记》中对沿途所经驿站与道路情况的详细描述中，可知自青松驿以下新修的驿路和驿站正是所谓的"兴元新路"，或称文川道，据《唐会要·道路》

---

① 二月为小月，只有29天。从二月二十二日至三月一日，共计9天。

② 严耕望先生在其《唐代交通图考》第三卷《秦岭仇池区》篇十九"汉唐褒斜驿道"中分析了唐人所称之"褒斜道"名实不相符的原因。他援引《石门颂》《华阳国志》《三国志》等历史文献证明，汉魏时人，既将褒谷也称斜谷，（《石门颂》"诏书开斜"、《华阳国志》"玺书交驰于斜谷之南"），也将褒斜道专称为"斜谷道"，沿袭到唐世，则也用"斜谷"之模糊称谓去称呼"褒谷"（《元和郡县志》"兴元府褒城县条"称其"当斜谷大路"是其明证）。同时，最为关键的是，即使是散关—凤州—褒城道（所谓唐宋褒斜道）的南段，由于其与汉魏古褒斜道之南段完全相同，因此也含糊地称之为"斜谷道"或者"褒斜道"。

记载，在新路修好不到一年的时间内，一则道路很不方便来往行人行走，加之山洪摧毁栈道，这条新路竟然面临着"使命停拥，馆驿萧条"的废弃状态①，唐廷下令重修斜谷旧路及其馆驿，实际上新路被废置。在兴元新路被废弃、朝廷重修褒斜旧路的情形下，新任的山南西道节度使封敖，动用兵士与民夫，以两个月不到的时间（唐廷于六月下令修置驿站，七月二十二日，封敖向唐廷报告山南西道境内的斜谷旧路已经修通），将被山洪摧毁的道路、破败的馆驿修好并重建，普通的商旅骡马担驮往来通过全无障碍。修好的"斜谷旧路"完全可以接待南北往来的朝廷使人、政府官员，以传递使命。虽然封敖上给唐廷的奏章中不曾提及修好的道路及驿站名称，但根据其在不到两个月的时间内就能修通斜谷路的高效率判断，是在原有道路、驿站基础上进行的改造与改建，大概就是学者所言"系指北魏永平二年改道之后的褒斜道"的一部分②，史籍中也称斜谷道，根本就不是汉魏褒斜古道，而是经褒城前往凤州的道路。

　　可惜前引唐代文书中未能详细记录经褒斜栈道翻越秦岭到达宝鸡的具体行程，以及其间的驿站、驿路情况，但根据唐宋时期有关汉中地区栈道、驿路的交通记录，推想在当时，沿路仍然存在由唐地方政府控制并提供基本服务的驿站系统，这些驿站也基本完整，发挥了正常的供给食宿、传递政令消息的功能，并没有因为战乱而毁坏不能通行或者被废弃。严耕望先生在《唐代交通图考》中认为，唐代褒斜道呈"Y"字形，南段是汉魏古褒斜道之南段，北段分东西二支，东支沿汉魏褒斜古道东北而达眉县；西支沿北魏回车新开道而西北达凤县。分支点，即在武休关（武关驿）附近。然而东支路线，塞时多，通时少，不甚重要，不是当时的主要交通干线。西支其实是唐代交通之干线，里程计350里左右，大概置有十驿。即唐宋"褒斜栈道"内设置有十座驿站，与唐诗人薛能《褒斜道中》诗："十驿褒斜到处慵，眼前常似接灵踪"及唐刘禹锡《山南西道新修驿路记》"自散关抵褒城次舍十有

---

①　（宋）王溥．唐会要·卷86 道路"大中三年十一月"［M］．上海：上海古籍出版社，2006：1912.

②　郭荣章．石门石刻大全［M］．西安：三秦出版社，2001：128.

五（驿）"所记载的情况是十分符合的①。

　　唐宋时期使团的一般行程，大约是每日两驿②，约60里。唐宋地理方志文献明确记载自兴元府到凤翔府，行走在当时主要的交通大路（褒城—回车—凤州—散关—凤翔），约计660里。以每日两驿60里计算，理论上大约需要11日。理论上计算出来的里程数与前引敦煌文献中所记的归义军使人到达凤翔的行程（9日），基本上是符合的，证实当时敦煌归义军使团和唐行在朝廷所通行的道路也就是所谓的褒斜道，就是此路无疑。

　　《旧唐书·僖宗纪》记载光启三年三月甲申日"车驾还京，次凤翔"，当是指唐僖宗銮驾从兴元府出发回还京师长安的时间，其实是在二月"甲申日"；《资治通鉴》卷256"光启三年"条记载"（三月）壬辰（日）车驾至凤翔"，则是僖宗车驾到达凤翔府的具体时间在三月"壬辰日"，从"甲申日"到"壬辰日"，共计9天时间。传世史书记载的从兴元府到凤翔府的行程（9天）与出土的敦煌文献中记录的归义军使团所花费的时间（9天）完全是符合的。唐僖宗政府到达凤翔府后，由于京师长安宫殿被战乱焚毁，修葺未完成，只得暂时停留在凤翔。唐僖宗銮驾返程终点到达凤翔府，但唐宋史书未明确记录所走为哪条道路。严耕望先生通过考察唐三帝（玄宗、德宗、僖宗）四次南幸兴元，往返八程道路，"除去德宗去程及僖宗第一次去程取骆谷道之外，其余六次皆取散关道，无一取（汉魏）褒斜古道者"③，如果据此去说明僖宗两次归程，虽不知取褒城—凤州道，或者取兴州—凤州道，但可以肯定，绝不是取眉褒间汉魏之褒斜古道仅仅是唐先生的推测、而缺乏实际证据的话，那么，敦煌文书文献中明明确确记载的敦煌归义军使团与唐朝行在朝廷从兴元府到达凤翔府所用去的时间（约9天），与唐宋时期

①　据唐宋方志地理文献所记载凤州至大散关约140里，以30里置一驿的常规来推断，凤州与散关之间当设置有四五驿，则唐代褒斜栈道内设有十驿，正与薛能诗相合。

②　唐宋元时期对官员赴任、信使行程时间都有较为详细而严格的规定，除紧急情况之外，乘马者日行70里，乘车者日行40里，乘驿者每日两驿行程（60里左右），乘舟者逆水日行80里，顺水日行120里。

③　严耕望.唐代交通图考[M].台北："中央研究院"历史语言研究所专刊之八十三，1985：732.

兴元府至凤翔府之间"褒斜道"的里程数之间的高度契合情况，完全就可以证实严耕望先生的推断是正确的，也就能够补正史记载的缺漏与不足了。出土文献与传世文献的契合，证明了光启三年唐僖宗銮驾回京的路线是沿着"兴元府—褒城—回车戍—凤州—散关—凤翔府"这条晚唐时期沟通关中与汉中的主要的交通干线。这正是这件写于唐光启三年的唐代文书文献珍贵价值之所在。

第三节　公文的收卷与保存

一、P. 3438V 档案

敦煌公文的收卷与保存，最具有代表性的一件是 P. 3438V《沙州官告国信判官将仕郎试大理评事王鼎启状》，它是一卷与北宋中央朝廷经营敦煌地区有关的重要历史档案案卷。但由于档案案卷的前部有残缺，导致学术界对其具体的年代判断与历史文献价值的认识还有许多不清楚的地方。该档案案卷现存由四件书状粘连而成，如下所示。

（前缺）
本自知器狭（下缺）
琼醪。盖以蔡腹草肠不称
中山之酎。今则见拘□蒂犹未
醒醒，强起扶持蜃写丹诚于赤
素，其于感佩冈尽铺舒。谨修状
启
闻，代伸陈
谢。伏惟
照察。谨状。
　　十二月六日沙州官告、国信判官将仕郎、试大理评事王　鼎状

（纸缝）

鼎启：早者出于非次，辄贡刍荛

只希

钧慈详鉴，岂敢忘于

霑救。今则伏蒙

太保迥开　　府库，特惠

琼瑶，睹美玉而如窥秋月，视润

色而室内生光。谅兹皎洁实谓

国珍。辞让既以不敢，即当捧当而合

懼。寻依

台旨□（跪）授讫。谨修状启

闻陈

谢。伏惟

照察。谨状。

　　十二月六日沙州官告、国信判官将仕郎、试大理评事王　鼎状

（纸缝）

鼎启：自违

钧念，早换月华，空积

攀缘。莫谐卑抱，今则叠劳

翰诲，令再赴

筵兼从打颊，倍增欣惬。来日守门

趋赴

台阶。谨修状启

闻陈

谢。伏惟

照察。谨状。

　　十二月四日沙州官告、国信判官将仕郎、试大理评事王　鼎状

（纸缝）

鼎启：昨日伏蒙

支借打颙　玉一团，当时于

郊外分付　　客都宋仆射

讫。谨修状启

闻陈

谢。伏惟

照察。谨状。

　　十二月六日沙州官告、国信判官将仕郎、试大理评事王　鼎状

　　如上所示，P. 3438V《沙州官告国信判官王鼎上归义军节度使太保启状》一共有四件，第一件前部略有缺损，后三件保存完好。每件书札之间互相粘连，纸缝清晰可辨，可以从书写时间上推断，原本四件书札都是各自独立的，是后人出于某种特殊的目的将它们粘连到了一起。根据四件启状的书写特征，肯定是书札原件，且是经过了传递之后的实用书状，是某年十二月四日和十二月六日从中原朝廷来到沙州（今甘肃敦煌）授予敦煌地方长官官告、国信的使臣王鼎上给敦煌地方长官某位"太保"的。这四件启状在上给归义军节度使太保之后，作为特殊的、重要的历史档案，曾被地方官府精心地粘连成一个长卷保护起来，且在背面卷首处题署"辛巳年三月封"，下方有一处正方形的油墨沾染痕迹，还有一方不明显的方形印章，推测应该是封缄档案时所钤盖的印章。这表明这个档案案卷应当是敦煌地方政府内封存的重要的历史档案，可知其最初原被卷成一个长卷后封缄保存，见此件档案案卷实物，可以对北宋时期官方档案保存制度有感性认识。

　　值得一提的是，P. 3438V《沙州官告国信判官王鼎上归义军节度使太保启状》中某一件启状的封皮纸在敦煌文献中也被笔者发现了，它就是被保存于中国国家图书馆所藏敦煌遗书中、编号为 BD09522V 的封皮纸，笔者对其进行了封缄复原，复原后的封题写作"沙州官告国信判官将仕郎试大理评事王鼎状谨封"（见图 8–1），无论发信人的官衔、姓名，还是书法笔迹，它们均高度符合，都是由同一人（王鼎）所写。

图8－1　BD09522V直封皮纸复原后的封题内容

　　BD09522V直封皮纸正是 P. 3438V 四件启状中的某一件启状的封皮纸，二者原本是一套，后来却被人为分隔开来，将四件启状粘贴为档案长卷保存，封皮纸却被废弃，又被重新利用，抄写了《礼记》的目录。

　　综观整个案卷，我们可以得到以下三点重要认识：第一，四件书札之间互相粘连，纸缝清晰可辨，可以从书写时间上推断，原本四件书札都是各自独立的，是后人出于某种特殊的目的将它们粘连到了一起。第二，作为特殊的、重要的历史档案，曾被敦煌地方官府精心地将四件书札粘连成一个长卷子保护起来，且在背面卷首处题署"辛巳年三月封"和盖印章，表明这个卷子应当是敦煌地方政府内封存的重要的历史档案。第三，由于保存于官府中的档案都有一定的时间期限，当档案过了一定的保存期限之后，这个档案案卷后来被官府废弃，由于当时纸张的有用性，废弃的档案作为废纸而其背面的空白处被重新使用（废物利用），后来流入了敦煌地区的佛教寺院就被某位僧人用来抄写《大般涅槃经》中的难字音义，从书法遒劲工整来看，与敦煌文献中一般学士郎的书迹不同，可能是一位有学问的僧人所用。

二、P.3438V 档案内容考证

从前文所述，我们可以推断这件档案案卷正面启状的书写时间，某年的十二月，应当是背面封题标志"辛巳年三月封"之前的"庚辰年十二月"。通过敦煌地方史的历史常识，我们可以基本判断出背面题署的"辛巳年三月"有可能是宋太平兴国六年（981）、五代后梁龙德元年（921）、唐咸通二年（861）中的某一年。根据学界对归义军历任节度使称号年代的研究成果①，唐代咸通二年时归义军节度使张议潮尚无"太保"称号，当其死后（咸通十三年，872）才被追赠为太保；后梁龙德元年时归义军节度使曹仁贵（议金）称尚书、仆射，也无太保称号，因此都可以排除。只有宋太平兴国五年（980）归义军节度使曹延禄获得宋太宗制授归义军节度使时，可以称太保，与史实最相符。传世史书记载：太平兴国五年（980）闰三月辛未日，归义军进贡使臣经过了约 11 个月的跋涉到达宋廷东京汴梁（开封），在出土的敦煌文献里也得到了很好的验证：安徽省博物馆藏敦煌文献《二娘子家书》中记载"至今年闰三月七日，平善与天使司空一行到东京"，李正宇先生据唐宋时期的置闰特征，推断"闰三月"即为宋太平兴国五年（980），恰恰与正史资料记载的归义军使人于本年闰三月辛未（二十八日）入朝纳贡非常契合②。于是，在 980 年四月，宋廷制授曹延禄归义军节度使、检校太保、归义军节度瓜沙等州观察处置营田押蕃落等使。在《宋会要·蕃夷志》中明确记录曹延禄的检校官衔为"太保"："制：权归义军节度兵马留后金紫光禄大夫检校司空兼御史大夫上柱国谯县［开国］男曹延禄，可检校太保、归义军节度瓜沙等州观察处置营田押蕃落等使。"③ 在 980 年四月，宋朝中央授予

---

① 荣新江. 归义军史研究［M］. 上海：上海古籍出版社，1994：60－147.

② 李正宇. 安徽省博物馆藏敦煌遗书《二娘子家书》［J］. 敦煌研究，2001（3）：96.

③ （清）徐松，辑. 宋会要辑稿·卷198 蕃夷五·瓜沙二州［M］. 北京：中华书局，1957：7767.

敦煌地方长官曹延禄"检校太保"之后，还专门派出了沙州官告使王鼎，携带朝廷官告及信物与归义军使团一同返回敦煌，当北宋中央的使团于980年十二月终于来到了敦煌，在授予敦煌地方长官官告时，敦煌地方长官专门举行了盛大的欢迎宴会，于是就在敦煌文书档案中留下了印迹。

根据以上史料的验证，证明宋代档案案卷P.3438V《沙州官告国信判官王鼎上归义军节度使太保启状》书写于北宋太平兴国五年（庚辰年，980）十二月四日和六日。这是因为宋京师汴京距离沙州路途遥远，宋朝派出的官告、国信判官王鼎等中原使团花费了数月时间才在庚辰年（980）十二月初抵达沙州，受到归义军节度使曹延禄的酒宴招待（第一件、第三件），并赐予美玉作为礼物（第二件）。第二件启状是王鼎在收到归义军节度使曹延禄于宋太平兴国五年十二月六日所赏赐的美玉之后，给曹延禄所上的陈谢启状，第四件则是归还美玉上给曹延禄的启状。整个档案案卷反映了北宋中央朝廷意图经营敦煌地区的有关重要历史事实：北宋太平兴国四年（979）四月以后，权知归义军留后曹延禄派出使者携带奏状进贡宋朝，太平兴国五年（980）闰三月沙州朝贡使人跟随宋朝使人顺利到达宋廷，四月宋太宗制授曹延禄归义军节度使、检校太保，980年十二月初，沙州官告、国信使王鼎抵达沙州，授曹延禄太保官告及旌节，宋朝铸赐的"归义军节度使之印"传入沙州，河西走廊内的地方政权朝贡北宋中央政府的政治道路再次开通。这次成功的朝贡还促成了西域的于阗政权主动提出和敦煌归义军节度使曹延禄进行政治联姻，将于阗公主下嫁给归义军节度使①。

从上文所列启状档案案卷可知，大约在980年十二月（腊月）初，北宋中央朝廷派出官告使、国信使到沙州，曾随从敦煌地方长官归义军节度使参加"打颐"活动，并被借给"打颐玉"一团，"打颐玉"，顾名思义，即是用于"打颐"活动的玉。从状文透露出来的时间（"昨日"）、地点（"当时于郊外分付客都宋仆射讫"）信息推断，打颐活动的时间、地点应在腊月初

---

① 王使臻. 曹元忠、曹延禄父子两代与于阗政权的联姻［J］. 敦煌学辑刊，2015（2）：19.

五日在沙州郊外的旷野里举行。当"打颙"活动结束之后，王鼎所借的"打颙玉"被当场奉还了。那么"打颙"是什么意思？在唐宋时期是一种什么活动？这种习俗活动又是如何从中原地区传播到遥远的边疆地区敦煌的呢？就以上三个问题，笔者试图依次进行考证与梳理。

打，作动词义①，《汉语大词典》"打"义项［31］为"从事某种工作或作出种行为"，如打醮，指道士为人做法事，求福禳灾的一种仪式。唐代有"打夜狐"、宋代有"打耗"、元时有"打旱魃"等驱鬼禳灾的赛神习俗②。"颙"，其本义是"大头"，引申为"大貌"，后有"肃敬、仰慕"等意义，在这个意义上读作"yóng"。但这个意义明显与P. 3438V启状中的含义不同。有人认为"打颙"为"打顝"（即打浑）的形近致误，是"诙谐逗乐"之义，解释启状中王鼎所支借的"打颙玉"可能是作为娱乐的道具使用的。其实，"颙"还可读作"yú"，读"yú"这个音时，"颙"又写作**鸽**，是传说中的怪鸟，见于《山海经·南山经·南次三经》："有鸟焉，其状如枭，人面、四目而有耳，其名曰颙，其鸣自号也，见则天下大旱"③。**鸽**鸟是传说中的一种怪鸟，晋代郭璞作《山海经图赞·南山经·鱄鱼颙鸟》："颙鸟栖林、鱄鱼处渊，俱为旱征"，说明在古代视**鸽**鸟的出现代表旱灾或一种旱疫。从上文文意来看，"打颙"显然是一种类似于祛灾祈福的仪式活动。

敦煌文献中"打颙"民俗活动与唐宋时期的"腊日"节日民俗有密切的联系。"打腊""出腊"均是指在腊日进行的一种民俗活动，现举敦煌文书中的三个例子：

（1）S. 5623《新集杂别纸》中"不赴打腊状"和打腊迎司空状"：

　　右某昨日偶转着脚，行履稍难，不获倍（陪）奉台旆打腊，卑情无任惶灼之至。

---

① 汉语大词典编辑委员会. 汉语大词典（缩印本）［M］. 兰州：汉语大词典出版社，1997：3513.
② 乔继堂，朱瑞平. 中国岁时节令辞典［M］. 北京：中国社会科学出版社，1998：493.
③ 郭郛，注. 山海经注证［M］. 北京：中国社会科学出版社，2004：61.

（2）"打腊迎司空状"：

> 右伏审司徒打腊却回，冲冒日月，涉风寒霜，伏计动尊重。某以行履未能趋赴，不获郭外祇候攀迎，卑情无任惶惕之至。

（3）P. 2985V《开宝五年（972）十二月某日右衙都知兵马使丁守勋状》中"出腊"：

> 右守勋伏蒙大王台造，特垂宠唤出腊。谨依严命抵候讫。

有学者指出以上三例中"腊"字皆为"猎"字之误，似值得商榷，尽管两者可通。因为，"打颙""打腊"均出自上给敦煌地方长官公文的原件，形近致误的可能性较小。打腊、出腊是指唐宋时期在"腊日"节日时举行的一种祭祀仪式，也是一种节日民俗娱乐活动，一般在郊外举行。

在历史文献中，"腊"原本为中国传统的祭祀礼仪，本义是打猎取获禽兽，在岁终献祭于先祖。周代有大蜡（zhà）祭，汉郑玄、蔡邕解释"腊"即周之蜡祭，或以为"蜡"即"腊"之别名。《礼记·月令》有"孟冬腊门间及先祖五祀"，《左传》有"虞不腊矣"。《礼记·郊祀》记载腊月时要以郊外举行"八腊"祭祀，称为"八腊以祭四方"。腊祭在秦汉时期演变为一种节日，东汉蔡邕《独断》载"腊者，岁终大祭，纵吏民宴饮"。东汉应劭《风俗通义》云"腊者，猎也，猎取禽兽以祭先祖也。或曰腊者，接也，新故交接，故大祭发报功也"。唐欧阳询《艺文类聚》引张亮议曰："腊，接也，祭宜在新故交接也。秦汉以来有贺，此皆古之遗语也。"罗振玉从汉代简牍历谱上对伏、腊节日的记载，证实周秦以来的腊祭，在汉代已经演变成"冬至后三戌腊祭百神"的社会风俗，见著于《说文解字》。① 根据蔡邕《独断》，在东汉时岁终的腊祭是一项吏民狂欢、宴饮的盛大节日。在楼兰所出魏晋简纸文书中有"贺大蜡"简和纸文书各一枚②，即为蜡、腊相通的例证。唐宋时期的腊日节日习俗又发生了一些变化。隋代杜台卿《玉烛宝典》

---

① 罗振玉，王国维. 流沙坠简［M］. 北京：中华书局，1993：88.
② 侯灿，杨代欣. 楼兰汉文简纸文书集成［M］. 成都：天地出版社，1999：298.

中记载："腊祭先祖，蜡祭百神"，证明腊与蜡有异，腊祭的对象是祖先，祭于家庙；蜡祭的对象是神灵，祭于郊外。唐宋时，腊日不仅祭祀祖先、众神，还要举行逐疫禳灾的仪式，渐与大傩仪式合二为一。

汉唐之际，腊祭的日期并不固定。东汉许慎《说文解字》称以冬至后第三个戌日为腊祭日，唐代初贞观年间以寅日蜡百神，蜡日与腊日日期不同，分别举行。至《开元礼》颁行，始蜡腊同日①，均在辰日举行，宋代则以戌日为腊日，举行腊祭活动。腊日时往往举行盛大的驱傩活动。汉代以腊日前一日举行大傩活动，南北朝以腊八日傩，唐宋时期则不固定，有朔日傩者，也有持续到腊月二十日傩者。英藏敦煌文献 S. 2832《文样》中记载了腊日在辰日举行，且与腊八日不同。"腊日：嘉平应节，惜腊居辰。良词贵石之时，野折如来之日"。"腊月八日：时属风寒，月景八辰，如来说温室之时，祇试浴众僧之日。故得诸垢已尽，无复烦恼，云痕虚净，法身皆霑功德之水。" S. 2832《文样》在记载节日的顺序时，腊日在腊八日之后、岁除日之前，似表明晚唐五代宋初时腊日在"腊八日"至"岁除日"之间，时间并不固定。前文已经说明：北宋太平兴国五年（庚辰年）腊月在敦煌地区举行打顗活动的时间、地点应是腊月初五日在沙州郊外的旷野，笔者通过"实用万年历 V6. 26 检索系统"，检索到庚辰年十二月初五日（981 年 1 月 13 日）正好是甲戌日，说明宋代的腊日祭祀确实是在"戌日"举行，与正史中所记载的日期完全一致。敦煌地区作为北宋政府能够控制的西部最边远地区，在腊日举行的"打顗"、驱傩仪式完全是遵从宋朝的腊日习俗的，从一个侧面也能够反映出敦煌地区作为边疆藩属对北宋中央朝廷的臣服。

前文已释"顗"是"鶹鸟"的意思，笔者以为"打顗"是祭祀鶹鸟的一种驱逐旱疫等灾疫的驱傩仪式，一般腊月里在郊外举行。在《后汉书·礼仪志》中详载了宫殿大傩仪式的细节：在东汉时人们在腊日祭祖前一日要举行驱傩仪式，称之为"大傩"。"先腊一日大傩，谓之逐疫。其仪：选中黄门子弟年十岁以上、十二以下百二十人为侲子……执大鼓，方相氏黄金四目，

---

① 孙楷，撰. 徐复，订补. 秦会要订补［M］. 北京：中华书局，1959：50.

蒙熊皮……执戈扬盾，十二兽有衣毛角，中黄门行之……以逐恶鬼于禁中……黄门令奏曰：侲子备，请逐疫。于是，中黄门倡，侲子和曰：甲作食殁，胇胃食虎，雄伯食魅……凡使十二神追恶凶……因作方相与十二兽舞。欢呼周遍，前后省三过。"①《东京赋》中对此描述为："卒岁大傩，驱除群疠，方相秉钺，巫觋操列，侲子万童，丹首玄造……逐赤疫于四裔"②。这种从东汉宫廷到乡里社区之间驱疠逐鬼的厌胜之术，逐渐形成祈求庶民百姓平安的风俗活动，并且以不同的面貌传衍到今天。③《后汉书·礼乐志》记东汉时的大傩仪式，唐代亦有大傩及诸州县的驱傩仪式，一般在腊月里举行，已经演化为一种祭祀、娱乐活动，有音乐，有饮宴。宋人陈旸《乐书》卷199"时傩"条记载：

> 至唐季，冬大傩及郡邑傩，开元礼制之详矣。盖以晦日于紫宸殿前设宫架之乐，前期先阅傩并乐。是日，大宴三府，朝臣家皆上棚观之。百姓亦预焉，颇谓壮观也。惟岁除前一日，于金吾仗龙尾道下重阅，即不用乐矣。

在唐宋时期的大傩驱疫仪式上，象征性地献祭美玉给鹬鸟等传说中的神灵，是一种由来已久的祭祀仪式。据《尚书·尧典》记载，上古虞舜时祭祀上帝、山川等神时，"揖合五瑞"，择吉月日而"班瑞"。瑞，即是美玉，五瑞是象征五等爵位等级的玉④。从《史记·封禅书》来看，汉时对于山川等自然神灵都有祭祀，祭祀用品中有"珪币杂异焉""珪币杂异""珪币各有数，皆生瘗埋"。珪，即玉也。唐人封演《封氏闻见记》卷六《纸钱》记："按古者享祀鬼神有圭璧币帛，事毕则埋之。后代既宝钱货，遂以钱送

---

① （晋）司马彪，撰. 后汉书志第五·礼仪中·大傩 [M]. 北京：中华书局，1964：3127.

② （宋）徐天麟. 东汉会要·卷五礼三·大傩 [M]. 北京：中华书局，1955：52.

③ 王三庆. 敦煌变文集下女夫词的整理，兼论其与咒愿文一本、障车文、驱傩文、上梁文之关涉问题 [J]. 敦煌写本研究年报，2011（4）：25.

④ （东汉）班固，撰. 汉书·卷25·郊祀志 [M]. 北京：中华书局，1962：1191.

死……古埋帛，今纸钱则皆烧之。"① 说明古时祭祀鬼神时要埋圭璧币帛。圭、璧，皆是美玉也。但在唐晚期，一般是以纸钱代替了币与帛之类献祭物品。敦煌文献 P.3106V《祈雨文》中有："宁蠲烁石之尤，鱼鳖为人，昊救焦溪之旱。飞牲走币，仰河汉而无徵，茎玉埋金，祭灵山而莫遂"，提到在发生旱灾时要埋葬金和玉，举行庄重的祭祀仪式，以祈雨。但在仪式结束之后，要将仪式中所使用的真玉带走而不是埋起来。"打颙"即是类似于这种驱除旱疫的祭祀仪式及娱乐活动。敦煌文献中的《儿郎伟》与唐宋敦煌地区在腊月举行大傩的民俗活动密切相关，"打颙"活动往往可能在野外的旷阔之处举行，结束之后可能还有饮宴等活动，故有前引敦煌书札文献中"再赴筵兼从打颙"之请，以及"打颙"结束后，祭祀用玉器才会在郊外被送还回来。

三、结论

古代的岁时节令，是人类文化的重要组成部分，反映了不同的历史时期民众的生活状况、审美观念和宗教信仰，其传承与变异，具有民俗学、文化学意义。笔者发现在一卷北宋历史档案中记载了宋代敦煌地区在腊月里举行的一种祭祀神灵、驱除疫疠、全民参与、仪式盛大的民俗活动"打颙"，并对其渊源与演变进行了考证和梳理。笔者认为，敦煌出土的这卷历史档案文献中出现的"打颙"，意指在唐宋时期的西北地区腊月里戌日举行的一种祭祀、逐疫的仪式活动，目的是祈求百姓安居乐业，远离灾殃，常与驱傩活动紧密联系在一起，禳除各种灾疫，为来年祈福，是唐宋时期社会生活中一种盛大的民俗节日活动，逐渐成为"腊日"节日的一部分，演化为一种全民集体参与的民俗娱乐活动。

---

① 封演，撰. 李成甲，校点. 封氏闻见记 [M]. 沈阳：辽宁教育出版社，1998：34.

主要参考文献

一、敦煌文献

［1］中国社会科学院历史研究所，中国敦煌吐鲁番学会古文献编辑委员会，英国国家图书馆，等．英藏敦煌文献（汉文佛经部分以外部分）（第1－14卷）［M］．成都：四川人民出版社，1990－1995．

［2］俄罗斯科学院东方研究所圣彼得堡分所，俄罗斯科学出版社东方文学部，上海古籍出版社．俄藏敦煌文献（第1－17册）［M］．上海：上海古籍出版社，1992－2001．

［3］上海古籍出版社，法国国家图书馆．法藏敦煌西域文献（第1－34册）［M］．上海：上海古籍出版社，1995－2005．

［4］中国国家图书馆．国家图书馆藏敦煌遗书（1－146册）［M］．北京：北京图书馆出版社，2005－2012．

［5］商务印书馆．敦煌遗书总目索引［M］．北京：中华书局，1983．

［6］敦煌研究院．敦煌遗书总目索引新编［M］．北京：中华书局，2000．

［7］［日］吉川忠夫．敦煌秘笈影片册（第1－9册）［M］．大阪：杏雨书屋，2009－2013．

二、历史典籍

[1]（西汉）司马迁. 史记［M］. 北京：中华书局，1959.

[2]（东汉）班固. 汉书［M］. 北京：中华书局，1962.

[3]（宋）范晔. 后汉书［M］. 北京：中华书局，1965.

[4]（晋）陈寿. 三国志［M］. 北京：中华书局，1959.

[5]（唐）魏征，长孙无忌. 隋书［M］. 北京：中华书局，1973.

[6]（后晋）刘昫. 旧唐书［M］. 北京：中华书局，1975.

[7]（北宋）欧阳修，宋祁. 新唐书［M］. 北京：中华书局，1975.

[8]（北宋）司马光，撰.（元）胡三省，音注. 资治通鉴［M］. 北京：中华书局，1956.

[9]（汉）许慎，撰.（宋）徐铉，校定. 说文解字［M］. 北京：中华书局，1963.

[10]（唐）杜佑，撰. 王文锦，等点校. 通典［M］. 北京：中华书局，1988.

[11]（唐）李林甫，等撰. 陈仲夫，点校. 唐六典［M］. 北京：中华书局，1992.

[12]（唐）张彦远，撰. 刘石，校点. 法书要录［M］. 沈阳：辽宁教育出版社，1998.

[13]（宋）王溥. 唐会要［M］. 北京：中华书局，1955.

[14]（宋）王溥. 五代会要［M］. 上海：上海古籍出版社，1978.

[15]（宋）王钦若，等编. 周勋初，点校. 宋本册府元龟［M］. 南京：凤凰出版集团，2007.

[16]（宋）李昉，等. 文苑英华［M］. 北京：中华书局，1966.

[17]（宋）陆游，撰. 李剑雄，刘德权，点校. 老学庵笔记［M］. 北京：中华书局，1979.

[18]（宋）赵彦卫，撰. 傅根清，点校. 云麓漫钞［M］. 北京：中华书局，1996.

[19]（宋）洪迈.容斋随笔［M］.上海：上海古籍出版社，1996.

[20]（宋）黄伯思.宋本东观余论［M］.北京：中华书局，1988.

[21]（宋）沈括.梦溪笔谈［M］.上海：上海书店出版社，2009.

[21]（宋）司马光.书仪［M］.上海：上海古籍出版社，2003.

[22]（元）马端临.文献通考［M］.北京：中华书局，1986.

[23]（清）董诰，等.全唐文［M］.北京：中华书局，1983.

[24]（清）朱象贤.印典［M］.北京：中华书局，2011.

三、专著（依作者姓氏音序排列）

[1]白化文，李鼎霞.入唐求法巡礼记校注［M］.石家庄：花山文艺出版社，1992.

[2]薄小莹.敦煌遗书汉文纪年卷编年［M］.长春：长春出版社，1990.

[3]陈国灿.敦煌学史事新证［M］.兰州：甘肃教育出版社，2002.

[4]陈国灿，刘健明.全唐文职官丛考［M］.武汉：武汉大学出版社，1997.

[5]程喜霖.唐代过所研究［M］.北京：中华书局，2000.

[6]董志翘.《入唐求法巡礼行记》词汇研究［M］.北京：中国社会科学出版社，2000.

[7]党银平，校注.桂苑笔耕集校注［M］.北京：中华书局，2007.

[8]杜朝晖.敦煌文献名物研究［M］.北京：中华书局，2011.

[9]伏俊琏.敦煌文学总论［M］.兰州：甘肃教育出版社，2013.

[10]冯培红.归义军官吏的选任与迁转——唐五代藩镇选官制度之个案［M］.香港：香港大学饶宗颐学术馆，2011.

[11]冯培红.敦煌的归义军时代［M］.兰州：甘肃教育出版社，2013.

[12]郭锋.唐史与敦煌文献论稿［M］.北京：中国社会科学出版社，2002.

[13] 黄正建. 中晚唐社会与政治研究 [M]. 北京：中国社会科学出版社，2006.

[14] 黄叔琳，等注. 增订文心雕龙校注 [M]. 北京：中华书局，2000.

[15] 胡平生，张德芳. 敦煌悬泉汉简释粹 [M]. 上海：上海古籍出版社，2001.

[16] 姜伯勤. 敦煌社会文书导论 [M]. 台北：新文丰出版公司，1992.

[17] 姜伯勤. 敦煌吐鲁番文书与丝绸之路 [M]. 北京：文物出版社，1994.

[18] 张政烺先生九十华诞纪念文集编委会. 揖芬集——张政烺先生九十华诞纪念文集 [M]. 北京：社会科学文献出版社，2002.

[19] 刘后滨. 唐代中书门下体制研究——公文形态、政务运行与制度变迁 [M]. 济南：齐鲁书社，2004.

[20] 刘后滨. 日常秩序中的汉唐政治与社会 [M]. 北京：社会科学文献出版社，2012.

[21] 刘进宝. 敦煌文书与唐史研究 [M]. 台北：新文丰出版公司，2000.

[22] 刘进宝，高田时雄. 转型期的敦煌学 [M]. 上海：上海古籍出版社，2007.

[23] 林聪明. 敦煌文书学 [M]. 台北：新文丰出版公司，1991.

[24] 李锦绣. 敦煌吐鲁番文书与唐史研究 [M]. 福州：福建人民出版社，2006.

[25] 李斌城，等. 隋唐五代社会生活史 [M]. 北京：中国社会科学出版社，1998.

[26] 楼劲，刘光华. 中国古代文官制度（修订本）[M]. 北京：中华书局，2009.

[27] 黎虎. 汉唐外交制度史 [M]. 兰州：兰州大学出版社，1998.

[28] 毛汉光. 中国中古政治史论 [M]. 上海：上海书店出版社，2002.

[29] 钱锺书. 管锥编 [M]. 北京：中华书局，1979.

[30] 钱存训. 书于竹帛：中国古代的文字记录 [M]. 上海：上海书店出版社，2006.

[31] 钱存训. 中国纸和印刷文化史 [M]. 桂林：广西师范大学出版社，2004.

[32] 饶宗颐. 法藏敦煌书苑精华 [M]. 广州：广东人民出版社，1993.

[33] 荣新江. 归义军史研究——唐宋时代敦煌历史考索 [M]. 上海：上海古籍出版社，1996.

[34] 荣新江. 敦煌学新论 [M]. 兰州：甘肃教育出版社，2002.

[35] 王亚南. 中国官僚政治研究 [M]. 北京：中国社会科学出版社，1981.

[36] 王廷洽. 中国古代印章史 [M]. 上海：上海人民出版社，2006.

[37] 王使臻. 敦煌所出唐宋书牍整理与研究 [M]. 成都：西南交通大学出版社，2016.

[38] 汪桂海. 汉代官文书制度 [M]. 南宁：广西教育出版社，1999.

[39] 吴丽娱. 唐礼摭遗——中古书仪研究 [M]. 北京：商务印书馆，2002.

[40] 吴丽娱. 敦煌书仪与礼法 [M]. 兰州：甘肃教育出版社，2013.

[41] 吴宗国. 中国古代官僚政治制度研究 [M]. 北京：北京大学出版社，2004.

[42] 许同莘，著. 王毓，孔德兴，校点. 公牍学史 [M]. 北京：档案出版社，1989.

[43] 徐俊. 敦煌诗集残卷辑考 [M]. 北京：中华书局，2000.

[44] 杨铭. 吐蕃统治敦煌与吐蕃文书研究 [M]. 北京：中国藏学出版社，2008.

［45］严耕望．中国地方行政制度史［M］．上海：上海古籍出版社，2007．

［46］严耕望．唐代交通图考［M］．上海：上海古籍出版社，2007．

［47］颜廷亮．敦煌西汉金山国文学考述［M］．兰州：甘肃人民出版社，2009．

［48］颜廷亮．转型时期的敦煌语言文学：纪念周绍良先生仙逝三周年学术研讨会论文集［M］．兰州：甘肃人民出版社，2010．

［49］周一良，赵和平．唐五代书仪研究［M］．北京：中国社会科学出版社，1995．

［50］周振甫．《文心雕龙》译注（修订本）［M］．南京：江苏教育出版社，2006．

［51］赵和平．敦煌写本书仪研究［M］．台北：新文丰出版公司，1993．

［52］赵和平．敦煌表状笺启书仪辑校［M］．南京：江苏古籍出版社，1997．

［53］赵和平．赵和平敦煌书仪研究［M］．上海：上海古籍出版社，2011．

［54］赵贞．归义军史事考论［M］．北京：北京师范大学出版社，2010．

［55］赵逵夫．先秦文体分类与古代文章分类学［M］．合肥：安徽大学出版社，2001．

［56］张国刚．唐代官制［M］．西安：三秦出版社，1987．

［57］张国刚．唐代政治制度研究论集［M］．台北：文津出版社，1994．

［58］张广达．西域史地丛稿初编［M］．上海：上海古籍出版社，1995．

［59］张广达，荣新江．于阗史丛考［M］．北京：中国人民大学出版社，2008．

［60］张涌泉.敦煌写本文献学［M］.兰州：甘肃教育出版社，2013.

［61］郑炳林.敦煌碑铭赞辑释［M］.兰州：甘肃教育出版社，1992.

［62］郑炳林，郑怡楠.敦煌碑铭赞辑释（增订本）［M］.上海：上海古籍出版社，2019.

［63］祝总斌.两汉魏晋南北朝宰相制度研究［M］.北京：中国社会科学出版社，1990.

［64］朱玉龙.五代十国藩镇年表［M］.北京：中华书局，1997.

后　记

　　我还记得，二〇〇七年，当我考入兰州大学敦煌学研究所读敦煌学硕士，第一次见到英藏和法藏敦煌文献的黑白照片的时候，心中一片茫然。这么多类型多样、内容庞杂，而且字迹较模糊、不易辨认的古人所写、所用的文书，我该如何着手呢？在重新读书之前，我也根本没有任何有关敦煌学的知识储备。那就一切从零开始吧，反正我有的是时间，敦煌所里有足够多的书架和书，也有足够的读书的空间——一通三间的阅览室，我就从头到尾翻阅一遍敦煌文书图版，看看古人都留下了哪些内容，应该是可以完成的吧？

　　我的阅读，首先从英藏敦煌文献开始。英藏敦煌文献图版，已经省略了佛经部分，专门影印了汉文佛经以外的文献和题记，一共有十四册。日复一日地在阅览室看图版，大约三个月后，我才慢慢进入感觉。我对那些零散的书信一类的文书逐渐有了兴趣，主要也是因为入门门槛较低，只需要认字，似乎并不需要佛教、文学、语言等专门而艰深的知识——这就是初读英藏书信文献给我的错觉。待到后来开始选书信（尺牍）作为博士论文题目时，才发觉自己已是泥牛入海，文体、文学、文书档案学、历史、书仪、礼制等基础知识需要补课，才有可能解读一两件没有明确说明发件人或收件人的书信，过程类似于侦探破案，还需要合理推测。

　　阅读图版时，我保持了在笔记本电脑上随手录文的习惯，即在看图版时，凡遇到有书信类文献时，无论是公文还是私信，不管是写信时要参考的书仪，还是实际用过的书信，我全都根据自己的辨识把它们录入到电脑里。

但在当时，我还没掌握IDP（国际敦煌项目）网站下载较高清晰度图片的方法，对前人学者的精校精录也留意不足，只是一味地对照着黑白的不很清晰的图版，自顾自地进行录文和积累，出现错录误录的情况比比皆是。这种最笨且固执的方法和习惯，随着时间的积累，却渐渐带给我好处：三四年间，除了中国国家图书馆藏敦煌文献只阅读到了前面所出版的十几册外，读完了英藏、法藏、俄藏、各种散见敦煌文献图版。经过大量的识读训练，我已经积累了一定数量的与书信有关的文书辑稿，字数已接近十万字。以这个辑稿为基础，再通过把具有相似特征的文书进行归类，比如按照文书本身的文体进行分类，辅以罗列表格，编辑人名索引和地名索引等极其枯燥的机械性工作，以发现零散的、呈片段性质的不同文书里的人物之间的关系，一些书信里的难解之谜，渐渐地显现出一些可以入手解释的线索。循着这些线索，试图去解释一些敦煌书信里的谜，成为一些不太成熟的论文的基础，它们虽然不够好，但至少摸到了做论文的门槛边。

这个敦煌书信文献辑稿，后来编辑为《敦煌所出唐宋书牍整理与研究》一书而出版。书虽名"整理与研究"，但研究部分太薄弱——我自惭难以拿少年习作见人，只草草以四章滥竽充数，不见我研究的思路。此书主要还是在所谓的整理部分，从敦煌文献影印本中整理出472件公私书信文献，按照文体分成了13小类，为学界提供了一个分体、分类的敦煌书信文献辑录本，走的是文献资料整理的传统路子，是向敦煌文献宝藏里去"挖宝"。这本小书出版后，昔年的博士同学、日本敦煌学者关西大学研究员山本孝子博士撰写书评《〈敦煌所出唐宋书牍整理与研究〉评价》，对书中出现的一些录文错误甚至是校对质量提出了批评。我自然知道录文错误的根源在于前述我所据图版的清晰度问题，以及对写本文字辨识能力不够，对山本博士的批评我能接受。对那些错误，我会尽可能地做些细致的修订工作。

鉴于前书的研究部分不足，在博士毕业之后的谋生间隙生活里，我慢慢试图去做一些调整和修改，并坦露出我的所谓研究思路。敦煌书信文献中，最具有价值的是那些官府里的公文，或者是由官府里的人所写的介于既公既私性质的书信。这些公文和书信，是面对不同身份地位的对象，在千差万别的礼仪环境里，由具体的某个个体写出来的，并自有传递通道。所以，研究敦煌文书，除了对文书本身做一些文本文体学的考察之外，对文书的"书写者"和"传递者"（包括传递方式）的考察对理解书信的价值也具有重要意义。本书的主要内容，从公文传递方式的下行、上行和平行出发，对敦煌文书里的公文进行了文体基础上的细密研究，对各体公文所蕴含的唐宋时代政治、军事、文化、地方社会治理等信息进行了解析，以求对唐、五代、宋初时期敦煌地方社会的政治、经济、制度等方面有一定的感性认识。本书中以出土公文书的地域来源考察公文书的传递途径、传递方式和传递者，甚至饶有趣味地探讨传递速度；通过出土文献和传世文献的二重互证，将一类唐宋时期流行而后世不见的"委曲"文书的文体原貌、格式、应用等做了较为清晰的揭示。这些属于我在阅读敦煌文书材料时的一些个人的感性认识，虽然粗糙，且属雕虫小技，但是我阅读的受益。这也是与已出版的前书的研究部分主要不同的地方。

　　尽管如此，书稿完成后我仍然战战兢兢，知道它可能仍然存在着许多缺点和缺陷，如果本书能够带给读者一点儿新颖的感觉，便是此书的意义所在。

王使臻

2021 年 2 月 22 日